邯郸学院学术著作出版基金资助出版

英国议会监察专员制度研究

(1954—2017)

王江波 著

Research on the British Parliamentary
Ombudsman System

(1954—2017)

中国社会科学出版社

图书在版编目（CIP）数据

英国议会监察专员制度研究／王江波著. —北京：中国社会科学出版社，2023.7
ISBN 978-7-5227-2246-7

Ⅰ.①英… Ⅱ.①王… Ⅲ.①议会—监察—政治制度—研究—英国 Ⅳ.①D756.123

中国国家版本馆 CIP 数据核字（2023）第 129108 号

出 版 人	赵剑英
责任编辑	郭　鹏
责任校对	刘　俊
责任印制	李寡寡

出　　版	中国社会科学出版社
社　　址	北京鼓楼西大街甲 158 号
邮　　编	100720
网　　址	http://www.csspw.cn
发 行 部	010-84083685
门 市 部	010-84029450
经　　销	新华书店及其他书店
印　　刷	北京君升印刷有限公司
装　　订	廊坊市广阳区广增装订厂
版　　次	2023 年 7 月第 1 版
印　　次	2023 年 7 月第 1 次印刷
开　　本	710×1000　1/16
印　　张	17
插　　页	2
字　　数	266 千字
定　　价	89.00 元

凡购买中国社会科学出版社图书，如有质量问题请与本社营销中心联系调换
电话：010-84083683
版权所有　侵权必究

中文摘要

英国议会监察专员制度建立于1967年，迄今已有50年历史。纵观这一制度的发展历史，虽然它在公民申诉、救济和监察等方面起到了积极作用，但仍有明显的局限。由于英国议会监察专员制度存在种种弊端，效果不太理想，从而导致国外学者对其关注不够，研究成果不多。国内学者对于英国议会监察专员制度更多是译介，深入研究较少。然而，英国议会监察专员制度的成功经验和失败教训对于我国申诉制度、救济制度和监察制度有着借鉴意义，因此有必要深入研究。

英国议会监察专员制度的建立缘起于克里切尔高地事件。这是一起典型的不良行政案件。为了解决克里切尔高地事件，农业大臣任命安德森·克拉克爵士展开调查，结果克拉克发表报告谴责农业部官员的过错和失误，导致了农业大臣辞职。为了解决克里切尔高地事件的不良行政问题，政府任命以弗兰克斯为首的委员会调查裁判所和调查程序问题，但弗兰克斯委员会发布的报告并不能解决不良行政问题。于是英国政府引入了起源于瑞典的监察专员制度。

为了论证监察专员制度的可行性，怀亚特在政府的支持下组成委员会对英国申诉状况展开调查，并提交了《怀亚特报告》。《怀亚特报告》建议英国建立监察专员制度，但遭到保守党政府拒绝。然而，工党接受了《怀亚特报告》的建议，并承诺建立监察专员制度。1964年工党组阁，兑现诺言，设立议会监察专员，建立议会监察专员制度，但《怀亚特报告》有着自身的局限。这表现在议会监察专员只能通过议员转交才能受理申诉，而且管辖范围限于中央政府部门的不良行政。工党政府在设立议会监察专员时，更是将转交申诉局限于下院议员，且地方政府和医院等领域不在管辖范围之内。这导致议会监察专员在最初四年内取得的成绩有限。

面对议会监察专员制度调查范围狭小的问题，需要解决地方政府和医院的申诉。解决的办法是要么将议会监察专员的管辖范围扩展到地方政府和医院领域，要么建立地方监察专员和卫生监察专员。英国政府选择了后者。从20世纪90年代开始，英国议会监察专员为了增加受理申诉的数量，减少不必要的全面调查，先是采取"快速处理"和"事先筛选"程序，之后又采取先审查，再评价，最后调查的处理程序。

本书通过对英国议会监察专员制度50年的数据分析得出，虽然它在受理申诉和调查案件等方面有了明显的改进，但与其他国家相比仍有差距。这是英国政府设计议会监察专员制度所造成的。英国议会监察专员制度自设立以来虽然解决了许多疑难案件，但仍存在许多缺陷。下院议员过滤机制是这一制度最大的缺陷之一，它的存在极大地制约了议会监察专员充分发挥作用，而它的采用则是由于英国政府过于重视历史传统所致。这说明当把历史传统作为教条来崇拜时，它就将成为进步的桎梏，起到消极负面作用。英国议会监察专员制度就是典型的代表。英国议会监察专员制度要想充分发挥作用，必须摆脱历史传统的羁绊，深入改革才能实现。

关键词：监察专员；议会；英国；不良行政

ABSTRACT

The British Parliamentary Ombudsman System was established in 1967 and has so far been 50 years. Throughout the development history of this system, although it has played an active role in complaint, relief and supervision to citizens, it still has obvious limitations. Because of the shortcomings of the British parliamentary Ombudsman System, the effect was not very satisfactory, which led to the lack of attention of foreign scholars and the lack of research results. Domestic scholars have done more work mainly of interpretation and translation for the British Parliamentary Ombudsman System, and less in-depth research has been done. However, the successful experience of British Parliamentary Ombudsman System and the lessons learned from the failures have implications for our complaint system, supervisory system and relief system. So it is necessary to do further research.

The establishment of the British Parliamentary Ombudsman System originated from Crichel Downs Affair. Crichel Downs Affair was a typical case of maladministration. In order to resolve Crichel Downs Affair, the Minister of Agriculture appointed Sir AndrewClark to conduct an investigation. As a result, Clark issued a report condemning the mistakes and faults made by the officials of the Ministry of Agriculture, which led to the resignation of the Minister of Agriculture. In order to resolve the case of maladministration such as Crichel Downs Affair, the British government appointed the Franks-led committee to investigate the issue of tribunal and inquiries procedures. However, the report published by the Franks Commission did not solve the case of maladministration. Thus British Government introduced the Ombudsman system that originated from Sweden.

In order to demonstrate the feasibility of the Ombudsman System, the committee led by Wyatt investigated the status of complaints in the United Kingdom and submitted the Wyatt Report. The Wyatt report recommended that the United Kingdom should established the Ombudsman System, while the recommendations of the Wyatt report were rejected by the Conservative government. However, the Labor Party accepted the recommendations of the Wyatt Report and promised to establish the Ombudsman System. In 1964, the Labour Party formed a cabinet, fulfilled its promise, established the Parliamentary Ombudsman, and established a Parliamentary Ombudsman System, but the Wyatt report had its own limitations. This was reflected in the fact that complaints can only be referred to the Parliamentary Ombudsman through the Members, and that the jurisdiction of the Parliamentary Ombudsman was limited to the maladministration of the central government. When the Labor Government set up the Parliamentary Ombudsman, it even limited the transfer of complaints to MPs, and the areas such as Local governments and hospitals were not within the sphere. This led to the limited success of the Parliamentary Ombudsman in the first four year.

As the scope of the investigations of the Parliamentary Ombudsman System was narrow, it needed to solve the complaints of Local Governments and hospitals. The solution was either to extend the jurisdiction of the Parliamentary Ombudsman to the Local Government and hospitals, or to establish the Local Government Ombudsman and the Health Service Ombudsman. The British government chose the latter. From the beginning of 1990s, in order to increase the number of complaints accepted by the Parliamentary Ombudsman, the British Parliamentary Ombudsman firstly took the procedures of "fast-tracking" and "pre-investigation resolution" and then took the handling procedures of reviewing, assessing and investigating.

According to the data analysis of 50 years of the British Parliamentary Ombudsman System, although it has seen significant improvements at this stage, the number of complaints accepted and the number of cases investigated are still dwarfed by other countries. This was caused by the British government designing the Parliamentary Ombudsman System. Although the Parliamentary Om-

ABSTRACT

budsman System has solved many difficult cases since it was established, there were still many defects. MP filter is one of the biggest flaw of this system. Its existence has greatly restricted the Parliamentary Ombudsman to give full play to the role, and it's adoption was due to the British government's overemphasis on historical traditions. . This shows that when the historical traditions were seen as a doctrine to worship, it will become the shackles of progress and have negative effects. The British Parliamentary Ombudsman System is a typical representative. If the British Parliamentary Ombudsman System is to fully play its role, then it must get rid of the constraints of historical traditions and undertake deeper reforms.

KEY WORDS: Ombudsman; Parliament; British; maladministration

目 录

绪 论 ………………………………………………………………（1）
 第一节　选题的缘由及其意义 …………………………………（1）
  一　选题的缘由 ……………………………………………（1）
  二　选题的意义 ……………………………………………（5）
 第二节　研究现状 ………………………………………………（7）
  一　国外研究现状 …………………………………………（7）
  二　国内研究状况 …………………………………………（14）
 第三节　研究中的困难、创新和方法 …………………………（21）
  一　研究中遇到的问题及其解决措施 ……………………（21）
  二　研究特色 ………………………………………………（22）
  三　研究方法 ………………………………………………（23）

第一章　监察专员概念在英国的传播与发展（1954—1960） ……（24）
 第一节　监察专员概念 …………………………………………（25）
  一　Ombudsman 词源由来、语义分析和分类 ……………（25）
  二　监察专员的定义 ………………………………………（31）
  三　监察专员的翻译 ………………………………………（36）
  四　监察专员制度的发展 …………………………………（45）
 第二节　克利切尔高地事件 ……………………………………（50）
  一　克利切尔高地事件的经过 ……………………………（50）
  二　克利切尔高地丑闻 ……………………………………（58）
  三　《克拉克报告》的影响 ………………………………（65）
 第三节　监察专员概念的引入 …………………………………（68）

  一　《弗兰克斯报告》…………………………………………（68）
  二　法国行政法院理论…………………………………………（73）
  三　监察专员概念的引入与宣传………………………………（75）

第二章　英国议会监察专员制度的确立时期（1961—1970）……（80）
 第一节　政党关于监察专员之争……………………………………（80）
  一　《怀亚特报告》……………………………………………（80）
  二　保守党及其政府对于议会监察专员制度的态度…………（85）
  三　工党及其政府对于议会监察专员的态度…………………（89）
 第二节　《议会监察专员法案》的通过………………………………（95）
  一　《议会监察专员议案》……………………………………（95）
  二　《议案》的通过……………………………………………（100）
 第三节　议会监察专员制度的组织机构及其初步运行
    （1967—1970）………………………………………（119）
  一　议会监察专员制度的组织机构……………………………（119）
  二　萨克森豪森俘房事件………………………………………（131）
  三　议会监察专员制度的运行状况（1967—1970）…………（136）

第三章　英国议会监察专员制度的改革与发展时期
   （1971—2017）…………………………………………（140）
 第一节　议会监察专员制度的问题…………………………………（141）
  一　议会监察专员制度发展的历史问题………………………（141）
  二　议会监察专员制度发展的现实问题………………………（144）
  三　议会监察专员制度发展的理论问题………………………（147）
 第二节　议会监察专员制度的改革与契机…………………………（151）
  一　议会监察专员制度改革的阻力和契机……………………（152）
  二　议会监察专员调查范围问题的解决………………………（155）
 第三节　议会监察专员制度的运行状况……………………………（163）
  一　议会监察专员制度改革时期的运行状况
    （1971—1990）………………………………………（163）

  二　议会监察专员制度发展时期的运行状况
　　　（1990—2017） ………………………………………（180）

第四章　英国议会监察专员制度的优点和缺点及其作用 …………（203）
 第一节　英国议会监察专员制度的优点和缺点 ……………（203）
  一　制度的优点 …………………………………………（203）
  二　制度的缺点 …………………………………………（212）
 第二节　英国议会监察专员制度的意义 ……………………（225）
  一　有效的申诉制度 ……………………………………（226）
  二　有效的行政救济制度 ………………………………（231）
  三　有效的议会监察制度 ………………………………（234）

结　语 ……………………………………………………………（239）

参考文献 …………………………………………………………（248）

后　记 ……………………………………………………………（259）

绪　　论

第一节　选题的缘由及其意义

一　选题的缘由

英国议会监察专员（the Parliamentary Ombudsman）[①]一职是依据《议会监察专员法案》（以下简称《法案》）设立，经首相推荐，获议会上下两院同意，由英王任命的议会官员。[②] 议会监察专员的办公机构是其公署，他是公署的最高官员。议会监察专员公署的主要任务是负责对中央政府部门工作人员在行政过程中出现的没有违背相关法律但却对公民造成损失的申诉进行调查的议会代理机构。《法案》是规范议会监察专员公署运行的准则。瑞典最早于1809年设立议会监察专员，1955年丹麦仿效瑞典设立议会监察专员，1962年新西兰作为英语国家最早设立议会监察专员，1967年英国仿效丹麦设立议会监察专员。

[①] 英国议会监察专员的正式英文名称为"the Parliamentary Commissioner for Administration"，简称"PCA"，现在也经常使用"the Parliamentary Ombudsman"，其办事机构为"Office of the Parliamentary Ombudsman"或"Office of the Parliamentary Commissioner for Administration"。

[②] 关于英国议会监察专员的性质，有人认为议会监察专员是议会的官员，其依据从他的职官名称上可知；有人认为议会监察专员是政府的官员，其依据是议会监察专员由首相任命，且《法案》规定不得同时担任议员。本书认为这个职位从立法上属于议会，对议会负责，英国政府也将其看作议会的官员（[英]卡罗尔·哈洛、理查德·罗林斯：《法律与行政》（下），杨卫东等译，商务印书馆2004年版，第829页）。议会监察专员在年度报告中也说，我们（议会监察专员公署）由议会设立，提供独立的申诉服务，我们不是政府的一部分，不是国民保健机构，也不是监管机构。（Parliamentary and Health Service Ombudsman, *Annual Report and Accounts 2016 – 2017*, 2017, p. 7.）因此，本书将其视为议会的官员，但这并不是说议会监察专员与政府没有关系，他的工作对象是中央政府部门，经首相任命，而且公署工作人员大部分是来自政府部门的文官，所以议会监察专员及其公署与政府有着密切的关系。

英国是普通法系的国家，在英国凡是申诉要遵守这样的原则，即到普通法院，依法定程序审理。虽然法律不断完善，但法律从来都不是完美的，在英国同样如此。随着政府机构不断增多，行政部门与公民的切身利益日益密切，这时行政法的局限性日益暴露出来，原来由普通法院解决的申诉更多地涉及行政领域，这时普通法院处理这类问题倍感压力，于是英国打破普通法院处理一切申诉的传统，开始设置专门处理行政申诉的裁判所（Tribunal）。英国行政裁判所的发展经历了漫长的过程，其最早可追溯到17世纪的关税与消费委员会（Commissions of Customs and Excise）。

因为英国近代社会上开始流行自由放任思想，反对设立特别的审判机构，所以直到20世纪初行政裁判所数量很少。19世纪末20世纪初随着自由资本主义向垄断资本主义过渡，政府干预日益增多，行政裁判所也有所增加，行政裁判所大量出现是在第二次世界大战以后。随着行政裁判所增多，法律的另一个弊端出现了，那就是违法与不违法的区别。普通法院和行政裁判所都是处理有法可依的申诉，但由于没有法律依据的不良行政大量出现，它们确实给申诉人带来物质或精神上的损失。这类案件靠普通法院和行政裁判所无法妥善解决，需要处理不良行政的机构予以解决。于是英国以丹麦议会监察专员制度为蓝本，创建了符合本国国情的议会监察专员制度。

英国议会监察专员制度的设立源于克利切尔高地事件[①]。它是一起典型的不良行政事件，为此英国农业大臣任命皇家大法官克拉克进行调查，1954年克拉克发表调查报告，对农业部提出严厉批评，农业大臣引咎辞职。之后，英国开展了关于不良行政的大讨论，最终于1967年设立

---

① 克利切尔高地事件是英国1954年发生的政治丑闻。这则政治丑闻起源于第二次世界大战其间英国政府强制征购土地的事件。政府在征购时答应一旦战争结束且不再需要时由原主赎回，但当1949年空军部不再需要这块土地时，却将其转交给农业，农业又交给土地管理委员会，后者又将这块土地出租给他人。原土地继承人马顿夫妇要求政府履行土地由原主赎回的承诺，但农业并没有同意。于是马顿夫妇为此事积极奔走，引起社会关注。后来，英国议会为此展开辩论，农业大臣任命皇家大法官克拉克专门调查此事，最终克拉克谴责农业官员的不当行为，马顿夫妇得以重新购回这块土地。这起政治丑闻产生了这样的后果：农业大臣引咎辞职，促成了关于不良行政（maladministration）问题的讨论，并为英国议会监察专员制度的建立提供了契机。同时，还形成克利切尔高地模式（Crichel Down Rules）：凡政府强制征地，原主有优先赎回的权利。

了议会监察专员。

英国议会监察专员制度的建立和发展大致经历了以下几个时期：

1954—1960年是议会监察专员的酝酿时期。由于克利切尔高地事件引起了社会的热议，为此政府在1955年任命弗兰克斯委员会调查裁判所和调查程序问题。英国国内开始讨论关于克利切尔高地事件所引发的不良行政问题。此时丹麦议会监察专员斯蒂芬·赫尔维茨（Stephan Hurwitz）用英文撰写了关于议会监察专员的文章，英国国内开始关注起源于瑞典的议会监察专员制度。1958年郝尔维茨教授来英国演讲，增进了英国人对议会监察专员制度的了解。与此同时，1957年法学家国际委员会英国分会"司法界"成立，许多著名的法学家加入该会，他们著书立说大力宣传监察专员概念，提出各种解决不良行政的方案。法学家的宣传活动引起政治家的关注，也促进了监察专员制度在英国的传播，为议会监察专员的设立奠定了舆论基础。

1961—1970年是议会监察专员制度确立时期。"司法界"为了推动监察专员运动，于1957年成立了以著名律师约翰·怀亚特（John Whyatt）为首的委员会，着手系统调查英国不良行政行为存在的状况，并系统论证建立议会监察专员制度的构想。1961年怀亚特委员会提出报告，建议英国设立监察专员制度，但当时麦克米伦的保守党政府以监察专员制度违背大臣向议会负责的宪法原则拒绝接受。然而当时在野党工党对这项制度颇有好感，并将其纳入1964年大选的竞选纲领之中。1967年，威尔逊工党政府通过了《议会监察专员法案》（The Parliamentary Commissioner for Administration Act），设立议会监察专员。最初的议会监察专员有自己的显著特征，主要表现在：议会监察专员不能直接受理公民申诉，而需要下院议员转交；调查范围主要以中央政府部门为主，且设置种种限制；医院和地方政府不良行政的申诉不包括在内。

1971—1989年是议会监察专员制度改革时期。1967年，建立的议会监察专员制度在运行过程中弊端日益显现，社会各界纷纷提出改进意见。20世纪70年代，英国卫生部门和地方政府进行改革，英国政府为了回应社会各界对于议会监察专员制度改革的呼声，分别设立了卫生监察专员和地方监察专员。虽然议会监察专员与卫生监察专员和地方监察专员没有直接隶属关系，但它们的设立使得议会监察专员的调查范围发生了变化，而医院和地方政府的不良行政也有了申诉途径，这是议会监察专员制度的另一种发展。

1990—2017年是议会监察专员制度发展时期。1990年1月1日，威廉·里德爵士任第六任议会监察专员，英国议会监察专员制度迎来了新的发展时期。同年撒切尔夫人辞去首相职务，由约翰·梅杰接任。1991年，梅杰首相提出《公民宪章》倡议。《公民宪章》的提出和实施使得议会监察专员的调查范围发生了新的变化，政府设立了一些专门领域的监察专员。与此同时，1993年英国议会通过新的《卫生监察专员法》，将议会监察专员和卫生监察专员合并为议会和卫生监察专员。合并后，议会和卫生监察专员在处理中央政府申诉方面不断采取一些新的措施，从而加快了处理申诉的数量，提高了处理申诉的速度，缩短了处理申诉的时间，避免了不必要的全面调查，为英国议会监察专员制度进一步发展创造了条件。

通过对英国议会监察专员制度发展的回顾，可以看出它有自己显著的特征，它的一些原则如下院议员过滤机制和无执行权早在1967年设立时就已确立，虽然备受诟病，但至今未变，这显示了英国政治的保守性。然而，英国议会监察专员的调查范围和调查比例却通过各种途径发生了显著的变化，这反映出英国政治的务实性。由于英国议会监察专员制度申诉过程复杂繁琐且效果不太理想，致使不论是普通民众还是专家学者对它关注不够。

与英国议会监察专员制度相比，瑞典议会监察专员制度申诉过程简单、效果良好、调查数量较大，在世界上知名度最高，影响也最广泛。瑞典议会监察专员制度引进英国之后成为专门针对不良行政申诉的监察专员。可以说，瑞典议会监察专员制度为解决不良行政的申诉开辟了道路，而英国议会监察专员制度将不良行政理念推广到全世界，此后监察专员制度处理不良行政的申诉理念获得了极大的发展。虽然英国在将监察专员（Ombudsman）制度推向全世界的过程中起着重要作用，但从目前国内外研究状况来看关注英国议会监察专员制度的学者不多。这个领域的学者将更多的精力放在瑞典议会监察专员制度上。这是因为瑞典议会监察专员制度起源最早，发展最为完善，影响最大。除此之外，两国的监察专员制度有诸多相似点，英国议会监察专员制度虽然有自己的特色，但效果和影响均不如瑞典。所以，专家学者往往以研究瑞典议会监察专员制度为圭臬，至于英国议会监察专员制度则关注不够，研究也不够深入。鉴于此，笔者拟以"英国议会监察专员制度研究（1954—2017年）"为博士论文题目，期望能够丰富这个领域的研究，进一步探讨英国政治制度的发展规律，为完善中国政治制度提供有益借鉴。

二 选题的意义

（一）选题的理论意义

1. 研究英国议会监察专员制度有助于加深对这个制度本身的理解

近现代西方议会监察专员制度起源于瑞典，20世纪初先后被芬兰等北欧国家效仿，第二次世界大战后丹麦和新西兰也设立了议会监察专员制度，1967年英国设立议会监察专员制度。英国议会监察专员制度的设立对监察专员制度在全世界的推广起了重要作用。它首先在一个人口大国设立了议会监察专员制度。现在世界上绝大多数国家都根据本国国情建立了监察专员制度，从而使监察专员成为一种原则，部分企业也根据监察专员原则建立了类似的满足消费者需求的机构。监察专员制度的广泛传播有其内在原因，研究英国议会监察专员制度能够加深对此制度本身的理解。

2. 研究英国议会监察专员制度有助于丰富议会监督理论

议会监察专员公署是英国议会的一个机构，它是为了满足公民对中央政府部门工作人员不良行政的申诉进行调查而设立的一种议会代理机构。议会监察专员作为公署的最高官员，在处理申诉的过程中，通过调查建议行政机关就其不良行政向申诉人道歉或给予物质赔偿，形成了一种新的议会监督。虽然政府的大臣、议员等都能接受公民的投诉，但他们并非处理不良行政申诉的专门机构。他们处理的申诉也没有法律保障，而议会监察专员公署则是专门接受公民就中央政府部门不良行政提出申诉的机构。议会监察专员制度的设立使得英国议会监督增添了新的力量，完善了议会监督制度，研究英国议会监察专员制度有助于丰富议会监督理论。

3. 研究英国议会监察专员制度有助于丰富不良行政理论

英国资本主义制度从19世纪末到20世纪初经历了由自由资本主义向垄断资本主义的过渡，行政机构大量建立，与公民的切身利益密切相关。与此同时，工作人员在行政过程中出现了大量的不良行政问题。根据英国以往的法律规定，只有违法行为才会受到制裁，但他们在行政过程中又没有违法。因此，公民的合法权益受到损害却不能得到很好的维护。这一方面加深了公民对政府的不满，另一方面也不利于政府工作效率的提高，同时导致变相的行政腐败，这就是议会监察专员制度设立的主要原因之一。议会监察专员制度的建立和发展使得公民对中央政府部门的不满情绪得到了有效的缓解，同时工作人员因担心受到调查从而提高了行政效率，减少了腐败行为。研究英国议会监察专员制度有助于丰富不良行政理论。

（二）选题的现实意义

1. 研究英国议会监察专员制度能为中国监督体系的完善提供有益借鉴

英国作为典型的议会制资本主义国家，虽然有着完善的监督制度，但仍然无法解决行政领域内的不良行政问题，为此英国建立了议会监察专员制度。它为公民就中央政府部门的不良行政问题的解决提供了申诉渠道，取得了较好的社会效益。中国有着各种各样的监督制度，但还没有专门受理不良行政问题的机构和部门。随着中国社会主义现代化建设不断推进，不良行政问题将日益受到社会关注。研究英国议会监察专员制度，能够为中国解决不良行政问题和完善监督体系提供理论借鉴。

2. 研究英国议会监察专员制度能为中国信访制度的完善提供有益的借鉴

中国信访制度与英国议会监察专员制度有着相似的功能，中国学者在谈到国外申诉制度时往往会提到英国议会监察专员制度。但通过认真比较，不难发现两者有着明显不同。英国议会监察专员公署是针对公民对中央政府部门的工作人员因不良行政提出的申诉进行调查的机构；而中国信访部门是指"公民、法人或者其他组织采用书信、电子邮件、传真、电话、走访等形式，向各级人民政府、县级以上人民政府工作部门反映情况，提出建议、意见或者投诉请求，依法由有关行政机关处理的活动"[①]。从中国信访的定义不难看出，它虽然也有接受申诉的功能，但

---

① 《信访条例》，2005年，第1章第2条。

它主要是接受人民群众的建议、意见或者投诉请求。英国议会监察专员公署是议会的代理机构,而中国信访部门则是政府机关。虽然中国信访制度与英国议会监察专员制度有着相似的功能,但也有着显著的不同。研究英国议会监察专员制度对中国信访制度正确定位、明确责任和完善将有所裨益。

3. 研究英国议会监察专员制度能为中国解决不良行政问题提供有益的借鉴

中国是目前世界上人口最多的国家,党政机关数量庞大,政府工作人员在行使权力的过程中不仅存在有法不依、执法不严、违法不纠的问题,也存在大量不良行政的问题,损害了公民的合法权益。由于中国法律不够健全,当出现不良行政时公民的合法权益往往得不到维护,处理不当容易造成群体事件。为了改善不良工作作风,提高行政效率,解决不良行政问题势在必行。研究英国议会监察专员制度,能够为中国解决不良行政问题提供有益的借鉴。

第二节 研究现状

一 国外研究现状

早期研究英国议会监察专员制度的论文和专著有 J. F. 加纳(J. F. Garner)的《英国议会监察专员》(*The British Ombudsman*);H. W. R. 韦德(H. W. R. Wade)的《英国议会监察专员》(*The British Ombudsman*)和弗兰克·斯特西(Frank Stacey)的《英国议会监察专员》(*The British Ombudsman*)等。

J. F. 加纳的《英国议会监察专员》(1968)指出,议会监察专员的调查依据是不公正和不良行政,然而这两个词的表意是模糊不清的,政府故意这样做是为了扩大议会监察专员的调查范围,但议会监察专员往往根据模糊的调查依据,以不属于管辖范围之内将很多申诉排除在外。虽然法律规定公民可以将申诉向任何下院议员提出,但如果下院议员拒绝或者没有向议会监察专员转交公民的申诉,公民是无能为力的,即使转交是否调查也由议会监察专员来决定。因此,议会监察专员完全调查申诉的比例比其他国家要低。①

H. W. R. 韦德的《英国议会监察专员》(1968)认为,英国议会监察专员在大多数方面仿照了典型的监察专员的模式,但它的明显不同是采取下院议员转交的间接受理方式。虽然间接受理偶尔也能产生惊人的效果,但对普通申诉来说则过于累赘,也需要付出很高的政治代价。因此,从长期来看,除非议会监察专员直接受理申诉,否则公民是不会满意的。②

弗兰克·斯特西的《英国议会监察专员》(1971)对英国议会监察专员制度的起源、背景、原则、申诉方式、调查程序、运行机制及其前四年的工作成效进行了全面的研究。作者指出,议会监察专员调查范围仅局限在中央政府部门,而且具体又作了许多限制,导致调查范围狭小。间接受理机制使得议会监察专员不能与公民直接接触,致使受理申诉数量有限;完全调查的申诉比例很低。以上这些因素影响了议会监察专员充分发挥作用。这部著作是研究英国早期监察专员制度的重要文献。③

研究议会监察专员与其他机构之间关系的有罗伊·格雷戈瑞（Roy Gregory）、菲利普·吉丁斯（Philip Giddings）的《监察专员、公民和议会:议会监察专员和卫生监察专员公署的历史》(*The Ombudsman, the Citizen and Parliament: A History of the Office of the Parliamentary Commissioner for Administration and Health Service Commissioners*),格伦·奥哈拉（Glen O'Hara）的《议会监察专员、外交部与萨克森豪森俘房事件,1964—1968年》(*The Parliamentary Commissioner for Administration, the Foreign Office, and the Sachsenhausen Case, 1964–1968*)等。

罗伊·格雷戈瑞、菲利普·吉丁斯的《监察专员、公民和议会:议会监察专员和卫生监察专员公署的历史》(2002)以监察专员、公民和议会三者为对象研究议会和卫生监察专员公署的发展史。英国议会监察专员开始设立时,卫生部门并非全部由议会管辖,所以它的调查范围不

---

① J. F. Garner, "The British Ombudsman", *The University of Toronto Law Journal*, Vol. 18, No. 2, 1968, pp. 158–164.

② H. W. R. Wade & Franklin M. Schultz, "The British Ombudsman: A Lawyer's View", *Administrative Law Review*, Vol. 24, No. 2, 1972, pp. 137–153.

③ Frank Stacey, *The British Ombudsman*, Clarendon Press, 1971.

包括卫生部门。随着20世纪70年代行政改革,卫生部门全部归议会管辖,于是议会设立了卫生监察专员。此时卫生部门是一个独立的部门,但议会监察专员是它的当然成员,只是具体调查由卫生监察专员负责。1993年,英国将议会监察专员与卫生监察专员合并成议会和卫生监察专员。作者指出这两个机构的合并有其必然性,这是英国监察专员制度克服机构重叠的客观需求,也是监察专员制度优化升级的内在需要。①

格伦·奥哈拉的《议会监察专员、外交部与萨克森豪森俘虏事件,1964—1968年》(2010)一文指出,萨克森豪森俘虏事件是发生在第二次世界大战其间英国士兵被德军俘虏并被虐待的事件。第二次世界大战后德国与英国恢复邦交,这些英国战俘回国,为此德国给英国外交部一笔钱作为对这些幸存或已故战俘的赔偿。因为一些被俘士兵在集中营遭遇非常悲惨,一些则遭遇稍好,所以英国外交部只给那些遭遇差的幸存者赔偿。而另一些遭遇稍好的幸存者却没有得到赔偿,于是这些人开始上诉,但法院却因没有法律依据不能处理。这时议会监察专员制度已经建立,这些遭遇稍好的幸存者通过下院议员将他们的申诉转交给议会监察专员。议会监察专员经过调查最后认定外交部做法属不良行政,建议外交部给所有幸存战俘赔偿。之后,外交部听从议会监察专员的建议。这篇论文具体研究了萨克森豪森俘虏事件的起因、外交部的不良行政、法院难以处理、议会监察专员的调查处理等过程。作者认为,议会监察专员在成立以后处理了这样一件具有重要意义的事件,对于议会监察专员制度扩大影响起了巨大的宣传效应。它使社会对这一新建机构有了更为深刻的认识,对议会监察专员制度的原则、调查程序等方面的改革和发展有着重要的推动作用。②

从比较角度研究监察专员制度的代表著作和论文有弗兰克·斯特西(Frank Stacey)的《监察专员的比较》(*Compared Ombudsman*)和戴维·J. 克拉克(David J. Clark)的《英法监察专员:比较评价》(*The Ombudsman in Britain and France: A Comparative Evaluation*)等。

---

① Roy Gregory, *The Ombudsman, The Citizen and Parliament: A History of the Office of the Parliamentary Commissioner for Administration and Health Service Commissioners*, Politico's Pub., 2002.
② Glen O'Hara, "The Parliamentary Commissioner for Administration, the Foreign Office, and the Sachsenhausen Case, 1964–1968", *The Historical Journal*, Vol. 53, No. 3, 2010, pp. 771–781.

弗兰克·斯特西的《监察专员的比较》(1978) 选取了瑞典、丹麦、挪威、加拿大部分省和英国的监察专员作为研究对象，其中近半篇幅用来介绍英国监察专员制度。作者通过比较认为，英国监察专员是建立在行政内部审查而非典型的议会监察专员直接受理群众申诉并向外界公开上；申诉程序更加复杂繁琐，其效果不如其他国家，而其间接受理机制使得公民对其认识不够且不愿意向其申诉。不过作者在《英国议会监察专员》的基础上，对英国监察专员制度的最新发展即卫生监察专员和地方监察专员的产生和运行情况进行了详尽的分析。同时作者指出，扩大议会监察专员的权力很有必要。[1]

戴维·J. 克拉克在《英法监察专员：比较评价》(1984) 一文中比较了英国与法国议会监察专员制度。作者认为，由于英法的政体不同，两国的议会监察专员制度既有相同点也有明显的不同。英国议会监察专员针对不良行政进行调查，而法国的行政调解专员（议会监察专员）调查范围比英国更加广泛，只要是关于行政事务的申诉案，不论公法或私法，违法或合法导致的不良行政都可以向调解专员提出申诉。但两国的议会监察专员都遵循议员转交机制，都是只具有建议权，没有强制执行权。相比较而言，英国议会监察专员制度存在案件调查相对少，且效果不太理想的缺陷。[2]

将监察专员作为一种原则来研究的有玛丽·塞纳维拉特纳（Mary Seneniratne）的《监察专员：公共服务和行政正义》(*Ombudsmen：Public Services and Administrative Justice*) 和特雷弗·巴克（Trevor Buck）等人合著的《监察专员原则与行政正义》(*The Ombudsman Enterprise and Administrative Justice*) 等。

玛丽·塞纳维拉特纳的《监察专员：公共服务和行政正义》(2002) 认为，公共服务在国家中大量存在，因此出现不良行政问题比较普遍，作者在这部书中从世界范围考察监察专员的普遍性入手，分析监察专员与公共正义和公共服务之间的关系，然后分章研究议会监察专员、卫生

---

[1] Frank Stacey, *Ombudsman Compared*, Clarendon Press, 1978.
[2] David Clark, "The Ombudsman in Britain and France: A Comparative Evaluation", *West European Politics*, Vol. 7, No. 3, 1984, pp. 64 – 90.

监察专员、地方政府监察专员和警察服务等。①

特雷弗·巴克等人合著的《监察专员原则与行政正义》（2011）是关于监察专员原则与行政正义的著作。这本书主要以操英语的英国、爱尔兰、澳大利亚、新西兰等国家为研究对象，重点在于分析监察专员技巧和未来可能的发展，它的首要目的是弄清监察专员原则在整个宪法图谱中的位置，以及弄懂监察专员公署这个作为负核心责任的机构，第二个目的是分析监察专员的工作与行政正义系统中其他机构之间的关系。②

从世界范围来研究监察专员制度的有沃尔特·盖尔霍恩（Walter Gellhorn）的《监察专员与其他：九个国家公民的护卫者》（Ombudsmen and Others: Citizens' Protectors in Nine Countries）和罗伊·格雷戈瑞（Roy Gregory）、菲利普·吉丁斯（Philip Giddings）的《纠正错误：六大洲的监察专员》（Righting Wrongs: the Ombudsman in Six Continent）等。

沃尔特·盖尔霍恩的《监察专员与其他：九个国家公民的护卫者》（1966）认为，监察专员是一种保护公民合法权益、维护公民民主权利的行政官员。虽然监察专员职位依法设立，但他却没有执法能力。这就造成它既能在一定范围内维护公民的权益，却只有建议权没有强制执行权的缺陷。③

罗伊·格雷戈瑞和菲利普·吉丁斯的《纠正错误：六大洲的监察专员》（2000）是从全世界的范围来研究监察专员的专著。作者指出，英国监察专员制度只是代表着盎格鲁—撒克逊民族国家的监察专员制度。它的明显特征是调查范围有限，调查案件数量较少，效果不够理想。④

从行政法角度研究议会监察专员制度的有约翰·格林伍德、戴维·威尔逊的《英国行政管理》，H. W. R. 韦德的《行政法》，卡罗尔·哈洛（Carol Harlow）、理查德·罗林斯（Richard Rawlings）的《法律与行政》（Law and Administration），彼得·莱兰（PeterLeyland）、戈登·安东尼（Gordon Anthony）的《英国行政法教科书》（Textbook England Administra-

---

① Mary Seneniratne, *Ombudsmen: Public Services and Administrative Justice*, Butterworths, 2002.
② Trevor Buck (ed.), *The Ombudsman Enterprise and Administrative Justice*, Ashgate, 2011.
③ Walter Gellhorn, *Ombudsmen and Others: Citizens' Protectors in Nine Countries*, Harvard University Press, 1967.
④ Roy Gregory & Philip Giddings, *Righting Rrongs: the Ombudsman in Six Continents*, IOS Press, 2000.

tive Law)、A. W. 布拉德利（A. W. Bradley）、K. D. 尤因（K. D. Ewing）的《宪法与行政法》(Constitutional and Administrative Law) 等。

约翰·格林伍德、戴维·威尔逊的《英国行政管理》（1984）指出，议会监察专员之所以要采取下院议员转交申诉这种间接受理机制的理由是担心申诉太多和下院议员权力受到削弱；人员配备主要从文官中产生；申诉调查的数量较少，但调查较为彻底；在纠正权利上虽然没有强制力，但他们的建议通常都会被采纳。卫生监察专员虽然不需通过下院议员转交就可以直接受理公民的申诉，调查范围也更广泛，但实际调查的申诉较少，它的作用仍然发挥不够充分。地方监察专员的调查权限制更加严格，它的建议被采纳所需时间更长，采纳比例更低。虽然地方监察专员取得了一定成就，但需改进的地方更多。英国监察专员制度虽然从中央到地方再到卫生部门都建立起来，但它基本上是零碎完成的，关于申诉办法和管辖范围有很多规定，杂乱得使人搞不清楚，如能有统一负责的中央监察专员则效果会更好。①

H. W. R. 韦德的《行政法》（1982）认为，个人需要的是公平的申诉调查，对于政府来说委任特殊调查是可能的，但对于普通的抱怨来说它的程序是呆板和昂贵的。政府需要的每一种形式是一些例行顺利的运行机制，用以反馈抱怨的民众，公平的评估之后纠正可能的错误。在1967年建立议会监察专员之前，除了在很小范围之外，这种形式在英国的制度中并不存在。每一个制度中解决申诉都是基本的需要。这就是为什么议会监察专员制度突然受到极大欢迎、在民主世界广泛传播并扎根于英国和其他国家的原因。作者将议会监察专员看做人民的保民官。②

卡罗尔·哈洛、理查德·罗林斯的《法律与行政》（2009）认为，克利切尔高地事件的影响之一就是激发了像对待这种在法院与政治制度之间争议的新型异议机制的建立。正是在这种情形下，英国"司法界"主张采用斯堪的纳维亚处理一般冤屈职能的议会监察专员制度，这已经成为联合王国不成文宪法结构的组成部分。议会监察专员的运行技巧已确立了自身作为行政正义核心部分的地位。作者认为，议会监察专员是

---

① [英]约翰·格林伍德、戴维·威尔逊：《英国行政管理》，汪淑钧译，商务印书馆1991年版，第273—288页。

② H. W. R. Wade, *Administrative Law*, English Language Book Society, 1982, pp. 73–93.

代表个人反对当局不予以帮助的倡导者；他们可以作为协商者或和解者的身份出现；他们是预防者，在保持内部申诉制度的标准和鼓励良好实践方面具有重要作用；即议会监察专员具有预防和补救的双重职能。除此之外，作者还介绍了监狱监察专员并通过个案分析评价监察专员的优点和缺点。[1]

彼得·莱兰、戈登·安东尼的《英国行政法教科书》（2013）对英国议会监察专员制度的起源、定义、监察专员原则的历史发展、与大臣责任制的冲突、它的工作量、申诉程序中的下院议员过滤机制、职权和限制、不良行政的界定、救济建议权等方面进行了系统的研究。作者运用政治学中红灯和绿灯理论，认为如果把议会监察专员比作"灭火员"，那么它是令人失望的，但如果把他看作"防火员"，那么它是令人满意的。作者通过具体事例分析了议会监察专员工作的具体实施和效果并作出了评价。此外，作者对卫生监察专员、地方监察专员和其他监察专员进行了介绍。[2]

A.W. 布拉德利、K.D. 尤因的《宪法与行政法》（2007）指出，在议会监察专员制度建立之前，当个人因政府而遭受冤情时有五种途径能够提供救济：1. 法院的挑战；2. 有上诉权时向裁判所上诉；3. 如果能够公开调查，就可以提出这种调查；4. 通过下院议员向相关大臣写信或者提出质疑，通过议会途径获取救济；5. 要求有关部门再次考虑并复查其决定。然而，只有决定的合法性存在问题时司法挑战才能成功，但对于许多决定并不存在上诉权。议会程序不能保证公正考察的事实，许多机构都太容易维持它们已经作出的决定。而监察专员就是这样一个开明的人，他们有政府的工作经验，并能区别良好行政和不良行政。这是议会监察专员制度产生的原因。作者认为，尽管监察专员与行政机关有着密切的联系，但监察专员公署是作为议会的延伸而设立的，且它与司法系统实际上没有联系，而它所起到的救济也是一种法外救济。[3]

---

[1] Carol Harlow & Richard Rawlings, *Law and Administration*, Cambridge University Press, 2009, pp. 528–559.

[2] Leyland Peter & Gordon Anthony, *Textbook England Administrative Law*, Oxford University Press, 2013, pp. 125–155.

[3] A. W. Bradley & K. D. Ewing, *Constitutional and Administrative Law*, Pearson Education Limited, 2007, pp. 138–145.

二 国内研究状况

关于议会监察专员制度，内地学者译介和研究相对较晚，从目前来看迟至改革开放之后。相比中国内地，中国台湾地区和香港地区的学者关于议会监察专员制度译介和研究相对较早。比如香港《南华早报》的《英国有了监察专员》，H. C. 宽（H. C. Kuan）的《英国议会监察专员》（*The Parliamentary Commissioner For Administration in Britain*）和台湾地区陶百川的《监察制度新发展》，陶百川、陈少廷合著的《中外监察制度之比较》和林睿志的《我国与英国监察制度之比较研究》等。

香港《南华早报》（1966年2月15日）曾以《英国有了监察专员》为题报道了英国监察专员制度。其内容如下："2月15日，伦敦，英国有了议会监察专员。英国有了监察专员，用以调查个人对政府的申诉。政府昨天说，每年要花费200000英镑，在议会创建新的职位之前通过立法。第一位监察专员的名字已经确定，每年工资8600英镑。监察专员是斯堪的纳维亚的头衔，（监察专员）用来在瑞典、芬兰、丹麦、挪威和新西兰履行这些职责——路透社报道。"① 这篇英文版短讯是中国范围内最早介绍英国议会监察专员制度的信息，但当时香港还是英国殖民地，而内地正值"文化大革命"前夕，且用英语报道。因此，内地可能并不知道英国准备建立议会监察专员制度，而这篇短讯亦不为内地人所知。

H. C. 宽的《英国议会监察专员》（1980）对英国议会监察专员制度的来源、发展、职能、调查程序、优缺点进行了全面系统的研究。作者是中国最早专门研究英国议会监察专员的学者之一，不过这本书篇幅较短，而且是用英文撰写，目前国内学者很少引用。②

陶百川的《监察制度新发展》（1969）一书最后一章的附录中介绍了英国议会监察专员制度。他翻译了英国1967年《法案》、议会监察专员的四个报告以及两年来英伦报刊上的有关资料。作者主要介绍了英国议会监察专员制度的产生、任命、历史渊源、工作程序等情况，并介绍了第一位议会监察专员艾德蒙·康普顿爵士（Sir Edmund Compton）的工

---

① Britain To Have Ombudsman, *South China Morning Post*, Feb 16, 1966, p. 9.
② H. C. Kuan, *The Parliamentary Commissioner For Administration in Britain*, The Chinese University of Hong Kong, 1980.

作情况，以及特别委员会和十一人委员会。① 这篇翻译是中国较早用汉语介绍英国议会监察专员制度的文章。

陶百川、陈少廷合著的《中外监察制度之比较》（1983）指出，英国议会监察专员制度的特征是下院议员间接转交以及调查范围狭小，而它以文官作为主要来源，有明显的不足，应该扩大来源范围。②

林睿志的《我国与英国监察制度之比较研究》（2010）从比较角度研究了台湾地区的行政监察制度与英国行政监察制度异同。③

港台地区的学者在研究议会监察专员制度时往往追溯到中国秦朝的监察制度。由于历史原因以及社会制度和研究范式的不同，港台地区学者的书籍和文章内地学者以前引用较少，但作为研究现状需要说明。

目前内地还没有关于英国议会监察专员制度的专著，但关于监察专员制度的专著和译著已有。程洁翻译的《瑞典的议会监察专员》（2001）④、陈宏彩的《行政监察专员制度比较研究》（2009）⑤，袁钢的《欧盟监察专员制度研究》（2013）⑥，沈跃东的《宪法上的监察专员研究》（2014）⑦ 和陈志勇的《香港申诉专员制度研究》（2014）⑧ 等。内地没有关于英国议会监察专员制度的专著并不等于没有专家关注。

从行政法角度研究议会监察专员的有王名扬的《英国行政法》和张越的《英国行政法》等。

王名扬的《英国行政法》（1987）对英国议会监察专员制度的由来、建立、发展过程及其优缺点进行了系统的介绍。他认为与法院和裁判所相比，议会监察专员的调查对象是不良行政申诉。从救济手段方面来说，议会监察专员所要求的救济是法外救济。议会监察专员是议会的代理机构，其作用在于帮助议会监督中央政府行政机关并纠正错误，自己没有

---

① 陶百川：《监察制度新发展》，三民书局1969年版，第217—224页。
② 陶百川、陈少廷：《中外监察制度之比较》，"中央文物供应社"1982年版，第262—276页。
③ 林睿志：《我国与英国监察制度之比较研究》，中华大学硕士学位论文2010年。
④ ［瑞典］本特·维斯兰德尔：《瑞典的议会监察专员》，程洁译，清华大学出版社2001年版。
⑤ 陈宏彩：《行政监察专员制度比较研究》，学林出版社2009年版。
⑥ 袁钢：《欧盟监察专员制度研究》，中国政法大学出版社2013年版。
⑦ 沈跃东：《宪法上的监察专员研究》，法律出版社2014年版。
⑧ 陈志勇：《香港申诉专员制度研究》，新华出版社2014年版。

独立决定权，也不是上诉机构。议会监察专员可以使受害人得到法外救济，促进行政管理的改良，提高行政效率，起到说服教育和改良行政机关与公民之间关系的作用。议会监察专员制度的缺点是下院议员的间接受理，受监督的并非全部中央机关。虽然议会监察专员制度起到了较好的社会效果，但调查比例较低。卫生监察专员和地方监察专员不是议会的代理机构，且不需经过下院议员过滤机制，但他们的实施效果比议会监察专员更低。自从王名扬使用"行政监察专员"这个名词之后，内地大多数专家学者普遍接受了这一名词。①

张越的《英国行政法》（2004）首先对监察专员的定义、分类和必要性进行了分析，接着主要就议会监察专员的法律地位、职能、管辖权、调查程序、执行权、不良行政的认定及其后果进行了全面系统的论述，最后通过对经典案例的分析，得出议会监察专员能够产生其他部门难以起到的良好效果。②

从制度史角度研究英国监察专员的有胡康大的《英国的政治制度》，彭献成的《英国政体与官制史》和何勤华主编的《英国法律发达史》等。

胡康大的《英国的政治制度》（1993）将议会监察专员制度称为议会查弊制度。他认为，议会查弊专员完全调查的申诉比例较小，但有不断提高的趋势。议会查弊专员的建议虽然不具有强制性，但被采纳的比例很高。虽然议会查弊专员制度有着各种不够完善的地方，但仍然起到了良好的社会效果。地方查弊制度虽然也取得了明显成效，但还不是很完善，需要改进的地方很多。保健服务查弊制度所发挥的作用不仅不如议会查弊专员制度，而且也不如地方查弊制度。总的来看，由于查弊制度简便易行、涉及面广、大大地触及到了法院和行政法庭的死角，所以在某种程度上可以说，查弊制度同样是消除社会矛盾、维持社会安定的一种有效手段。但与北欧瑞典议会监察专员制度相比，英国的监察专员制度要逊色许多，这是由英国国情所决定的。③

---

① 王名扬：《英国行政法》，中国政法大学出版社1987年版，第251—264页；王名扬：《王名扬全集：英国行政法、比较行政法》，北京大学出版社2016年版，第205—214页。
② 张越编：《英国行政法》，中国政法大学出版社2004年版，第625—649页。
③ 胡康大：《英国的政治制度》，社会科学文献出版社1993年版，第243—261页；胡康大：《英国的查弊制度》，《西欧研究》1991年第2期。

彭献成的《英国政体与官制史》(1999)认为,英国议会监察专员制度的间接受理机制严重妨碍申诉人直接接触议会监察专员,极不利于他施展权力和对公民合法权益的保护,这恰恰是其他国家成功的原因。①

何勤华主编的《英国法律发达史》(1999)认为,英国的监察专员制度是在毫无计划的情况下发展起来的,虽然组织不断增多,公民申诉途径不断拓宽,但申诉程序复杂、途径多样影响了它发挥应有的作用,因此改革势在必行。②

从国外行政监督角度研究英国议会监察专员制度的有刘洪潮主编的《外国廉政之道与腐败之风》,刘明波主编的《国外行政监察理论与实践》,侯志山编的《外国行政监督制度与著名反腐机构》,张倩的《英国监察专员的类型、功能及启示》和庄汉、黄昊元的《议会行政监察专员制度:英国的经验与启示》等。

刘洪潮的《外国廉政之道与腐败之风》(1989)认为,瑞典议会监察专员制度和英国议会监察专员制度之所以能发挥良好的监督作用,主要与两国的行政监督体系比较完善,监督机制协调有力;监督机构有较大的自主权,同时本身也受到严格的监督;两国法律相对完备,公民懂法守法意识较强;执法部门有法可依、执法必严以及监督的公开透明有着密不可分的关系。作者主要介绍了两国的议会监察专员,至于其他的监察专员方面并没有涉及。③

刘明波的《国外行政监察理论与实践》(1990)对英国的议会监察专员制度、地方监察专员制度、卫生监察专员制度和其他监察专员制度的历史、成员组成、职权、监察对象、调查程序、对申诉受害人的补偿等方面进行了介绍。④

侯志山的《外国行政监督制度与著名反腐机构》(2004)指出,英国议会监察专员制度存在以下缺陷:1. 监察专员不能直接受理与主动调查。2. 监察范围受到限制。3. 纠正权较弱,只有建议权,没有处分权,既没有强制性,也没有独立行使、"令行禁止"的权威性。4. 人员结构

---

① 彭献成:《英国政体与官制史》,湖南师范大学出版社1999年版,第272—294页。
② 何勤华主编:《英国法律发达史》,法律出版社1999年版,第220—232页。
③ 刘洪潮主编:《外国廉政之道与腐败之风》,新华出版社1989年版,第174—183页。
④ 刘明波主编:《国外行政监察理论与实践》,山东人民出版社1990年版,第139—163页。

单调。虽然议会监察专员及其属员主要从文官中产生的现实有所改变，但文官仍占较大的比例。①

张倩的《英国监察专员的类型、功能及启示》（2017）从宏观、中观和微观三个层面对英国监察专员制度进行考察。作者认为，监察专员在英国社会的民主、法治、人权保障和纠纷解决方面都发挥了不可替代的作用。而英国监察专员制度对于中国善政、廉政、勤政建设以及监察委员会在制度设计、法律定位、功能配置和组织建设等方面提供了很好的借鉴。②

庄汉、黄昊元的《议会行政监察专员制度：英国的经验与启示》（2017年）对英国议会监察专员制度产生的背景、主要内容和运行效果等方面进行了考察，并对其进行评价。作者指出，虽然英国的监察立法和实践不宜生搬硬套到中国的监察制度改革中，但英国的监察立法体例以及监察立法内容尤其是监察权的配置及运行机制，仍然可以为中国监察立法以及科学合理的监察权运行机制的设计提供启示和借鉴。③

从比较角度研究英国议会监察专员制度的有龚祥瑞的《比较宪法与行政法》和钟群的《比较宪政史研究》等。

龚祥瑞的《比较宪法与行政法》（2012）将瑞典为代表的斯堪的纳维亚国家的议会监察专员制度与以英国为代表的盎格鲁—撒克逊国家的议会监察专员制度进行比较。从监督范围来看，前者监督几乎涵盖了一切公共权力机关，而后者主要针对不良行政造成的申诉进行调查。从批评建议方面来看，前者能更多地批评犯了错误的公务人员，并能对如何解释法律发表他们的建议；后者多从侧面干预。龚祥瑞教授是内地最早研究英国议会监察专员制度的学者之一，然而他只对英国议会监察专员制度的初期发展进行研究，至于地方监察专员、卫生专员和其他监察专员则没有涉及。④

---

① 侯志山编：《外国行政监督制度与著名反腐机构》，北京大学出版社2004年版，第42—49页。
② 张倩：《英国监察专员的类型、功能及启示》，《政法论丛》2017年第4期。
③ 庄汉、黄昊元：《议会行政监察专员制度：英国的经验与启示》，《江汉大学学报》（社会科学版）2017年第6期。
④ 龚祥瑞：《比较宪法与行政法》，法律出版社2012年版，第500—506页。该书第15章第2节，早在1981年就以《议会司法专员制度——瑞典"翁巴其曼"（Ombudsman）制度的发展概况》为标题发表在当年《法学研究》的第3期上，这是内地已发表的最早研究监察专员制度的文章之一。

钟群的《比较宪政史研究》（2003）认为，议会监察专员制度的产生出于对行政权力加强控制的需要，由于公民受到政府不良行政的侵害在普通司法程序上不能得到有效救济时，这项制度将发挥它的作用。可见作者更加强调议会监察专员制度的救济作用。①

关于建议建立人大监察专员制度的有扶松茂的《从瑞典、英国议会行政监察看中国的行政监察专员制度的创制》，罗智敏的《对监察专员（Ombudsman）制度的思考》，翁琰的《论英国行政监察专员制度及其对我国的启示》和李维丝的《行政监察专员制度比较研究——基于对英国行政监察专员制度的研究》等。

扶松茂的《从瑞典、英国议会行政监察看中国的行政监察专员制度的创制》（2002）通过对瑞典和英国议会监察专员制度的创设、任免、任期、资质条件、职责范围等几个方面进行分析，总结出这一制度的基本特征，从而提出在中国创建人大行政监督专员制度的构想，以进一步强化人大对政府的监督力度，完善行政监督体系。②

罗智敏的《对监察专员（Ombudsman）制度的思考》一文，认为中国行政监督制度存在问题，仿效监察专员制度建立人大监察专员制度是十分必要的，但关键要保证人大监察专员地位的独立。人大监察专员必须由人大直接任命，向人大负责，保持地位独立。人大要赋予他们广泛的调查等权力，行政机关有配合的义务且要承担不配合的责任，在受理申诉的程序上要做到经济、简易、便民。③

翁琰的《论英国行政监察专员制度及其对我国的启示》（2011）通过分析英国议会监察专员制度的形成过程及其优缺点提出在中国建立人大监察专员制度的建议。④

李维丝的《行政监察专员制度比较研究——基于对英国行政监察专员制度的研究》（2011）也提出了建立中国特色的监察专员制度的初步

---

① 钟群：《比较宪政史研究》，贵州人民出版社2003年版，第22—28页。
② 扶松茂：《从瑞典、英国议会行政监察看中国的行政监察专员制度的创制》，《云南行政学院学报》2002年第6期。
③ 罗智敏：《对监察专员（Ombudsman）制度的思考》，《行政法学研究》2009年第4期。
④ 翁琰：《论英国行政监察专员制度及其对我国的启示》，《重庆科技学院学报》（社会科学版）2011年第15期。

设想。①

关于改善中国信访制度的有武琳的《英国行政监察专员制度研究》，陈芳的《国外公民申诉制度对改革和完善我国信访制度的启示和借鉴》和范愉的《申诉机制的救济功能与信访制度改革》等。

武琳的《英国行政监察专员制度研究》（2011）从英国议会监察专员制度发展历程、法治地位、主要类型、运作模式、制度问题分析、成效评价、发展趋势和对中国行政法治建设与完善的启示等方面进行了研究。他认为中国信访制度中存在缺陷，而对于在中国建立监察专员的设想，应当根据具体的政治体制、文化背景，在现有制度设置的基础上进行改革与完善，对于缺失的制度进行相应补充与重新安排。②

陈芳的《国外公民申诉制度对改革和完善我国信访制度的启示和借鉴》（2012）提出："借鉴国外公民申诉制度以人为本的人文思想，建立以人为本、爱民为民的信访思想理念；借鉴国外公民申诉制度完备的法律保障模式，建立法制健全、措施配套的信访法律制度；借鉴国外公民申诉制度公开透明的工作原则，建立公开透明、公平公正的信访工作原则；借鉴国外公民申诉制度职责明确的职能分工，建立职责明确、分工协作的信访工作机制；借鉴国外公民申诉制度专业高效的工作队伍，建立人员专业、务实创新的信访工作队伍。"③

范愉的《申诉机制的救济功能与信访制度改革》（2014）认为，中国信访面临的困境不仅是制度设计的问题，还有着深刻的体制、文化和社会根源问题，在顶层设计难以实现的情况下直接移植西方申诉专员制度（监察专员制度）难以实现，但借鉴其思路，将信访作为行政性申诉救济机制加以重构，发挥其替代诉讼的功能则具有建设性和可行性。④

此外，考察国外监察专员制度的还有倪宇洁的《国外议会监察专员制度与行政监察》⑤，李红勃的《人权、善政、民主：欧洲法律与社会发

---

① 李维丝：《行政监察专员制度比较研究——基于对英国行政监察专员制度的研究》，中央民族大学硕士学位论文，2011年。
② 武琳：《英国行政监察专员制度研究》，西南政法大学硕士学位论文，2011年。
③ 陈芳：《国外公民申诉制度对改革和完善我国信访制度的启示和借鉴》，中共湖北省委党校硕士学位论文，2012年。
④ 范愉：《申诉机制的救济功能与信访制度改革》，《中国法学》2014年第4期。
⑤ 倪宇洁：《国外议会监察专员制度与行政监察》，《中国行政管理》2006年第7期。

展中的议会监察专员》①，肖进中的《价值、运行与启示——域外监察专员制度与中国》②等。这类文章从监察专员制度的起源、发展、职权范围、调查程序、优点和不足等方面整体上考察监察专员制度。他们不局限于特定国家，但又往往以瑞典和英国的监察专员为主要考察对象，这有助于整体上了解监察专员制度。由于这类文章虽然都涉及到监察专员制度，但却并非专门研究英国监察专员制度，故不作具体介绍。

综上所述，国内目前对英国议会监察专员制度的研究有以下特点：1. 从总体上研究监察专员制度，并提出对中国的借鉴意义。2. 往往将瑞典与英国监察专员一起研究。3. 介绍性文章较多，深入研究不足。正是鉴于此原因，笔者拟以"英国议会监察专员制度研究（1954—2017年）"为题目，以便加深对英国监察专员制度的研究。

第三节 研究中的困难、创新和方法

一 研究中遇到的问题及其解决措施

（一）恰当地处理议会监察专员制度与其他监察专员制度的关系

英国议会监察专员制度是整个监察专员体系中最先设立、效果最好和最具代表性的监察专员制度，但它的发展和完善与整个监察专员体系中的卫生监察专员制度和地方监察专员制度等有着密切联系。前者对后者的设立有着重要影响，而后者的建立对于前者的发展和完善有着不可或缺的作用。本书虽然研究英国议会监察专员制度，但仍需对监察专员体系尤其是卫生监察专员制度和地方监察专员制度等相关内容有所涉及。如何恰如其分地处理它们之间的关系是本书的一个难点，为此在撰写本书过程中要努力达到详略得当、重点突出、主题分明的目的。

（二）加强法学和政治学知识的学习，弥补史学在这两方面的不足

英国议会监察专员制度既是一项政治制度又与法律有着密切关系，它是依法设立监督中央政府部门是否存在不良行政的议会代理机构。国

---

① 李红勃：《人权、善政、民主：欧洲法律与社会发展中的议会监察专员》，《比较法研究》2014年第1期。
② 肖进中：《价值、运行与启示——域外监察专员制度与中国》，《河北法学》2017年第1期。

内外专家学者往往将其归为法学范畴，这从文献资料属于法学分类中可以看出，但从事政治学研究的专家学者则从政治角度研究它。所以，研究英国议会监察专员制度需要一定的政治学和法学知识。然而笔者的专业是史学，对于法学和政治学这两个领域并不擅长，撰写过程中需要加强学习政治学和法学相关知识。

（三）充分利用各种途径，解决原始资料和文献的不足

研究英国议会监察专员制度需要建立在大量的原始资料和文献的掌握基础上，而研究国外政治制度通常会遇到资料和文献难以获得的问题。因为国外对于英国议会监察专员制度关注和研究较少，资料和文献本身并不多；国内部分专家和学者虽然较早就开始关注这个领域，但往往研究不够深入，导致相关研究成果不多。通过国内外同学的帮忙，并充分利用互联网技术，资料和文献缺乏的问题已在很大程度上得到解决。

二　研究特色

（一）从史学角度动态研究议会监察专员制度是本书的特色

以往学者研究英国监察专员制度或从政治学角度或从法学角度对监察专员体系进行静态的分析。本书拟从历史学角度对英国监察专员体系中最先设立、效果最好和最具代表性的议会监察专员制度的发展变化及其规律进行系统的动态研究。虽然英国议会监察专员制度有着明显的缺陷，但它的改革和变化正是它不断发展的体现。从历史学角度运用史学研究方法动态呈现英国议会监察专员制度的演变过程是本书的第一个特色。

（二）探索政治改革对于议会监察专员制度的影响是本书的另一特色

英国议会监察专员制度的发展变化与国内政治改革有着密切关系，研究英国议会监察专员制度的发展历史需要探索英国国内改革对其影响。深入分析英国政治改革对于议会监察专员制度发展变化的具体影响是本书的第二个特色。

（三）分析英国议会监察专员制度的具体运行特征是本书的第三个特色

英国议会监察专员制度的优点和缺点，只有通过对它具体运行状况的分析方能得出。虽然英国议会监察专员制度自建立以来没有发生根本

改革，但在它 50 年的发展历史中，在不同的发展阶段仍呈现出不同的特征。只有通过具体分析英国议会监察专员制度的运行状况，才能清晰把握它的整体特征和阶段特征。目前尚未有学者对其半个世纪的运行状况及其优点和缺点进行研究，本书拟对其长时段进行具体分析，从而达到把握它的整体特征和阶段特征的目的。这是本书的第三个特色。

三　研究方法

（一）文献研究方法

研究英国议会监察专员制度，首先要对英国政府公开出版的政府文件、白皮书、议会议事录，以及国家档案、报纸杂志、政府要员的日记和回忆录等进行整理、分析和归纳，从而弄清英国议会监察专员制度建立的背景、特征、操作流程及其历史原因与现实原因。

（二）案例分析方法

英国议会监察专员制度运行效果如何，其优越性如何体现，通过抽象叙述往往不如通过对议会监察专员处理典型案件的分析更易使人理解。通过对典型案件的分析，议会监察专员制度的运行效果及其优越性能够更加直观地体现出来，从而有助于使抽象理论具体化。

（三）统计分析法

英国议会监察专员制度的发展变化只有通过对它每年处理申诉的统计分析才能清晰地呈现出来。英国议会监察专员制度从设立至今已走过了 50 年的发展历程，经历了从建立、改革和发展的变化。通过对英国议会监察专员处理申诉的统计分析能够清楚地看出它在不同时期发展变化的脉络。

（四）比较研究法

英国议会监察专员制度的思想来源于瑞典，而在具体制定中参照了丹麦议会监察专员制度。评价英国议会监察专员制度的优越性和局限性不仅要从英国国内考虑，同时还要比较其他国家的监察专员制度，从而能够更加深入地理解英国议会监察专员制度特殊性原因所在。

第一章 监察专员概念在英国的传播与发展（1954—1960）

监察制度是随着社会发展，政治制度不断完善的必然产物。自从私有制诞生以来，国家机器产生之后，统治阶级滥用职权，侵害人民合法权益的现象一直是人类的顽疾。英国杰出的宪法学家艾伯特·维恩·戴西（Albert Venn Dicey）曾警告，"只要有自由裁量权，就有任意性的空间"①。阿克顿勋爵认为，"权力导致腐败，绝对的权力导致绝对的腐败"②。而习近平同志在新时期则提出了"把权力关进制度的笼子里"的著名论断。所以不同阶级要求监督政府机关的观点不断被提出。人民要求根除腐败，统治阶级为了巩固统治也需要建立一套完善的监察体系。不同时代的思想家和政治家为了防止腐败提出了各种监察理论。统治阶级为了维护统治也相应地建立了形式多样的监察制度。在西方奴隶社会时期，古希腊的雅典有"陶片放逐法"，古罗马共和国则在公元前443年开始设立监察官（Censura）。③ 封建时代法国于亨利二世（1547—1559年）在位其间设立了监察官（Censor）。④

东方以中国为代表的监察制度起源很早，发展也更为完善。谈起中国的监察制度往往追溯到秦代（公元前221—前207年）的御史制度。"御史大夫，秦官，位上卿，银印青绶，掌副丞相。"⑤ "御史大夫……有

---

① Donald C. Rowat, "The Parliamentary Ombudsman: Should the Scandinavian Scheme be Transplanted?", *International Review of Administrative Sciences*, Vol. 28. No. 4, 1962, p. 402.
② ［英］阿克顿：《自由与权力》，侯建、范亚峰译，商务印书馆2001年版，第342页。
③ 饶鑫贤等主编：《北京大学法学百科全书》，北京大学出版社2000年版，第373—374页。
④ 饶鑫贤等主编：《北京大学法学百科全书》，北京大学出版社2000年版，第373—374页。
⑤ 陈茂同：《历代职官沿革史》，华东师范大学出版社1988年版，第67页。

两丞，秩千石。一曰中丞，在殿中兰台，掌图籍秘书，外督部刺史，内领侍御史员十五人，受公卿奏事，举劾按章。"① 御史制度在中国封建社会漫长的岁月中不断发展演变，秦代以后各个朝代的监察制度名称以及职权有所不同，但都是掌管监察的机构。

然而，东西方前资本主义时代的监察制度存在着各种问题。它们或是监察制度不够完善。诸如西方国家进入封建时代由于地域面积较小、人口较少并没有形成完善的监察制度。或是由于官僚体制种种弊端不能很好地执行监察职能。如中国自秦代以来陆续建立了从中央到地方，从外部到内部相对完善的监察制度，但官吏滥用职权、贪赃枉法、徇私舞弊现象仍是层出不穷。虽然东西方前资本主义时代国家的监察制度不能很好地发挥作用的具体原因各不相同，但却有着共同的特征。这就是以皇（王）权为代表的奴隶制政权或封建政权的监察制度归根结底是一种自我监察制度。立法者同时也是执法者，这是东西方封建时代监察制度之所以弊病百出的根本原因。

随着资本主义时代的到来，分权思想开始形成，尤其是三权分立原则的成熟，出现了立法权与执法权分开的制度。立法权属于议会，执法权属于国王。议会与国王出现对立，议会开始监督以国王为代表的政府，这时资本主义监察制度开始形成。议会监督是资本主义国家最为重要的监察制度，而议会监察专员制度则是议会监察制度中非常具有特色的一种。英国是世界上最早建立资本主义制度的大国之一。英国的政治制度往往对其他国家产生较大的影响。本书主要研究源于瑞典的议会监察专员制度在英国的发展及其对世界其他国家的影响。

第一节 监察专员概念

一 Ombudsman 词源由来、语义分析和分类

（一）Ombudsman 词源由来

英文单词"Ombudsman"是个外来词汇，它来源于瑞典语，这个词由"ombuds"与"man"组合而成。单词"Ombuds"是"官吏"（officer）、

---

① 陈茂同：《历代职官沿革史》，第67页。

"发言人"（spokesman）或"代表"（representative）的意思，"man"是名词后缀，意思是"人"或"员"。①而瑞典语"Ombudsman"则由古斯堪的纳维亚语"umboðsmaðr"演化而来。"umboðsmaðr"由"umboð"与"maðr"两部分组成。"umboð"（英语：commission）意为"委任"，它由"um"与"boð"两部分组成。"um"（英语：around）是"周围"之意，它来源于古日耳曼语"umbi"，而这个词的古印欧词根为"ambhi"，意为"周围"之意；"boð"（英语：command）意为"命令，控制"，它的原始印欧词根为"bheudh"，（英语：be aware, make aware）意为"意识，使意识"，"maðr"（英语：man）意为"人、员、者"。②"umboðsmaðr"的大意为"受委托使周围群众知道的人"。由于"Ombudsman"词源来源复杂，关于这个名称还有古丹麦语说和德语说两种。

古丹麦语说。据说瑞典语"Ombudsman"是丹麦语"umbozman"的变体。在丹麦的古老村落里，"umbozman"是作为通知他人街道上的冰雪和垃圾被清除、烟囱被清扫的人。③丹麦自1241年以后百年内在法律上设置了"umbozman"这个官职。"umbozman"是一位皇家公职人员，从1552年以后，它也被用于诸如其他讲斯堪的纳维亚语的冰岛和法罗群岛、挪威和瑞典的监察专员中。芬兰讲瑞典语的少数民族中也使用这一术语。④

德语说。有人说"Ombudsman"源于日耳曼语。它起源于日耳曼部落的早期，是对被选出来向做错事的一方讨还血债（被杀赔偿金）的人的称谓。⑤虽然"Ombudsman"起源很早，它的来源也众说纷纭莫衷一是，但现在众所周知的"Ombudsman"起源于1809年瑞典设立的"议会监察

---

① Md. Awal Hossain Mollah & Md. Nizam Uddin, "Ombudsman for Bangladesh: Theory and Reality", *International Journal of Public Administration*, Vol. 27, No. 11-12, 2004, p. 981.

② *Ombudsman*, http://www.etymonline.com/index.php?allowed_in_frame=0&search=ombudsman. 访问时间：2017年8月9日星期三。

③ Man-Kit Leung（梁文杰），*The Office of the Ombudsman of Hong Kong: An Evaluation from the Perspectives of Street-Level Bureaucrats, the Public and Members of the Legislative Council*, University of Hong Kong, 1998, p. 22.

④ *Ombudsman*, https://en.wikipedia.org/wiki/Ombudsman#Iceland. 访问时间：2017年8月8日星期二。

⑤ G. A. Chowdhury, Ombudsman: An Instrument of Human Rights, *The Daily Star* 1996, April 22.

专员"（瑞典语：Justitieombudsmannen, eller Riksdagens ombudsmän；英语为：Parliamentary Ombudsman）则是学界的共识。

（二）监察专员（Ombudsman）相关词语

"监察专员（Ombudsman）"出现之后，还出现了一系列相关的词语，以下从瑞典语、丹麦语和英语三种语言简要介绍。瑞典单词"Ombudsman"从字面上理解是指（男）监察专员，"Ombudsmän"是其复数形式，"Ombudsmannen"是其特指形式。"Riksdagens ombudsmän"是指议会监察专员，在日常生活中常使用"Justitieombudsmannen"，"Ombudsman"。"Ombudsman"虽指"男性监察专员（单数）"，但现今议会监察专员也不乏女性，不过仍用"Ombudsman"指代。丹麦单词"Ombudsmand"从字面上理解是指（男）监察专员，"Ombudsmænd"是其复数形式，"Ombudsmanden"是其特指形式。"Ombudsmand"虽指"男性监察专员（单数）"，但现今丹麦议会监察专员也不乏女性，不过仍用"Ombudsmand"指代。

英语词汇中自从引入瑞典语"Ombudsman"之后，出现了一些英语相关单词。英语单词"Ombudsman"从字面意思来看是指男性监察专员（单数），"Ombudsmen"是其复数形式，但英国议会监察专员也不乏女性，然而同样用男性单数与复数形式指代。虽然英语单词中有"Ombudswoman"，但使用较少，在绝大多数英语词典与瑞典词典中也未收录这个单词。"Ombudswoman"虽然也有女监察专员之意，但这个单词往往指代其他机构。如澳大利亚航空公司设有"（女）监察专员制度（Ombudswoman System）"，它是专门为处理白领犯罪提供有关法律服务的机构，但它不进行客户业务服务，关于航班和行李违规或预订要求的投诉将不被处理或受理，也不会被转发。①

单词"Ombudsperson"是另一个与"Ombudman"有关的英语单词，它也不经常被使用，只是在部分国家或地区使用。如美国"麻省理工学院监察公署（The MIT Ombuds Office）"。这个机构使用四种单词"ombud, ombuds, ombudsperson and ombudsman"。因此，在这个机构看来这

---

① *Ombudswoman System*，https：//www. austrian. com/info/legalregulations/ombuds. aspx? sc_ lang = zh&cc = cn. 访问时间：2017 年 8 月 10 日星期四。

四个词意义相近。监察公署旨在帮助全体师生表达关切、化解纠纷、管控冲突，学会更有成效的交流。① "Ombudsperson"用来指代监察专员是极少出现的。②

此外，单词"Ombudman"的变体还有"Ombudsmanship"。英国多数词典并没有收录该单词，这个单词相当于汉语中两个单词的合成。它的意思是"监察专员、视察官"③。有学者在《盎格鲁—撒克逊：监察专员》一文中使用了这个单词。④ 单词"Ombudman"的变体还有"Ombudsmania"，卡罗尔·哈洛等学者在著作中使用了该词，⑤ 国内有的学者将其翻译为"监察使热"⑥。不过该词在英语词典中没有被收录，使用者较少。

表1-1　　　　　　监察专员在不同语言中的词形变化

国家	语言	名词	单数	复数	特指形式
瑞典	瑞典语	Ombudsman	Ombudsman	Ombudsmän	Ombudsmannen
挪威	挪威语	Ombudsmannen	-	-	-
丹麦	丹麦语	Ombudsmand	Ombudsmand	Ombudsmænd	Ombudsmanden
英国	英语	Ombudsman	Ombudsman	Ombudsmen	The Ombudsman
法国	法语	Médiateur de la République	un Médiateur/une Médiatrice	Les Médiateurs	Le Médiateur/La Médiattrice
俄国	俄语	бмбудсмен	-	-	-
西班牙	西班牙语	Defensordel Pueblo	-	-	-
德国	德语	Ombudsmann	Ombudsmann	Ombudsfrau	Ombudsleute

---

① *Ombuds Office*，http://ombud.mit.edu/. 访问时间：2017年8月10日星期四。
② [英] 朱迪·皮尔素：《新牛津英语词典》，上海外语出版社2001年版，第1293页。
③ *Ombudsmanship*，http://fanyi.youdao.com/. 2018年4月5日。
④ S. A. de Smith, "Anglo-Saxon Ombudsman?", *Political Quarterly*, Vol. 33, No. 1, 1962, p. 10.
⑤ Carol Harlow and Richard Rawlings, *Law and Administration*, p. 437.
⑥ 张倩：《英国监察专员的类型、功能及启示》，《政法论丛》2017年第4期。

第一章 监察专员概念在英国的传播与发展（1954—1960） 29

表1-2 典型的监察专员设立的时间

国家/地区	语言	初设立时的名称	设立时间
瑞典	瑞典语	Riksdagens ombudsmän, Justitieombudsmannen	1809 年
芬兰	芬兰语	Eduskunnan Oikeusasiamies	1919 年
	瑞典语	Riksdagens justitieombudsman	
挪威	挪威语	Ombudsmannen for Forsvaret	1952 年
丹麦	丹麦语	Folketingets Ombudsmand	1955 年
德国	德语	Ombudsmann	1957 年
新西兰	英语	the Parliamentary Commissioner for Administration	1962 年
英国	英语	the Parliamentary Commissioner for Administration	1967 年
法国	法语	Médiateur de la République	1973 年
西班牙	西班牙语	Defensor del Pueblo	1978 年
冰岛	冰岛语	Umboðsmaður Alpingis	1987 年
中国香港	英语	the Commission for Administrative Complaints	1989 年
	汉语	行政申诉专员	
俄国	俄语	бмбудсмен	—

（三）监察专员的分类

监察专员制度是个复杂的体系，从其西文名称可以看出，中外学者对其分类也都提出了不同看法，大致可以分为官方领域和非官方领域两大类。

官方监察专员又可以分为议会监察专员、地方监察专员和专门监察专员三种主要类型。以瑞典、芬兰、挪威、丹麦、新西兰和英国为例，刚设立的监察专员都是议会层面的监察专员，当然，挪威先设立军事监察专员，后设立议会监察专员。瑞典1809年设立监察专员时，在名称上并不冠以"议会"之名，早期内地学者称之为司法专员（Justitieombudsmannen），即现在瑞典人称谓的议会监察专员（Riksdagens Ombudsmän）。两者在英语中都是"Parliamentary Ombudsmen"。芬兰独立后于1919年颁布了新宪法，其中作为宪法重要组成部分的《政府法》（the Form of Government Act）决定仿效瑞典设立议会监察专员，[1] 这是最早在名称上

---

[1] *The post of Parliamentary Ombudsman began his work 95 years ago*, http://www.oikeusasiamies.fi/Resource.phx/eoa/english/ombudsman/history.htx，访问时间：2017 年 8 月 24 日。

冠以"议会"的监察专员。丹麦 1955 年设立议会监察专员,新西兰于 1962 年设立议会监察专员,英国于 1967 年设立议会监察专员。除此之外,澳大利亚于 1976 年设立联邦监察专员(Commonwealth Ombudsman)。议会监察专员是最早设立、最为典型、最为重要的一种监察专员,其他监察专员往往是仿效议会监察专员而设立的,本书所研究的英国议会监察专员就属此类。

地方监察专员是一个国家(地区)在地方设立的相对议会而言的官方监察专员。他们是根据地方立法机构由地方议会或政府设立的处理公民对本地行政和司法机构的不良行政或程序上错误的监察专员。他们对当地议会或政府负责,对需要调查的申诉提出处理建议,但同样不能改变行政决定。地方监察专员是议会监察专员的重要补充。以瑞典为例,只设中央层面的议会监察专员,不设地方层面的监察专员,但受理公民对地方行政和司法机构的申诉。

有的国家(地区)没有中央层面上的议会监察专员只设地方层面的监察专员,此类监察专员以加拿大和美国最为典型。加拿大九个省和一个地区各自设立监察专员,这几乎涵盖全国所有省和地区。美国只有部分州设立监察专员,而没有美国联邦层面的监察专员。虽然地区专员名称并不一致,但他们的功能大同小异。

有的国家(地区)既设有中央层面上的议会监察专员又设有地方监察专员。此类以英国和澳大利亚最为典型。英国议会监察专员只受理中央政府部门不良行政的申诉,致使地方行政部门的不良行政无处申诉,为此英国先后在英格兰、威尔士、北爱尔兰和苏格兰设立地方监察专员。澳大利亚除了设有联邦监察专员外,又在全国六个州和一个地区设立监察专员。首都由联邦监察专员管辖。

专门监察专员是通过单独立法设立针对某一领域的申诉进行调查并提出建议的监察专员。他们最早由瑞典设立。瑞典设立(议会)监察专员之后,又设立军事监察专员。20 世纪 80 年代之后专门监察专员开始大量设立,瑞典设有新闻监察专员、男女平等监察专员、消费者监察专员等。英国有监狱监察专员、住房监察专员。此外,还有儿童监察专员、人权保护监察专员、信息监察专员,等等。值得注意的是,自 1978 年西班牙设立保护人权监察专员(英语:Defender of the People,西班牙语:

第一章　监察专员概念在英国的传播与发展（1954—1960）

Defensor del Pueblo）之后，与保护人权有关的监察专员有了突出的发展，成为传统监察专员之外又一重要类型。

此外，1973年法国设立了调解专员（French：Médiateur de la République）。国际组织也设立了监察专员。这类监察专员以欧盟监察专员和联合国监察专员为代表。

非官方领域监察专员是监察专员大家族中数量最多的一类。他们主要是私营公司和企业根据法规应对顾客投诉而设立的监察专员，他们的处理建议虽然不具有法定约束力，但相对灵活，对于处理顾客投诉和完善私营公司和企业的管理与服务有较好效果。如英国的保险监察专员（1981年）、银行监察专员（1986年）、建筑监察专员（1986年）、投资监察专员（1989年）、房地产监察专员（1990年）、法律监察专员（1990年）、补助金监察专员（1990年）、金融监察专员（2000年），等等。

二　监察专员的定义

监察专员虽然起源于北欧的瑞典，但从英国走向世界。各国引进监察专员之后，都进行了不同程度的改进。因此，监察专员的定义在不同学者和研究机构中有着不同。以下从不同学者、研究机构和类词书方面介绍它的定义。

（一）学者对"Ombudsman"的定义

瑞典前监察专员阿尔弗雷德·贝克塞留斯（Alfred Bexelius）认为，监察专员是独立无党派的立法机构的官员，通常在宪法范围内监督行政，处理针对行政不公或行政失当的申诉；有调查、批评和公开权，但不能撤销行政行为。[1] 瑞典于默奥大学政治学教授丹·布兰德尔斯特罗姆（Dan Brändström）认为，议会监察专员是由议会任命，职责是代表议会监督法律以及其他公共行政机关法规的执行。这一机构的监督方式结合了法院、其他公共权力机构及其工作人员的职权，在他们的监督过程中，如果发现工作失误或者玩忽职守等情况，他们可以提起法律程序或者是对违法者采取其他措施。[2]

---

[1] Donald Rowat, *The Ombudsman, Citizen's Defender*, Allen & Unwin, 1968, p. 24.
[2] ［瑞典］本特·维斯兰德尔：《瑞典的议会监察专员》，程洁译，清华大学出版社2001年版，序。

1961 年英国《怀亚特报告》将监察专员定义为"议会的官员,作为议会的代理人,其主要职责是保护公民不受行政人员乱用或滥用行政权力的侵害"①。英国诺丁汉大学公共法教授约翰·弗兰西斯·加纳（John Francis Garner）认为,监察专员是议会的一名官员,作为议会代理人的首要职责是为了保护公民不受行政人员乱用或滥用行政权力的侵害。②英国雷丁大学政治学教授罗伊·格雷戈瑞（Roy Gregory）等人指出,监察专员公署有以下共同特征:1. 根据制定法或宪法设立,具有专业性和独立性,是立法机关中的非党派机构。2. 公民明显可见,易于接近。3. 既对自己的行为负责,也为接收和公平地处理受害人的特定申诉负责。4. 公民指控的是政府机关、官员或雇员的不法行政和不良行政。5. 事实上具有无限制的获取官方文件的能力。6. 对救济和纠正措施提出建议。7. 对行政行为提出报告但无权予以撤销。③

美国俄克拉何马大学政治学教授拉里·B. 希尔（Larry B. Hill）认为,监察专员有以下特征:1. 依法设立。2. 功能独立自主。3. 独立于行政之外。4. 在立法机关和执行机关之外独立运作。5. 专家。6. 专业。7. 无党派。8. 具有规范化和普遍性。9. 以当事人（申诉人）为中心而不是以行政为中心。10. 访问广泛和显而易见。监察专员机构的使命是对政府行政部门提出控诉,利用其广泛的调查权力进行事后行政审计,形成批评或维护管理者的判断并公开报告调查结果,有建议权但不改变行政决定。④ 美国哥伦比亚大学法学教授沃尔特·格尔霍思（Walter Gellhorn）认为,监察专员机构的特征体现在以下几点:1. 它是代表立法机关的监督机构,运行独立,与行政机关毫无联系,且只对立法机构本身负有总体上的责任。2. 实际上拥有获得与案件有关的官方文件和档案的不受限制的权力,从而对行政决定的基础和依据进行审查。3. 对管理人员作出的而不受被管理人员欢迎的行为表达非官方的、专家

---

① Md. Awal Hossain Mollah & Md. Nizam Uddin, "Ombudsman for Bangladesh: Theory and Reality", p. 981.

② John Francis Garner, *Garner's Administrative Law*, Butterworths, 1989, p. 90.

③ Roy Gregory (ed.), *Practice and Prospects of the Ombudsman in the United Kingdom*, E. Mellen Press, c1995, p. 2.

④ L. B. Hill, *The Model Ombudsman: Institutionalizing New Zealand's Democratic Experiment*, Princeton University Press, 1976, p. 12.

第一章　监察专员概念在英国的传播与发展（1954—1960）　33

的意见。4. 尽可能地解释自己的结论，以便使行政机构和申诉人都能理解。① 美国前律师协会和联邦律师协会监察专员委员会主席伯纳德·弗兰克（Bernard Frank）认为，监察专员机构是指由宪法或制定法设立，由独立的、高级别的公职人员领导的公署，对立法机关负责，受理公民对政府机构、官员或雇员的申诉，行动独立，享有调查、建议正确措施和提交报告的权力。② 美国明尼苏达大学法学教授肯尼斯·卡尔普·戴维斯（Kenneth Culp Davis）认为，监察专员在政府中拥有较高的地位，他的工作是处理公民对行政或公务员不满行为的申诉。③

加拿大卡尔顿大学政治学教授唐纳德·C. 罗华特（Donald C. Rowat）在1973年给"Ombudsman"下的定义为：1. 监察专员是一位独立的、无党派的法官，根据宪法或制定法设立，监督行政。2. 监察专员处理来自公民对于行政不公和行政失当的具体投诉。3. 监察专员有权调查、批评并将发布公告，但不能改变行政行为。④

德国汉斯·于尔根·汉森教授（Hans Jürgen Hansen）认为，监察专员是一个可靠的人，为了合法地保护个人和议会控制的目的，监督几乎全部的行政组织和工作人员，他不能改变行政决定，但以提交的申诉或自己的主动行为为基础，可以对行政决定进行批评。⑤

（二）国际组织对"Ombudsman"的定义

国际律师协会（International Bar Association）对于监察专员机构的定义为：根据宪法、立法机关或议会的法律设立，由一个独立的、地位较高的公共官员领导的机构，该机构对于立法机关或议会负责，接受对政府机关、官员或者雇员有冤屈的人的申诉，或者采取主动调查的行为，

---

① Walter Gellhorn, *When Americans Complain*; *Governmental Grievance Procedures*, Harvard University Press, 1967, pp. 9 – 10.

② Md. Awal Hossain Mollah & Md. Nizam Uddin, "Ombudsman for Bangladesh: Theory and Reality", pp. 981 – 982.

③ Kenneth Culp Davis, "Ombudsman in America: Officers to Criticize Administrative Action", *University of Pennsylvania Law Review*, Vol. 109, No. 8, 1961, pp. 1057 – 1076; Donald Rowat, *The Ombudsman, Citizen's Defender*, p. 135.

④ D. C. Rowat, *The Ombudsman Plan: Essays on the Worldwide Spread of An Idea*, McClelland & Stewart, 1973, p. 147.

⑤ Katja Heede, *European Ombudsman: Redress and Control at Union Level*, Kluwer Law International, 2000, p. 8.

有调查、建议和提出报告的权力,但没有改变行政决定的权力。① 国际监察专员协会(International Ombudsman Association)对监察专员的定义为:通常根据宪法设立,监督行政,处理行政不公和不良行政的申诉。他们是独立的、无党派的官员,对个人和行政程序有调查、报告和建议权,但他们并非法官,无权发出命令,也不能撤销行政决定,而是通过调查申诉或核查行政程序来寻求问题的解决。② 《监察专员国际手册》(*International Handbook of the Ombudsman*)中对监察专员的定义是,根据宪法规定设立,通常由议会或者政府首脑任命,能够独立监督行政机构的运行并不受任何党派政治影响的公共官员。他们负责处理公民对政府部门违法行政和不良行政的申诉,他们对案件处理和行政程序拥有调查、报告和建议权,并向议会或政府提交报告。③

(三)类词书对"Ombudsman"的定义

1972年版《不列颠百科全书》对于监察专员给出了更加机构化的定义。监察专员是调查公民投诉官僚机构滥用权力的立法委员。④ 朱蒂·皮尔素(Judy Pearsall)主编的《新牛津英语辞典》把监察专员定义为:"一个被任命去调查个人对不良行政进行投诉的官员。"⑤ 威廉·萨菲尔(William Safire)在《萨菲尔的新政治词典:政治新语言的权威指南》(*Safire's New Political Dictionary*: *the Definitive Guide to the New Language of Politics*)中将监察专员定义为:"由立法机关任命,负责审理和调查公民对政府官员或机构的投诉,以抵消官僚机构的拖延、不公正和非人性化。"⑥ 布赖恩·A.加纳(Bryan A. Garner)主编的《布莱克法律词典》(*Black's Law Dictionary*)中将监察专员作为解决纠纷,尤其在公民和政府机构之间纠纷的对抗机制中的替代方案。监察专员具有以下三个特征:

---

① Roy Gregory & Philip Giddings, *Righting Rrongs*: *the Ombudsman in Six Continents*, p. 4.
② Gerald E. Caiden, *International Handbook of the Ombudsman*, Greenwood Press, 1983, p. 13.
③ Roy Gregory & Philip Giddings, *Righting Wrongs*: *the Ombudsman in Six Continents*, p. 4.
④ Larry B. Hill, "Institutionalization, the Ombudsman, and Bureaucracy", *The American Political Science Review*, Vol. 68, No. 3, 1974, pp. 1076 – 1077.
⑤ [英]朱迪·皮尔素:《新牛津英语词典》,上海外语出版社2001年版,第1293页。
⑥ William Safire, *Safire's New Political Dictionary*: *the Definitive Guide to the New Language of Politics*, Random House, 1993, p. 522.

1. 监督行政机构的独立的、无党派的法官。2. 处理公民对于行政不公与不良行政的具体投诉。3. 有权调查、批评和发布公告，但不是撤销行政决定。① W. J. 斯图尔特（W. J. Stewart）在《柯林斯法律词典》（*Collins Dictionary of Law*）中将监察专员定义为，"由议会任命，调查公民投诉的人"。② 丹尼尔·奥兰（Daniel Oran）在《奥兰的法律词典》（*Oran's Dictionary of the Law*）中对于监察专员的解释为：1. 作为政府"投诉部门"的人，有权调查官员的渎职行为，帮助政府纠正犯下的错误，有时还会起诉违法者；2. 非政府组织中类似的人。③ A. S. 霍恩比（A. S. Hornby）主编的《牛津高阶英汉双解词典》将监察专员解释为"巡视官"，是调查公民对政府提出陈诉的特派员。④ 薛波主编的《元照英美词典》将"监察专员"定义为负责接收公民对行政机关不良行政的申诉，并进行调查和报告的官员。监察专员具有以下特点：1. 他是议会机关中负责监督行政的、独立的、无党派的官员；2. 具体处理公民对于行政不公和不良行政的申诉；3. 有权调查、批评和公开行政行为，但无权撤销它。⑤

关于监察专员不同国家不同的学者和研究机构提出了不同见解，这是不难理解的。即使最早建立监察专员制度的瑞典，当初设立之时与现代对于监察专员的定义也不尽相同。同样是监察专员，瑞典、芬兰与丹麦之间存在差异，而英国不仅与丹麦不同，且与瑞典、芬兰的差异更为明显。非官方监察专员与议会监察专员同样存在差距。因此，通过以上学者、研究机构和类书对监察专员的定义，我们可以得出他们主要是对官方监察专员的概念进行了定义和解释。因为这类监察专员最具代表性，通过他们的定义和解释，大致可以得出官方监察专员有以下共同的特征。

1. 监察专员通常依法设立或由政府任命。监察专员通常是由宪法或者制定法设立。瑞典议会监察专员是通过1809年《政府组织法》而设立，由选举产生。芬兰议会监察专员由1919年《政府法》而设立。丹

---

① Bryan A. Garner, *Black's Law Dictionary*, Thomson, 2004, p. 3451.
② W. J. Stewart, *Collins dictionary Law*, Harper Collins, 2001, p. 282.
③ Daniel Oran, *Oran's Dictionary of the Law*, West Legal Studies, 2000, p. 342.
④ ［英］A. S. 霍恩比：《牛津高阶英汉双解词典》，李北达译，商务印书馆1997年版，第1858页。
⑤ 薛波主编：《元照英美词典》，法律出版社2003年版，第1001页。

麦议会监察专员通过1953年新宪法而设立。新西兰的议会监察专员是通过1962年《议会监察专员法案》而设立。英国议会监察专员通过1967年《议案》而设立，由首相征得议会两院同意举荐，女（国）王任命。

2. 监察专员通常处理公民对于政府部门的申诉。监察专员监督政府部门的执法情况，对于政府不当行为进行调查。瑞典议会监察专员管辖的范围更为宽泛，随着法律的完善，开始向政府的不良行政方向转变。丹麦《议会监察专员法》明确调查政府部门的不良行政，英国将监察专员管辖政府部门不良行政推广到全世界。自英国设立议会监察专员之后，世界各国的议会（国家）层面的监察专员相对固定地定义在管辖政府部门的不良行政范围之内。

3. 监察专员有调查、建议和报告的权力。监察专员主要通过调查申诉，向政府部门提出建议来达到自己的目的，从而促使相关部门采取自己的建议。监察专员同时还有报告的权力，当相关部门拒绝采取自己的建议时，监察专员将向议会提交报告迫使相关部门采取他们的建议。英国议会监察专员在此方面表现最为典型。有的国家的监察专员还可以将申诉诉诸媒体，通过社会舆论向相关部门施加压力，迫使他们采取自己的建议。瑞典议会监察专员在此方面表现最为突出。

4. 监察专员并非法官，没有强制执行的权力，不能改变行政决定。监察专员与法官的不同之处在于法官的判决要求强制执行，而监察专员虽有调查和提出建议的权力，但他们的建议权不具有强制执行力。政府部门出现不良行政，监察专员通过向议会提交报告或将申诉公之于众的方式向行政部门施加压力，从而迫使相关部门改变不良行政。

5. 监察专员在调查方面有获得文件和档案的巨大权力。监察专员在调查方面有获得相关部门文件和档案的权力，英国在这方面最为突出。除了关于公共安全和内阁会议记录之外，议会监察专员几乎可以查阅所有部门的档案和文件。这使议会监察专员能够彻底地调查案件，为建议的采纳提供有力的证据。

三 监察专员的翻译

监察专员的外文词汇通常用"Ombudsman or Commissioner"指代，然而对于它们的中文翻译，不同学者也不尽相同，可以说种类繁多。以议会为名的有：议会司法专员、议会行政专员、议会行政监察专员、议会监察员、议会（国会）监察专员和议会专员等。以督察为名的有：督察专员、督察员和司法督察专员等。以监察为名的有：监察专员、监察员、司法监察专员、监察使和行政监察专员等。以司法为名的有：司法专员、司法督察专员。单以员为结尾的有：特派员、督察员和监察员等。以功能为名的有：申诉专员、查弊专员。其他翻译有：翁巴其曼、护民官、钦差大臣和保民官，等等。具体参见表1-3。

表1-3　　　　　　　监察专员的汉语不同翻译

议会	督察	司法	监察	员	功能	其他翻译
议会司法专员	督察专员	司法专员	监察专员	特派员	申诉专员	翁巴其曼
议会行政专员	督察员	司法督察专员	监察员	督察员	查弊专员	保民官
议会行政监察专员	司法督察专员	-	司法监察专员	监察员	-	钦差大臣
议会监察员	-	-	行政监察专员	-	-	护民官
议会监察专员	-	-	监察使	-	-	-
国会监察专员	-	-	-	-	-	-
议会专员	-	-	-	-	-	-

（一）关于"员"与"专员"的翻译

内地学者关于监察专员（Ombudsman or Commissioner）的翻译以"专员"和"员"为名的最为普遍。关于以"员"为官职名称在中国古已有之，迟至南北朝时就已设置"员外散常骑侍郎"，简称"员外郎"。隋朝在尚书省二十四司主官"郎中"之外各置"员外郎"一人。"员外郎"，简称"外郎"或"员外"。清代在行省与县级行政区划之间设立道，其主官为"道员"，俗称"道台"。清代军机章京也称"司员"。[①]此外，还有"属员"，也称"司员"。如六部司员，也称司官，非固定职官名称而是泛称。

鸦片战争之后，随着西方文化大量涌入中国，尤其是民主思想的传入使反映平等观念以"员"为职官名称的称谓开始出现。因此西文以"man"、"er"、"or"为结尾的名称在汉语中往往翻译为"员""人"和"者"等。近

---

① 陈茂同：《历代职官沿革史》，第532、590页。

代启蒙思想家郑观应是较早介绍西方议会制度的学者。他在《盛世危言·议院篇》中已将西方国家议院上下两院成员称为"议员、委员"①。

民国建立之后，中国借用了西方政治制度中的术语，以"员"为职官名称的政治术语得以大量使用。以《中华民国临时约法》为例，官职有：参议员（Senator）、国务员（Minister）、委员（Commissioner）、议员［Member of Parliament（MP）］、政府委员（Commissioner of State）等称谓。②除此之外，与议会有关的还有：国会议员（Parliamentarian）、州议员（Assemblyman）、市议员（Councillor）。专门从事某项工作的有：邮递员（Postman）、统计员（Statistician）、教员（Teacher）、税务员（Taxman）、科员（Clerk）等。其中有些名词诸如委员、专员、科员等在鸦片战争之前就在中国出现了。"委员"是委派官员的简称，"专员"是专属官员的简称，"科员"是各科官员的泛称，但它们都并不是固定职官名称。虽然它们偶尔被使用，但成为固定职官称谓则是鸦片战争之后的事。瑞典语"Ombudsman"虽然被引入英语之中，但新西兰和英国在设立"Ombudsman"之初其正式名称则是"Commissioner"，而"Commissioner"常被汉语翻译成"委员""专员"或"特派员"。

南京国民政府成立后，1932年通过《行政督察专员暂行条例》，开始设立行政督察专员公署，其官员名称为"行政督察专员"或"行署专员"，简称"专员"。之后，"专员"开始广泛使用至今。因此，如果说"Ombudsman"翻译成"专员"是意译，那么"Commissioner"在特定部门中翻译成"专员"则是寻常的事。关于"Ombudsman or Commissioner"，有人翻译成"专员"③，有人翻译成"员"，两者并无本质区别，有的学者干脆将其混合使用。④但翻译成"专员"是普遍现象。

---

① 郑观应：《盛世危言》，辽宁人民出版社1994年版，第48、62、47—60页。
② 《中华民国临时约法》，商务印书馆1916年版，第1—11页。
③ 龚祥瑞：《议会司法专员制度——瑞典"翁巴其曼"（Ombudsman）制度的发展概况》，《法学研究》1981年第3期。
④ 潘汉典教授在翻译弗兰克·斯特西教授的《瑞典监察员制度——同英国议会专员的比较研究》一文中将"Justitie ombudsmen"翻译为"司法监察员"，而将英国"Commissioner"称为"专员"。潘汉典：《瑞典监察员制度——同英国议会专员的比较研究》，《环球法律评论》1984年第2期。

第一章　监察专员概念在英国的传播与发展（1954—1960）

（二）监察专员（Ombudsman or Commissioner）的不同翻译

监察专员（Ombudsman or Commissioner）制度引起中国学者关注之后，对其翻译根据直译、功能、历史上固有称谓大致可以分为三种类型。

1. 直译

关于"Ombudsman or Commissioner"的翻译往往冠以特殊称谓，如议会、司法、行政等名称。瑞典1809年设立监察专员（ombudsman）之时，其正式名称为"Justitieombudsmannen, eller Riksdagens ombudsmän"，它的英文名称为"The Parliamentary Ombudsmen"。英语"Parliamentary"与瑞典语"Riksdagens"都有"议（国）会"之意。瑞典、芬兰、丹麦、新西兰和英国刚刚设立"Ombudsman"之初都是指议会（国家）层面上的监察专员。挪威首先设立军事监察专员，尔后设立议会监察专员。因此，诸如"议会司法专员、议会行政专员、议会行政监察专员、议会监察员、议会监察专员、议会专员、国会监察专员"等称谓之前冠以"议（国）会"二字皆缘于此。

在"专员"之前突出"司法"二字，这种翻译源自瑞典语"Justitieombudsmannen"。单词"Justitie"在瑞典语中有"司法"之意，它的英语相近词汇为"Justice"，同样有司法之意。诸如"司法专员、议会司法专员、议会司法监察专员、司法监察专员、司法监察员"等翻译可能皆是缘于此。龚祥瑞教授在1981年《议会司法专员制度——瑞典"翁巴其曼"（Ombudsman）制度的发展概况》一文中将"Justitieombudsmannen"直译为"司法专员"，他可能是最早使用这一术语的内地学者。[①]

在"专员"之前突出"行政"二字，这种翻译源自英语"The Parliamentary Commissioner for Administration"，英国是世界上第六个设立议会监察专员制度的国家，但英国议会监察专员的官方名称为"The Parliamentary Commissioner for Administration"，直译为"议会行政专员"。"Administration"有"行政"之意，而"Commissioner"在汉语中往往翻译成

---

① 龚祥瑞：《比较宪法与行政法》，法律出版社1985年版；龚祥瑞：《比较宪法与行政法》，法律出版社2012年版，第500页；龚祥瑞：《议会司法专员制度——瑞典"翁巴其曼"（Ombudsman）制度的发展概况》，《法学研究》1981年第3期；李方陆：《瑞典国会司法专员》，教授也在《南昌大学学报》（人文社会科学版）1981年第3期上发表了他翻译瑞典奥尔卡·隆达维克的一文。这篇文章由龚祥瑞教授校对。

"委员"或"专员",这是诸如"行政监察专员、行政专员、议会行政监察专员、议会行政专员"等称谓中"行政"二字的由来。

1981年殷国英在《世界各国议会的"议会督察专员"及其他监督机关》中称英国"议会督察专员"制度为"议会行政专员",应该是从"Parliamentary Commissioner for Administration"直译而来,他可能是最早使用这个术语的内地学者。① 龚祥瑞教授在1985年《比较宪法与行政法》一书中谈到"监察专员"时也将英国"The Parliamentary Commissioner for Administration"直译为"议会行政专员"。王名扬教授在1985年《比较行政法的几个问题》一文中也曾提到英国议会"行政专员"一词。② "行政专员"这个术语在中国出现较早,1932年南京国民政府颁布《行政督察专员公署暂时条例》,要求各地设立"行政督察专员公署",有时又称为"行政专员公署",其行政长官称为"行政专员",简称"专员"。"行政专员"现在多指民国以来的"行政督察专员公署"的长官,而"议会行政专员"则指与"Ombudsman"相关的西方"监察专员"。前辈学者将英国"Parliamentary Commissioner for Administration"翻译为"议会行政专员"是因为中国历史上已有"行政专员"或"专员"称谓,更是因为英文单词"administration"有"行政"之意,而英国"议会行政专员"主要业务也在行政方面。突出监察专员"行政"二字不仅是翻译字面意思更是突出英国监察专员的特色。

2. 根据功能意译

根据"Ombudsman"的功能可以将其意译为"督查专员""监察专员""申诉专员"和"查弊专员"等。在"专员"之前突出"督察"二字是鉴于它的功能。罗豪才教授是改革开放后最早关注议会监察专员制度的内地学者之一,他在1981年发表的《瑞典的督察专员制度》一文中将"Ombudsman"翻译为"督察专员"。"督察专员"这个名词在中国出现较早,迟至1932年南京国民政府通过《行政督察专员暂行条例》,其中规定:由各省划定行政督察区,设立"行政督察专员公署",其行政长官为"行政督察专员",简称"行署专员"或"专员"。罗豪才教授

---

① 殷国英:《世界各国议会的"议会督察专员"及其他监督机关》,《国外法学》1981年第2期。

② 王名扬:《比较行政法的几个问题》,《法学评论》1985年第6期。

第一章　监察专员概念在英国的传播与发展（1954—1960）

是最早将"Ombudsman"翻译为"督察专员"的学者之一。①殷国英在同年同期相同的刊物上也将"Ombudsman"翻译为"督察专员"②。瑞典议会监察专员机构全称为"Office of the Parliamentary Justitie Ombudsman"，直译为"议会司法专员公署"，其并没有"督察"之意。这两位学者不同之处在于根据它的职能与中国历史上已有的类似机构将其翻译为"督察专员"，为以后将"Ombudsman"翻译为"监察专员"做了铺垫。目前"督察专员"多用来指民国时期"行政督察专员公署"的行政官员。

在"专员"之前突出"监察"二字是鉴于它的监察功能。罗豪才教授和殷国英最早在 1981 年将"Ombudsman"翻译为"督察专员"。1982年徐坚在《文官制度：人员任命、地位及监督方式》一文中提到瑞典"监察专员"的术语。③1983 年顾肖荣在《资本主义监督制和社会主义监督制》一文中提到"司法监察专员"④。1984 年潘汉典教授在翻译弗兰克·斯特西教授的《瑞典监察员制度——同英国议会专员的比较研究》一文中将"Justitie Ombudsmen"翻译为"司法监察员"，简称"监察员"⑤。督察在《现代汉语词典》中有两个词性。督察作为动词意为"监督、查看"；作为名词意为"担任督察工作的人"⑥。监察在《现代汉语词典》中是指，"监督各级国家机关和机关工作人员的工作并检举违法失职的机关或工作人员"⑦。

突出"监察"是"督察"之后又一变化，以"监察"作为职官名称在中国由来已久，"监察御史"是其重要的职官名称。"监察御史"正式设立于隋代，明代将自汉代以来历代皆设立的"御史台"改名为"都察

---

① 罗豪才：《瑞典的督察专员制度》，《国外法学》1981 年第 2 期。
② 殷国英：《世界各国议会的"议会督察专员"及其他监督机关》，《国外法学》1981 年第 2 期。
③ 徐坚：《文官制度：人员任命、地位及监督方式》，《现代外国哲学社会科学文摘》1982 年第 2 期。
④ 顾肖荣：《资本主义监督制和社会主义监督制》，《社会科学》1983 年第 5 期。
⑤ 潘汉典：《瑞典监察员制度——同英国议会专员的比较研究》，《环球法律评论》1984 年第 2 期。
⑥ 中国社会科学院语言研究所词典编辑室编：《现代汉语词典》，商务印书馆 2012 年版，第 318 页。
⑦ 中国社会科学院语言研究所词典编辑室编：《现代汉语词典》，商务印书馆 2012 年版，第 629 页。

院"①，它的属官有"监察御史"，是中央王朝派往地方的监察官员。明初设有十三道监察御史，明末增为十五道监察御史。满清入关后沿袭明代"都察院"制度，清初设十五道监察御史，清末增为二十道监察御史。民国之后，广州国民政府于1925年设立监察院，设监察委员五人。南京国民政府于1928年设立监察院，设院长1人。1931年监察院中央官员除院长外还有副院长、秘书长、参事和监察委员，其中监察委员共有24人。② 1949年监察委员共有173人。③ 1935年南京国民政府又设有监察区监察使，共有8个监察使，每个监察使管辖1—3个省不等。④ 中华人民共和国成立后，1949年设立中央人民政府监察委员会，1954年改设监察部，1959年撤销，1986年重新设立监察部。同时中央设部长和副部长。⑤ 2018年设立国家监察委员会。⑥ 因此，将"Ombudsman"翻译为"监察员"或"监察专员"是参考了这项制度的功能与中国历史上已有相似官职名称。值得注意的是，"监察员"术语迟至1915年已被中国学者唐崇慈在翻译美国教育法中使用。⑦直到1984年潘汉典教授将"监察员"指代"Ombudsman"之前，这个术语不论在学术领域还是政治领域一直在使用。

在"专员"之前突出"申诉"二字是鉴于它的申诉功能。"申诉专员"术语的使用和香港1989年设立"行政事务申诉专员"（the Commissioner for Administrative Complaints）有关。1996年香港"行政事务申诉专员公署"更名为"申诉专员公署"（Office of the Ombudsman）。李昌道教授在1989年《香港法制见闻（三）（四）》一文中介绍了香港"行政事务申诉专员"。李昌道教授是内地最早使用"申诉专员"术语的学者。⑧

---

① 御史台设立于东汉，秦和西汉担任监察工作的是御史大夫及其主要属员御史中丞。
② 刘寿林等编：《民国职官表》，中华书局1995年版，第417页。
③ 刘寿林等编：《民国职官表》，中华书局1995年版，第432页。
④ 刘寿林等编：《民国职官表》，中华书局1995年版，第419页。
⑤ 何虎生等主编：《中华人民共和国职官志》，中国社会科学出版社1993年版，第161页。
⑥ 2018年3月17日，第十三届全国人民代表大会第一次会议审议通过了国务院机构改革方案，将中华人民共和国监察部并入新组建的国家监察委员会。中华人民共和国国家预防腐败局并入国家监察委员会，不再保留监察部、国家预防腐败局。
⑦ 唐崇慈：《教育法令——教员积资法令》，《清华大学学报》（自然科学版）1915年第1期。
⑧ 李昌道：《香港法制见闻（三）（四）》，《政治与法律》1989年第6期。

第一章　监察专员概念在英国的传播与发展（1954—1960）

除此之外，梁子驯在1991年发表的《香港的行政申诉制度》一文中认为，香港1988年颁布的《行政事务申诉专员条例》参照了英国和新西兰的议会行政监察专员法。因此，他将香港行政申诉制度的工作人员称为"申诉专员"①。武汉大学林莉红教授自1997年以来撰写数篇文章介绍和研究"Ombudsman"，在推动"申诉专员"术语方面起着重要作用。② 国家信访局在派出国外考察队所撰写的工作报告中也将这种制度称为"公民申诉制度"③。

在"专员"之前突出"行政"和"监察"主要是指英国"Parliamentary Commissioner for Administration"。1981年殷国英在《世界各国议会的"议会督察专员"及其他监督机关》中称英国"议会督察专员"为"议会行政专员"，应该是从"Parliamentary Commissioner for Administration"直译而来，他是最早使用这个术语的内地学者。④ 1982年徐坚在《文官制度：人员任命、地位及监督方式》一文中提到瑞典"监察专员"术语。⑤ 王名扬教授在1985年《比较行政法的几个问题》一文中曾提到"议会行政专员"一词，⑥ 但他在1987年版的《英国行政法》一书中将其称为"议会行政监察专员"。自从王名扬教授使用"行政监察专员"术语以后，内地大多数专家学者普遍接受这一名称，⑦ 而"司法监察专员"则主要指瑞典语"Justitie ombudsmen"。但前者指英国相对合适，而

---

① 梁子驯：《香港的行政申诉制度》，《比较法研究》1991年第3期。
② 林莉红：《香港的行政救济制度》，《中外法学》1997年第5期；林莉红：《香港申诉专员制度介评》，《比较法研究》1998年第2期；林莉红：《现代申诉专员制度与失当行政行为救济》，《行政法论丛》2002年第1期。除此之外，使用"申诉专员"这个术语的还有陈志勇：《香港申诉专员制度的发展与启示》，《云南行政学院学报》2007年第1期；陈志勇：《问责视角下的申诉专员》，《云南行政学院学报》2012年第4期；刘欣琦：《加拿大申诉专员制度及其启示》，《理论月刊》2016年第3期等。
③ 《英国公民申诉制度考察报告》，http://www.gjxfj.gov.cn/2014-11/06/c_133771036.htm. 访问时间：2018年3月31日。
④ 殷国英：《世界各国议会的"议会督察专员"及其他监督机关》，《国外法学》1981年第2期。
⑤ 徐坚：《文官制度：人员任命、地位及监督方式》，《现代外国哲学社会科学文摘》1982年第2期。
⑥ 王名扬：《比较行政法的几个问题》，《法学评论》1985年第6期。
⑦ 王名扬：《英国行政法》，北京大学出版社2007年版，第194页。除此之外，刘洪潮、刘明波等人在所著著作之中都使用了"议会行政监察专员"术语。刘洪潮主编：《外国腐败之风与廉政之道》，第167—174页；刘明波主编：《国外行政监察理论与实践》，第139—163页。

后者指瑞典语相对合适，它们都有指代性，因此用"监察专员"来指代"Ombudsman or Commissioner"比较合适。

还有学者将"The Parliamentary Commissioner for Administration or Ombudsman"翻译为"查弊专员"①。胡康大教授可能是最早使用这一术语的学者，这一术语别出心裁，避免了"Ombudsman"在汉语翻译中的争论，但由于这个术语较为模糊，因此使用并不广泛。"特派员"是另一种翻译，汪淑钧在1991年翻译约翰·格林伍德和戴维·威尔逊的《英国行政管理》中将"Commissioner"（Ombudsman）翻译为"特派员"②，不过这个术语使用者也不多。

3. 其他翻译

关于"Commissioner"（Ombudsman）的其他翻译还有"翁巴其曼、钦差大臣"等。"翁巴其曼"是"Ombudsman"的音译。③ 龚祥瑞教授在《议会司法专员制度——瑞典"翁巴其曼"（Ombudsman）制度的发展概况》和《西方国家的议会监察员的作用》等文中使用这个术语。也有人将"Ombudsman"比作"钦差大臣"④。中国台湾地区的学者林荣耀在1968年的《护民官及其他》中将"Ombudsman"翻译为"护民官"。陶百川在1969年的《监察制度新发展》中将"Ombudsman"翻译为"监察使"。张剑寒在《审计长制度之发生与发展》中则称"Ombudsman"为"审计长"⑤。相对来说"监察使"在台湾地区使用较多，但内地学者引用较少。

本书将采用直译与意译相结合的名称，将英国"The Parliamentary Commissioner for Administration or Ombudsman"（Parliamentary Ombudsman）称为"议会监察专员"，既增加"监察"二字，突出这种制度的作用，又省去"行政"二字，这样虽然不能突出此制度的管辖范围，但能够避

---

① 胡康大：《英国的查弊制度》，《西欧研究》1991年第2期；刘建飞等：《英国议会》，华夏出版社2002年版，第85—87页。
② [英]约翰·格林伍德、戴维·威尔逊：《英国行政管理》，汪淑钧译，商务印书馆1991年版，第273—288页。
③ 龚祥瑞：《西方国家的议会监察员的作用》，《法学杂志》1986年第10期。
④ 杨曙光：《行政专员——人民的"钦差大臣"》，《中国改革》2007年第11期。
⑤ 转引自孙乃翊《国会监察使制度之介绍（上）——兼谈我国监察权之相关问题》，《律师通讯》1993年第160期。

第一章　监察专员概念在英国的传播与发展（1954—1960）

免名称本身的矛盾。因为若将名称翻译为"议会行政监察专员"，则会使人产生既是立法机构又是行政机构，而立法和行政本应分开。不过对于英国来说，议会监察专员管辖对象主要针对中央政府部门，而且与其他国家相对一致。有的国家的议会监察专员不仅管辖行政部门也管辖司法部门，瑞典就是代表。因此，用"议会监察专员"的名称相对较为合理。不过，最早使用这个名称的是龚祥瑞教授。他在《西方国家的议会监察员的作用》一文中，将瑞典监察专员称为议会监察专员。① 之后，一些年轻的学者也在使用这个名称。如倪宇洁的《国外议会监察专员制度与行政监察》②、张倩的《英国监察专员的类型、功能及启示》等文章中都使用了这个名称。③

四　监察专员制度的发展

监察专员的概念虽然起源很早，但近现代的监察专员制度却滥觞于瑞典。监察专员制度从瑞典一国发展到目前100多个国家和地区经历了几百年的漫长岁月。瑞典的监察专员制度始于皇家最高监察专员的设立。

（一）皇家最高监察专员

瑞典是北欧一个重要的国家。它与挪威、芬兰、丹麦、波兰、俄罗斯等国家有着复杂的关系。1700年瑞典国王查理十二世（Charles XII，1697—1718年在位）开始了与俄罗斯彼得大帝（Peter the Great，1682—1725年在位）领导的大北方战争（1700—1721年）。与彼得大帝结盟的有丹麦、普鲁士、汉诺威、萨克森、波兰等国。1709年6月瑞典在波尔塔瓦战役中战败。查理十二世进入土耳其，之后滞留数年。1713年瑞典国内发生骚乱，查理十二世在土耳其的提摩塔许（Timurtasch）向国内发布敕令，下诏成立皇家最高监察专员公署（Office of His Majesty's Supreme Ombudsman），④ 设立皇家最高监察专员（His Majesty's Supermen Ombudsman）。皇家最高监察专员"没有政治权力，其职责是保证法律和法规得

---

① 龚祥瑞：《西方国家的议会监察员的作用》，《法学杂志》1986年第5期。
② 倪宇洁：《国外议会监察专员制度与行政监察》，《中国行政管理》2006年第7期。
③ 张倩：《英国监察专员的类型、功能及启示》，《政法论丛》2017年第4期。
④ Alfred Bexelius, "The Swedish Ombudsman", *The University of Toronto Law Journal*, Vol. 17, No. 1, 1967, p. 171; Chancellor of Justice, https://en.wikipedia.org/wiki/Chancellor_of_Justice. 2017年7月18日。

以执行，监督政府官员是否恪尽职守，如果监察专员发现官员失职，他有权对失职行为起诉"①。皇家最高监察专员的设立是瑞典监察专员制度（the Ombudsman Institution）的起源。

（二）大法官（the Chancellor of Justice）

1718年查理十二世在与挪威的战争中中弹身亡，他的妹妹乌尔里卡·埃累沃诺腊和妹夫黑森候腓特烈先后成为女王和国王。1719年女王通过《政府组织法》，将皇家最高监察专员公署更名为大法官公署（Office of the Chancellor of Justice）。皇家最高监察专员更名为大法官（Justitiekanslern）。② 大法官仅代表皇家政府行事。这时的大法官既监督司法又监督行政。之所以如此，是因为当时世界上三权分立思想尚处于萌芽阶段。中国有些学者在谈到议会监察专员制度时往往追溯到中国秦代的御史制度以及古希腊和古罗马相关的监督制度，瑞典在此阶段通过大法官制度执行的监督与东西方早期的监督制度并无本质区别。从1714—1718年大法官由国王查理十二世任命，之后瑞典由等级会议统治。在1719—1772年间，等级会议掌握了大法官的任命权。

1772年瑞典国王古斯塔夫三世继位，他通过了《政府组织法》将大法官任命权收回。1792年瑞典国王古斯塔夫三世去世，他的儿子古斯塔夫四世继位。③ 1805年，古斯塔夫四世参与第三次反法同盟，但同盟最终失败。1806年秋，古斯塔夫四世参与第四次反法同盟。1807年，参加第四次反法同盟的俄罗斯战败，被迫与拿破仑签订《特里奇特条约》，第四次反法同盟瓦解。俄罗斯沙皇亚历山大一世劝古斯塔夫四世与法国言归于好遭到拒绝后，他又建议古斯塔夫四世与俄罗斯合作封锁波罗的海。因为此举将破坏瑞典与英国的合作，也遭古斯塔夫四世拒绝。1808年，俄罗斯侵入瑞属芬兰，不久俄罗斯攻克芬兰，攻入瑞典本土。1809年，瑞典宣布战败，与俄罗斯签订了《弗雷德里克港条约》。瑞典将东部包括芬兰在内的1/3国土割让给俄罗斯，成立俄罗斯帝国治下的芬兰大公国。

---

① ［瑞典］本特·维斯兰德尔：《瑞典的议会监察专员》，程洁译，清华大学出版社2001年版，第4页。
② 大法官英语为"the Chancellor of Justice"，也翻译为司法大臣或司法总监。
③ 古斯塔夫四世生于1778年，殁于1837年，1792—1809年在位。

（三）议会监察专员

古斯塔夫四世外交和军事上的失败再加上为了维持战争，在国内征收高额税赋，遭到了军事将领和国内文武官员的反对，他们逐渐联合酝酿废除国王。1809年，古斯塔夫四世被俘并被驱逐出国，他的叔父查理公爵组织了摄政王临时政府。这时瑞典国内动荡，围绕着王位继承权各派展开争斗，基本分为三派。一派主张由古斯塔夫四世的儿子王储古斯塔夫继任新的国王。一派主张查理公爵即位。第三派主张参加政变的军事将领埃德勒斯帕雷即位。最终查理公爵成为新的国王，被称为查理十三世。

摄政王临时政府在1809年颁布了新宪法。这部新宪法反映了以洛克和孟德斯鸠权力制衡理论为原则的三权分立的思想，[①] 开始将立法权、司法权和行政权分开。英国哲学家、思想家、政治家约翰·洛克在17世纪最早提出分权制衡理论。法国启蒙思想家查理·路易·孟德斯鸠在洛克分权制衡理论基础上于1748年发表《论法的精神》，具体提出三权分立、权力制衡理论。1776年美国独立战争爆发，独立后美国通过《1787年宪法》建立三权分立的政体。1789年震撼整个欧洲大陆的法国大革命爆发，从而将资产阶级的三权分立思想、权力制衡理论传遍整个欧洲。瑞典1809年新宪法"按照孟德斯鸠所规定的原则，采纳了三权分立制：第一方面是行政部门，在规定范围内，握有处理国家事务的全权；第二方面是立法部门（议会），行动虽然迟缓，但却能发挥有力的阻挠作用；第三方面是一个独立的司法部门"[②]。其中行政权归国王，立法权归议会，司法权独立。在监督方面，大法官继续执行监督权力，他的任命权仍归国王。为了进一步加强对官员的监督力度，1809年瑞典通过《政府组织法》，设立新的议会监察专员（Justitie Ombudsman，简称JO），他的任命权归议会。

关于大法官与议会监察专员的职权，当时有很多建议，其中有一种建议议会监察专员将所有案件提交大法官，由大法官决定是否起诉，只有当大法官决定不予起诉时，议会监察专员方可介入。"然而，每一种

[①] ［瑞典］本特·维斯兰德尔：《瑞典的议会监察专员》，程洁译，清华大学出版社2001年版，第4页。

[②] ［瑞典］英格瓦·安德生：《瑞典史》，第454页。

将两者截然分开的企图都失败了。"① 《政府组织法》草案第 96 条规定，每一届议会召开时，等级会议均可任命一位具有杰出法律才能且秉性正直的人作为其代表，根据发布给他的指令"监督法官与政府官员是否遵守法律，并按照法律的正当程序，对在履行职责过程中采用暴力、基于个人私利或其他原因违法或未履行与其职务相关责任者进行追诉"②。根据瑞典留存至今为数不多的文献记载，瑞典议会监察专员设立的目的是"要建立一项独立于政府的、监督政府官员履行职责的制度"③。当时宪法委员会在其《政府组织法》草案备忘录中指出："公众与个人的权利由全民代表所任命的看护人执掌，以此监督法官与政府官员是否遵守法律。"④ 这时瑞典的议会监察专员制度便与以往东西方早期建立的监察制度有了显著不同。

瑞典 1809 年《宪法》是一个具有里程碑意义的文件。它是瑞典乃至欧洲的第一部成文宪法。同样，1809 年《政府组织法》设立的议会监察专员也有着重要意义。议会监察专员由议会选举产生，对议会负责，独立行使调查权和起诉权，不受政府、议会和法院干涉。瑞典第一任议会监察专员通过议会选举由宪政党领袖拉斯·奥古斯丁·曼纳海因男爵（Baron Lars Augustin Mannerheim）担任。⑤ 虽然瑞典《政府组织法》没有规定议会监察专员不能担任议会议员，但迄今为止没有一任议会监察专员同时又担任议会议员。瑞典自 1809 年成立议会监察专员公署以来，仅有一位议会监察专员。1915 年瑞典议会又单独设立了军事监察专员，⑥这样瑞典就有了两位监察专员。1957 年议会监察专员开始管辖地方。

瑞典议会监察专员制度在发展过程中，随着司法和行政监督体系日益完善，议会监察专员受理不良行政的申诉日益增多。同时，随着议会

---

① ［瑞典］本特·维斯兰德尔：《瑞典的议会监察专员》，程洁译，清华大学出版社 2001 年版，第 9—10 页。
② ［瑞典］本特·维斯兰德尔：《瑞典的议会监察专员》，程洁译，清华大学出版社 2001 年版，第 5 页。
③ ［瑞典］本特·维斯兰德尔：《瑞典的议会监察专员》，程洁译，清华大学出版社 2001 年版，第 5 页。
④ ［瑞典］本特·维斯兰德尔：《瑞典的议会监察专员》，程洁译，清华大学出版社 2001 年版，第 5 页。
⑤ 拉斯·奥古斯丁·曼纳海因男爵自 1810 年至 1823 年担任瑞典议会监察专员。
⑥ Brian Chapman, "The Ombudsman", Public Administration, Vol. 38, No. 4, 1960, p. 303.

监察专员制度的优越性不断凸显，其他国家也不断仿效瑞典议会监察员制度。监察专员制度在走向世界的过程中，有几个国家起着重要作用。1919年芬兰独立后不久设立了监察专员。芬兰是第二个建立监察专员制度的国家。从此，监察专员制度走出瑞典，走向世界。

第二次世界大战后，挪威于1952年设立军事监察专员制度。挪威是第三个建立监察专员制度的国家。丹麦于1955年设立议会监察专员。丹麦是第四个建立监察专员制度的国家。丹麦在将起源于瑞典的监察专员制度推向世界的过程中起了重要作用。丹麦对瑞典的议会监察专员制度进行了改进。瑞典议会监察专员的管辖权相当广泛，不仅包括行政部门而且包括司法部门。然而，丹麦对于议会监察专员的管辖作了两点限制。第一，议会监察专员管辖权局限在行政部门，不包括司法部门。"他（议会监察专员）的管辖权包括所有大臣、文官和其他为国家服务的人，但从事司法行政工作的人除外。"[1] 第二，议会监察专员主要受理行政不当的申诉。"行政不正当、错误或不作为行为都在他（议会监察专员）的管辖权之下。"[2] 丹麦议会监察专员制度对之后的新西兰尤其是英国建立议会监察专员制度起着重要影响。1962年新西兰率先在讲英语的国家中建立了议会监察专员制度。新西兰议会监察专员制度的建立对于英语国家乃至监察专员制度在全世界的推广起着重要的推动作用。

1967年英国建立议会监察专员制度。英国议会监察专员制度的建立对于监察专员制度在全世界推广起着至关重要的作用。H. W. R. 韦德写到："15年前（1957年）'监察专员官'这个词的含义在斯堪的那维亚以外的任何一个国家几乎都是未知的。然而，今天它是一个家喻户晓的词语，正如两千年前罗马共和国对于护民官是热心公益事业那样为公民熟悉。"[3] 英国议会监察专员制度的作用不在于它对监察专员原则的制定，而在于英国作为一个大国的示范效应。"英国是第一个采用这种（议会监察专员）公署的大国，因此在世界范围内将对这项公署的工作

---

[1] Henry J. Abraham, "The Danish Ombudsman", *The Annals of the American Academy of Political and Social Science*, Vol. 377, No. 1, 1968, p. 56.
[2] Henry J. Abraham, "The Danish Ombudsman", p. 57.
[3] H. W. R. Wade & Franklin M. Schultz, "The British Ombudsman: A Lawyer's View", p. 137.

产生兴趣。"① 继英国建立监察专员制度之后，它的前殖民地或自治领也开始建立监察专员制度。加拿大部分省份于1967年，澳大利亚和印度于1971年，赞比亚于1973年以及美国部分州开始建立监察专员制度。② 1973年法国借鉴英国的经验，建立调解专员制度。"1972年，法国通过了一项以英国为蓝本的监察专员计划，其他西欧国家对该计划更感兴趣。"③

英法建立监察专员制度之后，监察专员制度开始风靡全球，其他国家纷纷建立监察专员制度。1978年西班牙设立保护人权监察专员之后，与保护人权有关的监察专员有了突出的发展，成为传统监察专员之外又一重要类型。1989年中国香港地区设立了申诉专员，1992年欧盟设立了监察专员，2001年联合国设立了监察专员。此外，国际监察专员协会（the International Ombudsman Institute，IOI）1978年在加拿大成立，到目前为止已有100多个国家和地区设立了监察专员制度或类似的监察专员制度。监察专员制度的建立对于申诉、救济、监察等方面起到了重要作用。

第二节　克利切尔高地事件

一　克利切尔高地事件的经过

（一）事件起因

克利切尔高地事件（Crichel Down Affair）中的克利切尔高地（Crichel Down land）位于英格兰西南部多塞特郡（Dorset）东多塞特区（East Dorset）④ 长克利切尔村（Long Crichel）的一块占地725英亩（2.93平方公里）的土地上，这个村庄位于克兰伯恩狩猎场（Cranborne Chase），

---

① H. W. R. Wade, "The British Ombudsman", *Administrative Law Review*, Vol. 20, No. 3, 1968, p. 409.

② Donald C. Rowat, "The New Ombudsman Plans in Western Europe", *International Review of Administrative Sciences*, Vol. 46. No. 2, 1980, p. 135.

③ Donald C. Rowat, "The New Ombudsman Plans in Western Europe", p. 135.

④ 东多塞特是多塞特郡辖下地区，于1974年行政区划调整时设立，它由温伯恩明斯特市区、灵伍德和福丁布里奇部分农村地区（汉普郡）、温伯恩和克兰伯恩农村地区合并而成，这个地区原名"温伯恩"，1988年采用现在名称，长克利切尔村在议会选区中属于北多塞特选区。

第一章 监察专员概念在英国的传播与发展（1954—1960） 51

东北 5 英里（约 8.05 千米）是北多塞特区（North Dorset）议会所在地布兰德福德福鲁姆市（Blandford Forum）。

第二次世界大战其间随着德意法西斯发动战争的动机日益明朗化，推行绥靖政策的英国日益感到战争的威胁，于是张伯伦政府只能不情愿地重整军备。空军是一个新的军种，为了训练空军，英国航空部（the Royal Air Force）强制购买了克利切尔高地。克利切尔高地在航空部强征之前分属三家，其中 328 英亩（约 1.33 平方公里）属于已故第三代阿林顿男爵的克利切尔庄园（the late Lord Alington's Crichel Estate），382 英亩（约 1.55 平方公里）属于法夸尔森先生的兰顿庄园（Mr. Farquharson's Langton Estate），15 英亩（约 0.61 平方公里）属于已故胡珀先生的农场（the late Mr. Hooper's farm）。①

1937 年航空部以 12006 英镑征购这块土地，购买时承诺一旦战争结束不再需要这块土地时，可由原主购回。1940 年第三代阿林顿男爵（the 3rd Baron Alington，Napier Sturt）在英国皇家空军服役中阵亡。他的家产由唯一的女儿 11 岁的玛丽·安妮·斯特尔特（Mary Anna Sturt）继承。1941 年英国首相丘吉尔在议会中承诺，当战争结束、航空部不再需要这块土地后物归原主，但这个承诺在战后并没有兑现。1949 年航空部决定不再使用这块土地。1950 年 1 月将这块土地以 21000 英镑转交给农业部（the Ministry of Agriculture and Fisheries，实际上它已经掌管了这块土地）。农业部将这块土地以极大地超出原主所能负担的 32000 英镑价格租出去。1949 年玛丽·安妮·斯特尔特与海军少校（Lieutenant Commander）托比·马顿（Toby Marten）结婚，现在马顿夫妇成了第三代阿林顿男爵家产的继承人，他们开始要求政府履行土地由原主购回的承诺。

农业部将克利切尔高地管理权移交给具体掌管它的农业土地委员会（the Agricultural Land Commission）。② 农业土地委员会又将其转交给土地局（Lands Service），而土地局通过多塞特农业执行委员会（the Dorset Agricultural Executive Committee）具体实施租赁事宜。在这里有一个关键问题，就是航空部在强制征购这块土地时承诺不再需要时由原主购回。

---

① *Hansard*, HC Deb 20 July 1954 vol 530 cc1178.
② 农业土地委员会是独立的法定机构，其成员是独立的个人，不是官员。它的法定责任是决定土地未来最好的管理方式，它无权买卖土地，而农业大臣则有这样的权力。

但航空部在不需要这块土地时并没有将其重新卖给原主。当然，在土地买卖之间可能有必要的程序，经过不同的部门。因此，航空部就将克利切尔高地转交给实际上掌握它的农业部，这在程序上没有明显的违法行为。农业部将处理这块土地的事宜交给农业土地委员会。农业土地委员会又将其交给土地局。土地局通过多塞特农业执行委员会具体实施租赁或者出售，这在程序上也没有明显的违法行为。

处理克利切尔高地主要涉及四个机构。第一，农业部。这包括农业大臣（the Minister）托马斯·达格代尔（Sir Thomas Dugdale），议会下院秘书（the Parliamentary Secretary in the Commons）纽金特先生（Mr. Nugent）和议会上院秘书（Parliamentary Secretary in the Lords）卡林顿勋爵（Lord Carrington），农业部副秘书（Under-Secretary）威尔考克斯先生（Mr. Wilcox）和农业部助理秘书（Assistant Secretary）佩恩先生（Mr. Payne）。第二，农业土地委员会。这包括主席（the Chairman）弗雷德里克·伯罗斯爵士（Sir Frederick Burrows），两位成员杰弗里·伯克先生（Mr. Geoffrey Bourke）和沃森·琼斯先生（Mr. Watson-Jones），首席技术官（the Chief Technical Officer）和土地代理（Land Agent）爱德华兹先生（Mr. Edwards），秘书（the Secretary）史密斯先生（Mr. Smith）和主管土地服务的地方首席官员（officers of the Lands Service being the Provincial Chief Officer）霍尔先生（Mr. Hole），地方土地专员（the Provincial Land Commissioners）诺顿-法格上校（Col. Norton-Fagge），继任者洛夫特斯先生（Mr. Lofthouse）、米德尔顿先生（Mr. Middleton）和下属官员（subordinate officer）布朗先生（Mr. Brown）。第三，皇家土地委员会（the Crown Lands Commission）。这包括常任专员（the Permanent Commissioner）伊斯特伍德先生（Mr. Eastwood），皇家接收员（Crown Receivers）房地产经纪公司（firm of estate agents）桑克蒂厄里（Sanctuary and Son）的托马斯先生（Mr. Thomson）。[①] 第四，多塞特郡农业执行委员会。这包括郡农业官员（County Agricultural Officer）费里斯先生（Mr. Ferris）。

1949年12月，地方土地专员诺顿-法格曾与多塞特郡农业官员协

[①] 托马斯先生是这家房地产经纪公司的合伙人（partner）。

商过关于处理克利切尔高地的问题。1950年5月,诺顿-法格与他的顶头上司农业土地局(the Lands Service)的地方首席官员霍尔一起视察了克利切尔高地。在5月份之前,克利切尔地产代理商(the agent for the Crichel Estate,它拥有克利切尔附近土地并获得克利切尔高地约一半土地,它代表马顿夫妇的利益)给农业部写信咨询,如果出售克利切尔高地,请给他们协商的机会。诺顿-法格对此并没有给予明确的答复。霍尔给农业土地委员会所作的报告中提出处理这块土地的三种方案。1. 把土地分块租给附近的农民。2. 把土地分成两个或更多个完全独立的配置好的出租份地(fully equipped holdings)。3. 单独作为一块完全独立的配置好的出租份地。霍尔建议采用第三种方案,农业土地委员会成员伯克也支持第三种方案。伯克在8月11日造访过克利切尔高地。8月20日,农业土地委员会正式批准第三种方案。

这里出现一个新的问题,即这块土地归属的问题。1937年政府强制征购克利切尔高地时承诺如若航空部不再需要这块土地时允许原主购回。因此,在1949年航空部决定不再使用这块土地之前,克利切尔高地的归属并不是问题,这也是克利切尔高地事件出现在20世纪50年代的原因。实际上,在航空部决定不再使用克利切尔高地之前,它已经在农业部的掌握之下。[①] 而克利切尔高地的原主有三位,如果政府的承诺兑现,那么克利切尔高地可能会被分成几块由原主购回,而非霍尔提出并经伯克赞同的"作为单独一块完全独立的配置好的出租份地"这种方案。从这种方案的提出可以看出,以马顿夫妇为代表的原主想要购回自己的土地与政府的处理方案并不一致。

农业土地委员会批准霍尔的方案几周之后,农民开始考虑申请租赁克利切尔高地,这些申请人包括农民托泽(Mr. Tozer,他最终成为这块土地的政府想要的理想租赁人)在内都收到回复说,他们的名字已被记录在案,不久通过广告邀请招标的详情将见报。这时的马顿夫妇仍在克利切尔高地附近自家土地上经营农业(克利切尔高地只是占据他们家部分土地),他们仍认为能够购回原属于自己的土地,因为政府曾经承诺

---

① J. A. G. Griffith, "The Crichel Down Affair", *Modern Law Review*, Vol. 18, No. 6, 1955, pp. 557–558.

过。但马顿夫妇却不知农业部门并不准备兑现这个承诺。

克利切尔高地归属权的问题自1950年8月20日农业土地委员会批准"作为单独一块完全独立的配置好的出租份地"方案之后近一年时间进展缓慢，直到1951年8月28日，地方土地专员洛夫特斯（诺顿－法格的继任者）写信给霍尔请求当局邀请招标，但邀请招标的决定却被推迟了。两个月后，多塞特郡农业执行委员会官员费里斯、霍尔、洛夫特斯等人陪同土地委员会的官员一行人视察了克利切尔高地。然后，土地委员会决定克利切尔高地的租赁人应在1952年9月29日即米迦勒节（Michaelmas）提交申请。

1952年5月，农民泰勒主动提出租赁未配置的克利切尔高地，价格是每英亩3英镑。土地委员会打算以每英亩2英镑的价格出租，之后付出20000英镑重新配置土地（re-equipment）。洛夫特斯将泰勒的申请方案转告给霍尔并附带一封信建议坚持原计划（即单独作为一块完全独立的配置好的出租份地）。霍尔将泰勒的申请方案告知土地委员会时附信同样建议坚持原计划。

6月20日，土地委员会确定他们并不准备出租未配置的土地。几乎与泰勒提出租赁申请的同时，克利切尔房地产代理人也向土地委员会询问，他们是否可以购买部分克利切尔高地的地产。6月10日，土地委员会秘书回复克利切尔高地的房地产代理人说，克利切尔高地要"单独作为一块完全独立的配置好的出租份地"登广告邀请承租人。克利切尔高地的房地产代理人的建议注定要落空。因为以土地委员会为代表的政府不仅批准克利切尔高地作为整体出租的方案，而且已经与承租人（泰勒）取得了联系。克利切尔高地的房地产代理人也没有对他们购买部分土地的建议作进一步活动。这是因为他们认为农业部没有权力出售这块土地，然而，这种观点却是错误的，这是后来法官（Law Officers）告诉他们的。

当马顿得知土地委员会不同意克利切尔高地的房地产代理人提出的购回部分土地的回信后，为了争取购回部分土地的权利，他给他的下院议员克劳奇（Mr. Crouch）写信说，当年航空部是强制征购这片土地的，言外之意是他的购地建议是合理的。

6月13日，下院议员克劳奇把马顿的信转交给下院秘书纽金特。纽

第一章 监察专员概念在英国的传播与发展（1954—1960）

金特要求土地委员会发布愿意将克利切尔高地部分地产卖给原主的报告。同时，马顿的信也送给了土地委员会秘书。编辑这篇报告的事宜由秘书交给霍尔，再由霍尔交给洛夫特斯。但当时洛夫特斯正要离开，他把此事交给下属官员布朗。大法官安德鲁·克拉克（即克拉克报告的调查人）将布朗视为"一个年轻的、相对缺乏经验的下属"[①]。

有一点是明确的，那就是诺顿-法格和霍尔首先提出出租配置的克利切尔高地的建议。之后，得到伯克的支持。1950年8月20日，土地委员会采纳了他们提出的方案。1952年6月，土地委员会确认采取霍尔等人的方案。然而，对于克利切尔高地的视察，却是不同的人在不同的时间进行的。纽金特视察克利切尔高地的结果重启了整个问题，他要求（土地委员会发布愿意将克利切尔高地部分地产卖给原主）的报告显然具有相当重要的意义。土地委员会秘书、霍尔、洛夫特斯和布朗各自相继加入这件纠纷之中，以及他们的意见与纽金特不同使得处理克利切尔高地的问题变得复杂。于是霍尔等人提出处理这件事的方式是避开"人民的关注、主人的多样化或任何其他与土地有关的人"。他们限制布朗向官方组织和费里斯透露处理的消息，并告知他说，"工作是极其保密的"。用布朗自己的话来说，"工作是暗地里完成的"[②]。

1952年8月7日，布朗把他的报告送给霍尔，附带洛夫特斯的副本。这个报告中有两处不够准确。1. 克利切尔高地是通过协议自愿获得的。2. 毗邻土地上农业建筑是不够的。

8月13日，土地委员会成员华生-琼斯（十天前他曾和费里斯一起视察过克利切尔高地）向土地委员会报告："将克利切尔高地部分土地卖给原主严重地干扰了将其作为耕地的计划。"[③] 同一天，霍尔将布朗的报告连同附信送给土地委员会，他在这份附信中虽然建议创办一个完全配置的农场是最有吸引力的，但高成本使他怀疑该项目是否能实现。显然这封信连同布朗的报告没有送到农业部。

当农业土地委员会将布朗的报告转交给农业部时，农业部给出的替代方案是保留整个克利切尔高地或者将其全部卖给原主。布朗的报告中

---

① J. A. G. Griffith, "The Crichel Down Affair", p. 559.
② J. A. G. Griffith, "The Crichel Down Affair", p. 559.
③ J. A. G. Griffith, "The Crichel Down Affair", p. 559.

两处不确切的地方连同其他在土地委员会给农业部的信中反复提到。这封信交由农业土地委员会秘书史密斯签名。史密斯认为，从财政方面来说"整体配置的土地"是一个满意的方案。

1952年11月，上院秘书卡林顿直接向农业部做了更为深入的报告。他和费里斯视察了克利切尔高地，却没有拜会毗邻土地的主人，并作为真实情况接受了布朗的报告。布朗的报告提出，克利切尔高地是自愿协商获得的；对这块地周围的建筑情况报告也不充分，而这与事实不符。首先这块土地是政府强制征购的，其次这块地属于原主已经有几百年历史了，而且主张购回自己土地的马顿夫妇就在附近经营农业。正是布朗报告的不确切，而卡林顿等人考察这块地时又没有拜会毗邻土地的主人。所以，他建议克利切尔高地应被整体用于农业。农业部副秘书威尔考克斯问霍尔，如果克利切尔高地作为一个整体出售，是否首选配置土地会更好。那时霍尔单就土地估价20000英镑，他建议配置的土地则为22500英镑，连同闲置的房屋则为41000英镑，或者连同支付给原主的每英亩23先令6便士则以31000英镑出买。

这时从地方土地局、农业土地委员会和农业部都已确定采取"配置土地并作为整体用于农业的方案"，甚至连土地出售价格都已开始商议，看来政府接下来就是处理出售土地的事宜。因此，马顿提出购回部分土地的建议更难实现了。

确定整体配置土地出售的方案后，皇家土地局加入进来。他们的成员有钱投资。威尔考克斯向皇家土地委员会常任专员伊斯特伍德建议，你们可以将克利切尔高地作为未配置的白地（bare land, unequipped）购买。

1953年1月，伊斯特伍德在一家名为桑克蒂厄里和索恩的地产代理公司的雇员［他们作为皇家接收局（Crown Receivers）专员］陪同下视察了克利切尔高地。

2月3日，桑克蒂厄里和索恩的合伙人汤姆逊写信给伊斯特伍德，计划以40000英镑购买配置的克利切尔高地，并且假定土地价格为15000英镑。

2月16日，威尔考克斯、伊斯特伍德、霍尔、托马斯和其他人开会决定以32000英镑购买重新配置的克利切尔高地。这次会议之后，霍尔没有提到公开招标的承诺。汤姆逊告诉伊斯特伍德,他有一位名叫托泽的合适人选。看来公开出售克利切尔高地并没有通过公开招标的方式,这也成为政府暗箱操作的证据。这种行为是名副其实的不良行政。

2月17日,农业土地委员会主席弗雷德里克·伯罗斯会见了农业大臣托马斯·达格代尔,并且同意他提出的将未配置的克利切尔高地卖给皇家土地局的建议。

2月19日,伊斯特伍德告诉汤姆逊开始寻找合适的承租人,但除非他同意,否则不要做出明确的安排。汤姆逊马上打电话给托泽。

2月27日,托泽提出他期待以每英亩3英镑租赁配置土地的建议。

3月11日,土地局(the Lands Service)的土地专员米德尔顿(他接替洛夫特斯)发现了公开招标的承诺。米德尔顿向霍尔指出存在违约的可能。霍尔建议他把申请人名单给汤姆逊过目。汤姆逊看过名单后说,他将这封信送给皇家土地局,但如果皇家土地局确实要买,毫无疑问托泽将成为租户。在把这封信转给皇家土地局时,桑克蒂厄里和索恩公司声明那天把其他申请人信息给他们时已经非常晚了。

3月23日,伊斯特伍德代表皇家土地局回应汤姆逊说:"虽然他和托泽做得有点过分,但他还是表示欣赏。特殊的申请人也应当获悉这个消息,这样我们的决定就能与农业部联系起来。如果我们需要做任何事情,至少表现出我们履行了向他们作出的承诺。"[①] 皇家土地局的做法是先斩后奏,既要按自己的意思来办,又要做足表面文章。这是典型的官僚作风。

伊斯特伍德把这封信的复印件送给威尔考克斯,3月25日威尔考克斯回复了这封信。他非常高兴,询问了申请人的名单,目的是为了询问他可以做些什么,至少表面看起来履行了过去的任何诺言。威尔考克斯的回信也没有征询任何更高级的官员。

3月27日马顿看到纽金特,请求允许成为整个克利切尔高地的承租人,并连同他已有的土地种植农业。这时纽金特还不知道皇家土地局已对托泽作出了承诺,因为威尔考克斯没有告诉他。后来纽金特给马顿的下院议员克劳奇写信说,克利切尔高地卖给皇家土地局的程序是合法的,

---

[①] J. A. G. Griffith, "The Crichel Down Affair", p. 561.

而且木已成舟，不能反悔了。

5月5日，农业大臣托马斯·达格代尔作为对马顿来信的回应，召集了包括克劳奇在内的几名下院议员开了私人会议。

5月14日，伊斯特伍德写信给财政部请求批准以15000英镑购买克利切尔高地并以高达34000英镑配置土地。他说已找到合适的承租人。一番争论之后，伊斯特伍德的建议获得通过。那时争执是否授权托泽有关于过度种植和杂草丛生的土地而要求任何索赔的权利。桑克蒂厄里和索恩公司与托泽争辩之后，最终允许赔偿。

7月24日，纽金特的私人秘书给克劳奇写信说："尽管谈判尚未完成，皇家土地局专员确实建议把克利切尔高地租给托泽。"[1] 马顿给伊斯特伍德写信说，这个消息使他相当震惊。这封信又寄给汤姆逊征求意见。汤姆逊给皇家土地局回信说，"马顿是我们想要的最后承租人"[2]。马顿的所作所为使得皇家土地局和托泽很尴尬。因此，皇家土地局肯定不会使他成为承租人。后来威尔考克斯在同样的压力下给伊斯特伍德写信说，"只要马顿认为决定还可以改变，他就会继续无理取闹"[3]。

9月4日，马顿出席了农业部召开的会议之后，托泽有机会撤销他不接受的方案。

9月8日，威尔考克斯给霍尔写信询问，有没有可能在任何情况下，马顿能够获得1950年修建农舍的许可，这显然希望马顿之后能够耕种克利切尔高地。这封信形成了这样的印象，那就是马顿为了这个目的才修建农舍。他没有这样说过，而且也没有证据表明他有这样的目的。

9月11日，托泽成为克利切尔高地承租人。马顿既没有购买到整个克利切尔高地，也没有购买到原属于自己的土地。

二 克利切尔高地丑闻

克利切尔高地从1950年空军部决定不再使用到农业部门将其租给托泽，先后历时三年多，但最终由与这块地无直接利害关系的托泽租赁。而土地原主的继承人马顿虽然先提出购买或租赁原属于自己的土地，后

---

[1] J. A. G. Griffith, "The Crichel Down Affair", p. 561.
[2] J. A. G. Griffith, "The Crichel Down Affair", p. 562.
[3] J. A. G. Griffith, "The Crichel Down Affair", p. 562.

第一章　监察专员概念在英国的传播与发展（1954—1960） 59

提出购买或租赁整个克利切尔高地，但结果却未能如愿以偿。马顿作为克利切尔高地部分土地的继承人，由于政府在强制购买土地时答应空军部不再使用时由原主购回，但政府却将整个克利切尔高地租给别人（托泽），并没有履行强制购地时的承诺。因此，马顿先后给自己所在选区的下院议员、农业土地委员会和农业部等部门和机构写信陈述自己的意见，但却没有成功地购回自己的土地。

马顿感到困惑和不满，而他的遭遇也渐渐传开，人们对于马顿的遭遇给予同情，纷纷指责农业相关部门。媒体对此也进行了报道。关于农业部门存在行贿、腐败、个人的不忠的传闻也在不断扩散。9月20日，农业部驻德文郡（Devon）埃克塞特市（Exeter）的联络官员（Liaison Officer）特兰佩（Mr. Trumper）给农业部写了一封信，随信附带马顿的长篇的辛酸史。9月28日，农业大臣收到一封请愿书，请求公开调查克利切尔高地购地事宜。面对各种压力，农业大臣决定对克利切尔高地购地事宜进行调查。11月6日，农业大臣任命皇家大法官安德鲁·克拉克对克利切尔高地购地事宜展开调查。克拉克的主要职责是调查（农业部）将克利切尔高地卖给皇家土地局专员决定的程序（问题）；皇家土地局专员对租赁人的选择以及在这种情况下作出决定的程序（问题）。但所有政府政策的问题，尤其是是否应当给予土地原主或占有人的申请人以优惠待遇的任何问题都被排除在调查之外。[①]

1954年5月13日，克拉克将其调查报告发表，这就是《克利切尔高地调查报告》（*Crichel Downs Inquiry Report*），通常称为《克拉克报告》（*Clark's Report*）。《克拉克报告》引发了严重的问题，而且产生了许多误解，尤其是在新闻界。虽然不是所有报纸，但有许多报纸报道不对头。媒体根据报告的部分内容而非阅读整个报告，可能他们并不期望阅读整个记录证供的副本。[②] "此外，在报告中事实之间有混淆的地方，第一部分的事实和结论之间存在混淆。第二部分有太多的结论并不全能被事实所证实。有时报告中的部分内容没有足够的事实（支撑）。尽管任命这位大法官进行调查的农业大臣说，政策问题被排除在外，但政策因素不

---

① *Hansard*, HC Deb 11 November 1953 vol 520 c55W.
② *Hansard*, HC Deb 20 July 1954 vol 530 cc1178–1298.

时地出现在报告中。虽然大臣安排绅士（克拉克）调查时说政策不在调查之列，然而报告中不时有政策考量。"①

《克拉克报告》主要内容：

1. 关于克利切尔高地事件中农业部门官员是否存在腐败问题。克拉克在其报告中得出 25 项结论。其中关于克利切尔高地事件中，没有线索表明存在行贿、腐败、个人不忠的行为。② 这一点非常重要，它是农业大臣要求调查的原因之一，也是他要达到的主要目的。1954 年 6 月 15 日，农业大臣说，（克拉克）调查已经达到了我的主要目的，那就是处理谣言（行贿、腐败、个人不忠的行为）和相关建议。③

2. 关于克利切尔高地事件中政府官员存在过错和失误问题。农业大臣之所以要求开展调查只是为了解决公民和媒体对于政府官员腐败问题的质疑。虽然《克拉克报告》中明确指出不存在行贿、腐败、个人不忠的行为，但政府官员却存在过错和失误。这导致这片土地没有使原主继承人马顿购回或租种，却使托泽成为租赁人。这是农业大臣始料未及的。由于社会大众和媒体本来就对政府怀有不满，而克利切尔高地事件更令他们愤怒。这时《克拉克报告》中指出政府官员存在过错和失误，从而引起整个社会的关注。社会大众关注政府的过错和失误，媒体则大肆报道关于克利切尔高地事件和《克拉克报告》，而且报告中不乏夸大其辞和失实的成分。下院议员赫伯特·莫里森（Mr. Herbert Morrison）在议会辩论中就曾指出，更有甚者，一些报纸对于更高级的官员和当局的报道是不完整的或者是误导的。有些报道对于从低级官员到高级官员都是不完整的，甚至连整个文件都没有翻阅。这是由于能力不够或者懒惰的缘故。我怀疑（记者）是否希望欺骗，它是不幸的，而且是一种坏事。④ 7 月 20 日，农业大臣在议会辩论时说我决定调查的主要目的是澄清谣言，但文官却受到公开的责难和谴责，这是对他们最严重的惩罚。⑤ 这成为后来首相委员会展开调查和议会对《克拉克报告》辩论的主要原因

---

① *Hansard*, HC Deb 20 July 1954 vol 530 cc1281-1282.
② *Hansard*, HC Deb 15 June 1954 vol 528 cc1744-1747.
③ *Hansard*, HC Deb 15 June 1954 vol 528 cc1744-1747.
④ *Hansard*, HC Deb 20 July 1954 vol 530 cc1278.
⑤ *Hansard*, HC Deb 20 July 1954 vol 530 cc1178-1298.

之一。

3. 关于克利切尔高地归属问题。关于克利切尔高地归属问题同样出乎农业大臣要求调查的初衷。农业大臣在授权克拉克调查时指出，关于政府政策以及土地归属的问题不在调查范围之内，但克利切尔高地事件中官员是否存在行贿、腐败和个人不忠是核心问题。虽然没有证据表明存在这些违法问题，但官员存在过错和失误却是有证据的。这样的结论不可避免要对土地的归属问题提出自己的看法。在克利切尔高地事件中，政府有关官员认为，克利切尔高地作为整体出租从财政上和农业产量上更为合理，《克拉克报告》中也认同这种观点。可是在究竟应该将这块地卖给或租给谁的问题上，涉案的政府官员和克拉克的观点截然不同。政府官员认为，托泽是更为合理的承租人，而克拉克则认为，由原主继承人购回或租种更为合理。克拉克的观点与大众的观点一致。克拉克的这种观点也同样加剧了公民与媒体对于政府和官员的不满，从而推动了议会对《克拉克报告》的辩论。

《克拉克报告》发表以后，由于公民的质疑、大众媒体连篇累牍的报道以及部分议员反对农业部门处理克利切尔高地事件的做法。这些引起了议会和首相的关注。为了保持公民对政府的信任，保守党首相丘吉尔任命了一个（首相）委员会调查《克拉克报告》中涉及到的有关官员从当前工作岗位上调离的问题。7月14日，（首相）委员会发表报告建议，将皇家土地局常任专员伊斯特伍德调离原工作岗位，但威尔考克斯、史密斯、霍尔和洛夫特斯并不在调离岗位之列。其中威尔考克斯在5月1日调到其他岗位，洛夫特斯在1952年12月因升迁调到农业部总部。

7月20日，议会对《克拉克报告》展开辩论，关于辩论内容主要有几点：

1. 如何处理克利切尔高地的归属问题。这是克利切尔高地事件的起因，在克拉克调查之前，农业部门相关官员将其租给托泽，原土地继承人马顿反倒没有机会租种或购回，这是马顿不断为之奔走的主要原因。农业大臣对于这样的处理结果说，农业部门之所以如此决定有三点原因。1. 1952年国家食品短缺的情况是严重的，需要增加粮食产量。[①] 从财政

[①] *Hansard*, HC Deb 20 July 1954 vol 530 cc1183.

投资上说，将克利切尔高地作为一个整体用于农业生产能实现利益最大化；从国家利益来说，必要的最高产量也是当时流行的观点。① 2. 克利切尔高地原属三家所有，经过空军部的征用，在土地上建立了各种军事设施，因此恢复原来的界限已属不可能。3. 农业部门部分官员的失误使得我并不知道这块土地当时是强制征购的，导致我同意农业委员会将克利切尔高地作为整体出租。

对于农业大臣的解释，议员大致分成两种意见。一种认为农业大臣的辩论是有道理的，他的阐述是符合当时情况的。S. N. 埃文斯（Mr. S. N. Evans）说，令我不能接受的是一旦马顿家族在1937年出售以后，他们购回土地的权利就成了理所当然。② R. T. 佩吉特（Mr. R. T. Paget）也说："15年前（1937年）这块被重整的丘陵还是野兔乱跑的高地，另一个时期却是轰炸场，之后农业委员会将其变为优良的耕地，现在这块优良的耕地却被一些奇怪的遗产权声索。这对于我来说十分荒谬。"③ 但另一种意见认为农业大臣的观点是牵强的。关于增加粮食的产量，有的议员认为将克利切尔高地作为整体用于农业生产在增加粮食产量上并不明显。至于农业大臣强调因为得到了下属错误的信息才同意将这块土地作为整体出租的，他强调这种误导性的建议是"故意的"④。议员阿克兰（Sir R. Acland）说："没有告诉农业大臣土地是强制购买的真实情况是谁的错，依照我在宗教委员会的经验，是农业大臣的错。这又回到了申诉程序问题上来。按照程序你收到了申诉，看了之后将其给了你的同僚并要求作报告。那是什么呢？你拿到了报告并且看了申诉的报告，之所以这样做，事实上是想检查是否有任何矛盾。事实上，你如果发现任何矛盾，你写一封礼貌的信给申诉人，并且完全有能力101%的询问你所在的部门。这一点确实有矛盾。如果作为（农业部）首要官员不能处理简单的管理工作，却因自己不知道而责怪下属是没有用处的。"⑤

---

① *Hansard*, HC Deb 20 July 1954 vol 530 cc1183.
② *Hansard*, HC Deb 20 July 1954 vol 530 cc1250.
③ *Hansard*, HL Deb 15 June 1954 vol 187 cc1255.
④ *Hansard*, HC Deb 20 July 1954 vol 530 cc1186 – 1187.
⑤ *Hansard*, HL Deb 15 June 1954 vol 187 cc1222 – 1223.

第一章　监察专员概念在英国的传播与发展（1954—1960）

克劳奇是支持将土地重新卖给原主的地方官员。他在7月20日议会辩论中说："我希望马顿夫妇和其他人有机会买回这片土地。那种以有了租约（农业部门和托泽签订了租赁合同）而不适合出售这块土地的建议是一派胡言。"① 费里斯是多塞特郡当地人，且是当地的农业官员。他对于克利切尔高地比伦敦任何人都知道得多。他曾说："拥有这块土地的人是非常有能力的，鉴于产量我认为最好的办法是将土地交还给那些人。"② 后来农业大臣指出，多亏现任政府的努力，1954年的食品情况与1952年相比已大大改善。政府现在已作出新的重要决定，当政府不再需要它（土地）时，在可能的条件下，原主或继承人提出特别要求，他们有特殊的机会购回土地。③ 农业大臣的辩论实际上是对之前将克利切尔高地作为整体出租给托泽的决定的否定。农业大臣作出由原主或继承人购回土地的决定，他的借口是政府作出这样的决定是因为1954年的食品情况与1952年相比已大大改善。"农业大臣明确承诺土地原主或其继承人将有机会以他们最佳的方式购回土地。"④

虽然下院议员在克利切尔高地的归属权上存在争议，但议会最终决定将这块土地归还原主的继承人。克利切尔高地的处理模式后来形成了英国政府处理强制购地的原则——克利切尔高地条例，或者说典型案例。这个原则适用于类似克利切尔高地这种政府为了特定目的强制购地的特殊情况，而一旦政府不再需要时，原主或其继承人可以按当时土地市价购回。

2. 农业部门在处理克利切尔高地问题时是否存在过错和失误的问题。《克拉克报告》指出，在处理克利切尔高地问题上农业部门的官员并不存在受贿、腐败和个人不忠行为，但他们确实存在过错和失误。农业大臣借口下属由于疏忽没有提供准确的信息，致使他同意农业委员会提出的处理方案（整体出租）。因此，下属官员存在过错和失误。乔治·布朗（Mr. George Brown）为农业官员辩论说："文官执行一贯的政策，这是因为他们一直以来受到来自外部的干预和压力。来自其他部门的干预和压力

---

① *Hansard*，HL Deb 15 June 1954 vol 187 cc1231.
② *Hansard*，HL Deb 15 June 1954 vol 187 cc1238.
③ *Hansard*，HL Deb 15 June 1954 vol 187 cc1193.
④ *Hansard*，HL Deb 15 June 1954 vol 187 cc1253.

完全打乱了他们的所有决定，甚至是已经做出的决定。……这块土地由空军部转到农业土地委员会管理的决定是完全正确的。"①

而认为农业官员存在失误的一方则提出相反的证据。赫德（Mr. Hurd）指出："在这次克利切尔高地事件中并没有大量的压力，或者在我所知道的任何其他事件中，他已经偏离了他自己的公正的观点。"② 工党议员 R. 阿克兰说："卡林顿勋爵从农业大臣那里知道马顿写给农业部的申诉信。他知道在处理克利切尔高地中存在矛盾的地方，但他没有与马顿见面，也没有考虑这块地毗邻的主人，更没有考虑其他人是否是合理的承租人。总之，他将所有的错误归咎于下属布朗。"③ 拉姆顿子爵（Viscount Lambton）说："虽然他（伊斯特伍德）完全知道马顿所言克利切尔高地是被迫征购的，但他在会议上没有提到这件事。那时霍尔、威尔考克斯和伊斯特伍德密谋阻止申请人知道发生了什么事。"④

布朗的错误是低级的，克拉克视他为"一个年轻的、相对缺乏经验的下属"。⑤ 戴维斯（Mr. Davies）说，农业部门在行政过程中确实存在缺陷，而且非常严重。就像我先前说过，他们是否考虑早期13（或14）个申请人成为租赁人。他们得到的回答是，克利切尔高地的地位尚未确定，我们不能给予明确的答复。但时机成熟时我们会考虑你们的，届时将在报刊上公开招标，那时你们有机会（申请），我们则可以选择。但发生了什么事？这种承诺没有兑现。没有公开招标，没有见报，皇家土地局代理汤姆森就选择了托泽。⑥ 这样关于克利切尔高地事件中从低级官员到农业大臣都被指责存在过错和失误的地方。农业大臣后来也承认他的下属在处理克利切尔高地事件中存在过错和失误。这一点经克拉克调查已经得到证实。农业大臣原本一直想庇护下属，但当发现难以实现时，只得承认他们确实存在过错和失误。这就引出另一个问题，即大臣负责制问题。

3. 大臣负责制问题。克利切尔高地最终由原主继承人购回，经过辩

---

① *Hansard*, HL Deb 15 June 1954 vol 187 cc1198.
② *Hansard*, HL Deb 15 June 1954 vol 187 cc1216.
③ *Hansard*, HL Deb 15 June 1954 vol 187 cc1224.
④ *Hansard*, HL Deb 15 June 1954 vol 187 cc1272.
⑤ J. A. G. Griffith, "The Crichel Down Affair", p. 559.
⑥ *Hansard*, HL Deb 15 June 1954 vol 187 cc1242.

论，虽然农业官员在这件事中没有存在受贿、腐败和个人不忠行为，但确实存在过错和失误。农业大臣起初还为自己的下属辩论，但经过反对下院议员的指正，最终农业大臣也承认农业部门的官员在处理克利切尔高地事件中存在过错和失误。但下属有错，作为农业部首长的农业大臣也难辞其咎。根据英国的传统，下属有错，大臣负有责任。实际上，英国的大臣负责制原则并没有严格地执行过。在议会辩论中，有些下院议员指责克利切尔高地事件中农业大臣的下属文官存在过错和失误。有些下院议员则认为农业大臣应当为此负责。如果克利切尔高地事件中因下属的过错和失误适用于大臣负责制则涉及到严重的宪法问题。为此有的下院议员说，大臣负责制应根据具体情况而定。如果下属文官执行了大臣的决议出现了过错和失误，那么大臣应当为此负责，但下属文官因执行的决议并非是大臣的决议从而出现错误，则不适于大臣负责制。如果克利切尔高地事件是由于低级官员布朗出现错误或其他下属官员提供了误导性建议，导致农业大臣作出将土地租给托泽的决定，下属官员执行的决议并非大臣的决议，大臣并不应当对此负责，农业大臣也不应当为此受到谴责。

但在以阿克兰为代表持反对意见一派看来，大臣对于属下官员的错误并非一无所知，他甚至知道克利切尔高地是强制购买的，"将过错委于下属官员是没有用的"。因此，大臣对于下属官员的过错和失误难以置身事外。言外之意是大臣应当对此负责。农业大臣也说："作为农业大臣，我必须对我所在部门文官的错误和低效而对议会负完全责任，就如同我的下属以我的名义取得任何成功时荣耀归我一样。"[①] "在此期间，我作为负责的大臣已向首相提出辞呈，首相正将我的辞呈转交女王陛下。"[②] 关于大臣负责制的争论虽然没有最终的定论，但农业大臣的下属官员确实存在过错和失误，就连保守党内对此也存在分歧。面对党内外、大众和媒体等各种压力和指责，农业大臣选择辞职。

三 《克拉克报告》的影响

议会对《克拉克报告》的辩论使得克利切尔高地事件暂时得到解

[①] *Hansard*, HL Deb 15 June 1954 vol 187 cc1186.
[②] *Hansard*, HL Deb 15 June 1954 vol 187 cc1194.

决，但由这次事件形成的克利切尔高地原则以及政府官员的过错和失误使得社会和公民对于政府行政产生了质疑。克利切尔高地事件反映出政府部门在处理关于私人事务中存在过错和失误，这侵害了公民的合法权益，而政府官员的过错和失误则引起社会对整个文官制度的思考，甚至政府部门的信誉也受到波及。"案件和调查刺激了公民对文官明显武断使用权力的大量讨论。"①

关于克利切尔高地事件中涉及的政府官员存在过错和失误，经过《克拉克报告》的揭露和议会对《克拉克报告》的辩论已经成为众所周知的事件，它产生了重要影响。克劳奇说："这（《克拉克报告》）是长期以来议会关于国内事务最重要的一次辩论。关于克利切尔高地的辩论，所涉及的原则非常广泛。他们影响到这个国家的所有男男女女。自从这篇报告发表以来，我收到了来自全国各地成百上千封信，他们鼓励我斗争到底，而我也是这样做的。过去很多次战斗是反对暴君的，查理一世为此甚至丢掉了脑袋。今天为了反对官僚主义而战，也必须为之而战。"②

克莱门特·戴维斯（Mr. Clement Davies）赞同克劳奇的观点。他说："克利切尔高地事件所产生的影响远远超出克利切尔高地和多塞特郡。这是因为政府和为之工作的文官今天越来越干扰公民个人。毫无疑问，在此产生了一个比克利切尔高地事件重要得多的问题（不良行政问题）。这是一个具有宪法性的重要问题。"③ A. J. 欧文（Mr. A. J. Irvine）说："从很多方面来说，这次辩论都是极其有益的。它为下院提供了一个不常出现的机会来考虑文官与议会、大臣的关系。这对双方都有益。"④

实际上，早在议会辩论《克拉克报告》之前的7月14日，（首相）委员会发表报告建议，将皇家土地局常任专员伊斯特伍德调离原工作岗位，但威尔考克斯、史密斯、霍尔和洛夫特斯并不在调离岗位之列。其

---

① Glen O'Hara, "Parties, People, and Parliament: Britain's 'Ombudsman' and the Politics of the 1960s", *Journal of British Studies*, Vol. 50, No. 3, 2011, p. 696.
② *Hansard*, HL Deb 15 June 1954 vol 187 cc1230.
③ *Hansard*, HL Deb 15 June 1954 vol 187 cc1236.
④ *Hansard*, HC Deb 20 July 1954 vol 530 cc1165.

第一章　监察专员概念在英国的传播与发展（1954—1960）

中威尔考克斯在5月1日调到其他岗位，洛夫特斯在1952年12月因升迁调到农业部总部。出现过错的官员并没有被撤职或降职，反而是通过农业大臣的辞职将过错全部揽下来。"虽然他们欺骗了（农业）大臣，但他们仍然是在职文官。"[1]"此案所产生的具有重大意义的问题是调查虽然指名道姓批评了有关官员，但没有一名在任的文官因他（她）的行为而被撤职或受到严厉处罚。"[2]

农业大臣的辞职使得克利切尔高地事件的影响更加扩大，"作为内阁高官，农业大臣的辞职是自1917年以来第一桩"[3]。这种几十年不遇的事件使得全国上下开始关注政府行政的合法性和合理性。克利切尔高地事件产生了这样的后果，政府官员执行政策，结果对公民的合法权益造成侵害。经过农业大臣的调查、媒体连篇累牍的报告、（首相）委员会的调查和议会的辩论使得克利切尔高地事件这件本属于小事的案件成为英国全国关注的焦点。最终结果却是土地重新卖给原主继承人以及农业大臣的辞职。由于具体造成这一事件的是政府官员，尤其是文官，这使社会对于整个文官制度乃至整个政府行政公正性产生了怀疑。

实际上，英国文官在行使权力过程中出现过错、失误、不按程序办事乃至徇私舞弊、贪赃枉法的违法行为时有发生，但克利切尔高地事件使得英国全社会开始关注文官、文官体系乃至整个政府行政的公平、廉洁、效率的问题。克劳奇说："我们应当感谢马顿夫妇在反对官僚主义上所花费的时间、金钱及勇气。他们点燃了火炬，点燃了遍布全国各地的大火。我知道很多像克利切尔高地事件中的事主，他们因为马顿夫妇变得更有勇气。"[4] 克劳奇将这个报告视为挑战，"不仅是马顿夫妇、他们的朋友、参与这场战斗的支持者的挑战，而且也是这个国家爱好自由的挑战"[5]。乔治·布朗认为，克利切尔高地事件从发生到作出决定经历了漫长的三年多的时间。之所以推迟，在我看来整个事件的经过真实地

---

[1] *Hansard*, HC Deb 20 July 1954 vol 530 cc1272.
[2] Leyland Peter & Gordon Anthony, *Textbook England Administrative Law*, p. 126.
[3] Roger Gibbard, *Whose land was it anyway? The Crichel Down Rules and the Sale of Public Land* University of Reading, 2002, p. 251.
[4] *Hansard*, HL Deb 15 June 1954 vol 187 cc1235.
[5] *Hansard*, HL Deb 15 June 1954 vol 187 cc1236.

反映了政府在每个层面上都有错误,而且他们知道要怎么做。"① 阿克兰说,最为重要的是公民对《克拉克报告》的反应引起了我极大兴趣,它带来巨大伤害。因为克利切尔高地事件对公共服务产生了持续的重击,所有中产阶级报纸和上层阶级的言论都对这几名文官进行了严厉批评,将他们视为廉洁的暴君、秘密的阴谋家、粗鲁的小人物、藐视个人权利和真正公民利益的人。② 拉姆顿说:"毫无疑问,我们的文官作为整体是世界上最好的,然而仍然存在欺诈。那些人免于惩罚。在这种情况下,公民不得不接受这样的观点,行政机构使得他们的官员超脱法律之上,免于惩罚。"③

由于克利切尔高地事件,英国的文官、文官体系和政府行政的声誉受到质疑。"克利切尔高地事件在现代议会史上具有重大意义,它被描述为政治炸弹。"④ 政府接下来要恢复声誉,鉴于政府的声誉受损起于克利切尔高地事件,恢复声誉仍以处理关于克利切尔高地事件为起点。英国是西方近代最早建立文官制度的国家,这也是英国最为自豪的制度之一,但克利切尔高地事件的发生是对英国文官、文官制度乃至政府的一次沉重打击。"克利切尔高地事件成为了轰动事件,因为它似乎为官僚机构的形式化、程序化、无情的作风提供了典型的案例。"⑤

第三节　监察专员概念的引入

一　《弗兰克斯报告》

克利切尔高地事件产生了两个重要影响。其一是导致政府出现信任危机;其二是不良行政问题的出现。1954 年 7 月 20 日,议会关于《克拉克报告》辩论之后,英国政府在这次事件中声誉受到影响,而在法律上主要的麻烦是出现了不良行政这个概念。显然,克利切尔高地事件不

---

① *Hansard*, HL Deb 15 June 1954 vol 187 cc1198.
② *Hansard*, HC Deb 20 July 1954 vol 530 cc1218.
③ *Hansard*, HC Deb 20 July 1954 vol 530 cc1273.
④ Roger Gibbard, *Whose land was it anyway? The Crichel Down Rules and the Sale of Public Land*, p. 3.
⑤ Glen O'Hara, "Parties, People, and Parliament: Britain's 'Ombudsman' and the Politics of the 1960s", *Journal of British Studies*, Vol. 50, No. 3, 2011, p. 695.

是第一件不良行政。"克利切尔高地问题既不新鲜也不简单。"① 但经过这次事件,不良行政问题开始引起整个社会的关注。当马顿夫妇向下院议员和农业部写信申诉自己的冤屈时,农业大臣的回应是进行公开调查。因为他自信他所在部门的官员没有违法行为,而《克拉克报告》确实证实涉案官员并不存在受贿、腐败和个人不忠的行为。如果存在这些行为,法院或裁判所可以依法处理,这样事情反而容易处理。但涉案官员虽然不存在这些违法行为却存在过错和失误,而这些过错和失误虽然没有明显的违法依据,却有悖于情理,且严重地侵害了申诉人的权益。这是农业大臣、英国政府乃至整个社会始料未及的,也是他们首次要面对的一个崭新的问题。克利切尔高地事件触及到宪法上一个严重的问题,即不良行政问题。政府在处理这件事时感到格外棘手,最后农业大臣援引大臣负责制原则辞职,承揽了所有过错,但涉案的五名官员并没有受到应有的撤职或降职处分。这件事虽然草草过去了,但政府信任问题以及不良行政问题却由此受到整个社会的关注。政府为了提高已受损的声誉需要有所作为,而这也是整个社会期待的。

克利切尔高地事件使政府的声誉受损,更激起社会对政府改革的期待。为了改善英国的司法程序,同时也为了回应社会对于克利切尔高地事件的不满情绪,1955 年 11 月 1 日英国枢密院任命奥利弗·弗兰克斯(Sir Oliver Franks)为首成立委员会,调查裁判所和调查程序所面临的问题。政府对于这次调查的目标是明确的,即裁判所和调查程序问题,但这与民众的期待有所不同。民众认为这是克利切尔高地事件后政府为了恢复声誉的举措。"令许多人吃惊的是,民众广泛地认为(政府)设立弗兰克斯委员会的目的是因为他们对克利切尔高地事件的不满。"② J. A. G. 格里菲斯当时就曾指出:"正是克利切尔高地事件有悖于理性的后果,促成了对裁判所与调查程序的检讨。"③

那么,何为裁判所和调查程序?裁判所是指"在一般法院以外,由法律规定设立、用以解决行政上以及公民相互间某些和社会政策有密切

---

① J. A. G. Griffith, " The Crichel Down Affair", p. 569.
② Frank Stacey, *The British Ombudsman*, 1971, p. 4.
③ [英]卡罗尔·哈洛、理查德·罗林斯:《法律与行政》(下),杨伟东等译,商务印书馆 2004 年版,第 733—734 页。

联系的争端的特别裁判机构"。裁判所处理的案件多数属于行政问题，因此也称为行政裁判所。英国属于普通法系国家（英美法系国家）。普通法系要求所有案件都由法院审理。因此，具有专业性质的裁判所虽然在资产阶级革命以后已经出现，但发展较为缓慢，数量在20世纪之前也较少。"裁判所主要是20世纪的产物。因为长期以来根据法治的要求，法律问题的裁决即查明事实和使用特定法律规则或原则的权力专属于法院。"① 裁判所与法院的区别，以威廉·韦德的观点较有代表。他认为，"20世纪的社会立法设立裁判所纯粹是出于行政上的原因。因为裁判所能够提供一种更为迅速、更为经济、也更为快捷的公正裁判。裁判所是处理大量有关福利计划的小额请求的必要措施。法院的法律程序琐碎、缓慢、费用昂贵。它的缺陷也正是其优点所在，因为法院的任务是实现高标准的公正"②。1957年《弗兰克斯报告》发表之前，英国裁判所不仅数量少，而且裁判所的性质究竟属于司法还是行政仍争论不休。它缺乏上诉权和程序的不规范化更是令人诟病。

调查程序在英国较为普遍，往往一项决议或计划存在较大争议，就可能展开一项调查。"在某些类型的行政决策之前往往进行调查，因为最终的结果将不可避免地对个人，有时甚至对整个地区产生深远的影响。"③ 调查又分法定调查（Statutory Inquiries）、任意调查（Discretionary Inquiries）和非法定调查（Non-statutory Inquiries）。具体采取哪种形式视具体事件而定。调查的结果只是提供建议，至于是否被采纳没有保证。虽然调查在英国司空见惯，但也呈现出不规范化、多样性的特征。法院、裁判所和调查程序虽然在法律上定位各不相同，但它们都为公民申诉、救济提供了途径。而裁判所和调查程序的各种弊病即是社会大众对政府不满的体现，也为裁判所和调查程序的法制化和规范化改革指明了方向。

1957年11月7日，弗兰克斯委员会发表报告，即《弗兰克斯报告》（Franks Report）。《弗兰克斯报告》关于裁判所的主要内容包括：由枢密院设立裁判所委员会加强对裁判所的监督；裁判所要坚持公开、公平和公正的原则；裁判所性质是司法的；裁判所有上诉权。1958年英国颁布

---

① H. W. R. Wade, *Administrative Law*, English Language Book Society, 1982, p.777.
② H. W. R. Wade, *Administrative Law*, p.779.
③ Leyland Peter & Gordon Anthony, *Textbook England Administrative Law*, p.169.

的《裁判所和调查法》接受了《弗兰克斯报告》的大部分意见，但对于其中部分条款也有所变通。枢密院设立了裁判所委员会，但对于弗兰克斯委员会提出的人员构成、主席的任命等建议并没有采纳。公开、公平和公正是裁判所坚持的重要原则。"公开要求程序的公开和认可构成决定的基本推理；公正要求采用明确无误的程序，能够使当事人知悉自己的权利，完全展现自己的案件和掌握他们必须面对的案件；公平要求裁判所免受与其决定内容相关的部门的实际或表面的影响。"[①] 此外，由于特殊原因，裁判所审理部分案件时允许采取不公开的形式。关于裁判所的性质，它属于司法性质，是司法的必要补充。"裁判所不是普通法院，但也不是政府各部的附属物。"[②] 这样就保证了裁判所的独立性和公正性。

弗兰克斯委员会认为，"调查不仅仅与行政有关，而且是裁判程序的必要组成部分"[③]。关于调查他们提出的主要建议有：1. 在调查之前，应及时告知个人对其不利的情形；2. 在调查中，应披露政府相关政策内容；3. 在大臣宣布决定书时，应公布调查官的报告；4. 决定书应包含有决定的理由；5. 对决定的权限和程序可以向高等法院提出诉讼；6. 调查官应受大法官大臣的监督。[④] 1958年《裁判所和调查法》除调查官由大法官大臣任命外，接受了《弗兰克斯报告》关于调查的全部建议。

1955年成立的弗兰克斯委员会，公民认为这是政府为了回应克利切尔高地事件的举措。"弗兰克斯委员会的成立可以看作是政府对公众信任危机——克利切尔高地事件的一种回应。"[⑤] 1957年《弗兰克斯报告》也的确对裁判所和调查程序提出了许多良好的建议。与法院相比，裁

---

① ［英］卡罗尔·哈洛、理查德·罗林斯：《法律与行政》（下），杨伟东等译，商务印书馆2004年版，第855页。
② ［英］卡罗尔·哈洛、理查德·罗林斯：《法律与行政》（下），杨伟东等译，商务印书馆2004年版，第855页。
③ ［英］彼得·莱兰、戈登·安东尼：《英国行政法教科书》，杨伟东译，北京大学出版社2007年版，第220页。
④ ［英］彼得·莱兰、戈登·安东尼：《英国行政法教科书》，杨伟东译，北京大学出版社2007年版，第228页。
⑤ ［英］卡罗尔·哈洛、理查德·罗林斯：《法律与行政》（下），杨伟东等译，商务印书馆2004年版，第854页。

所能够给公民提供迅速、经济、快捷的公正裁判；而调查程序也更加规范化和法制化。但二者处理的申诉主要都是司法性质的案件。弗兰克斯委员会的成立及其报告的发表虽然表明政府在申诉、救济等方面作出了努力，但这与克利切尔高地类型的案件没有关系。"至于克利切尔高地，土地主人马顿经过他的下院议员长期的斗争仅仅获得了补偿。他并没有向行政裁判所或调查（机构）申诉。因此，毫无疑问，克利切尔高地类型的案件（解决）与弗兰克斯委员会无关。"①

在克利切尔高地事件中，马顿夫妇并没有向法院或裁判所提起申诉，只是向下院议员和农业部写信申诉自己的冤屈，同时也没有要求公开调查。克拉克调查只是农业大臣自己发起的。马顿夫妇之所以没有向法院、裁判所申诉，或者要求公开调查可能是因为这些行为都要求有明显的法律依据，而1937年政府强制征购土地时承诺不再使用这片土地时允许原主购回。当时签订协议的是他的岳父，现在他早已亡故，因此协议已经失效。马顿因为拿不出有效的法律依据，才没有通过法律途径解决自己的申诉问题。

虽然农业大臣发起了调查，但这种调查被视为非法定调查，并非弗兰克斯委员会所指的法定调查。"按照授权，弗兰克斯委员会有权审查法定裁判所和涉及调查程序（弗兰克斯委员会严格解释这一指令，确定在克利切尔高地事件中所进行的非法定调查被排除在外）"②，但他们不会处理类似克利切尔高地事件中出现的典型的不良行政案件。"事实上，马顿没有法定法庭可以上诉，只有部门官员才会提出上诉，这一案件完全超出了弗兰克斯所能推荐的任何新行政机构的职权范围。"③ 因此，《弗兰克斯报告》一方面对于公民的申诉途径、程序、成本等方面有所裨益，但又都是在原有法定基础上作出的有益改进。至于类似克利切尔高地事件中出现的典型不良行政案件并没有提出具体解决办法，实际上，将这类案件排除在外，不免令人失望。公民本来满心希望能够为这类案

---

① Frank Stacey, *The British Ombudsman*, 1971, p.4.
② ［英］卡罗尔·哈洛、理查德·罗林斯：《法律与行政》（下），杨伟东等译，商务印书馆2004年版，第854页。
③ Glen O'Hara, "Parties, People, and Parliament: Britain's 'Ombudsman' and the Politics of the 1960s", p.696.

件提供解决办法,但《弗兰克斯报告》却有意将其排除在外。"《弗兰克斯报告》在一定程度上是令人失望的,因为它没有建议设立新的机构来处理那些裁判所或调查程序未作法律规定的行政申诉。"① "然而很多向弗兰克斯委员会提供证据的人关心类似的不良行政案件,但弗兰克斯委员会感到有必要回应的是,在这个领域提出建议超出了他们的调查范围。"②

英国虽然有诸多申诉渠道,譬如下院议员、大臣、各部门等都可以受理公民申诉,但这些渠道既不专业也没有法律保证。公民本来期望弗兰克斯委员会能够建议裁判所和法定调查能解决这类问题,可是他们却拒绝提出这样的建议。看来要想设立新的机构需要另辟蹊径。正是《弗兰克斯报告》未能解决不良行政案件,从而促使英国不断探索解决这类问题的途径。"克利切尔高地事件的第二个影响,就是激发了对处理像克利切尔高地事件一样,处于法院和政治制度之间的争议的新型异议机制的需要。"③ "一些外国法律制度为遭受冤屈的人提供救济,然而英国法律(制度)却不能。"④

二 法国行政法院理论

在《弗兰克斯报告》尚未发表之前,伦敦政治经济学院公共管理系W. A. 罗布森教授(W. A. Robson)就曾向弗兰克斯委员会"倡导设立一个总的行政上诉裁判所。他建议这个机构应当不仅受理来自行政裁判所的上诉,而且考虑受理行政范围内不能提供特殊法律或调查程序恶劣或不公正行政决定的上诉"⑤。《弗兰克斯报告》回应罗布森教授说:"我们非常同情设立一个机构受理所有行政决议的愿望,但正如我们在第一部分所言,我们的调查范围不能涵盖所有的行政决定,而只能受理涉及调查和上诉的特殊法律程序之后的行政决定。"⑥ "弗兰克斯委员会并不

---

① Frank Stacey, *The British Ombudsman*, p. 3.
② Frank Stacey, *The British Ombudsman*, p. 4.
③ [英]卡罗尔·哈洛、理查德·罗林斯:《法律与行政》(下),杨伟东等译,商务印书馆2004年版,第743—744页。
④ S. A. de Smith, "Anglo—Saxon Ombudsman?", p. 12.
⑤ Frank Stacey, *The British Ombudsman*, pp. 4 – 5.
⑥ Frank Stacey, *The British Ombudsman*, pp. 4 – 5.

关注克利切尔高地类型的案件，这是极不协调的。"① 至此，公民希望弗兰克斯委员会解决类似克利切尔高地事件中的不良行政问题的愿望已经落空了，就连设立新的机构来解决这类问题的建议也遭到了拒绝。

类似克利切尔高地事件的不良行政案件，依靠英国传统的机构不能妥善解决，设置新的机构解决这类问题的设想开始在部分学者思想中萌芽。罗布森教授提出设立"总的行政上诉裁判所"的设想，这个机构很明显仿效了法国国家行政法院（Conseil d'Etat）。② 行政法院源于法国，它们是重要的行政立法和行政司法机关，分为地方行政法院（法国还有专门行政法庭）和国家行政法院两种。法国海内外省份分属不同的裁判所。国家行政法院是地方法院和专门行政法庭的上诉法庭。行政法院构成人员多由出类拔萃的人士担任，享有很高的社会地位，不仅比英国高级文官地位高，而且比高等法院的法官地位还高。③ 罗布森教授提出"总的行政上诉裁判所"的设想，其原因之一是当时英国裁判所不能上诉的缘故。

弗兰克斯委员会不会忽略法国国家行政法院的地位。他们曾听过法国国家行政法院成员 M. 勒图尔纳（M. Letourneur）的证言，同时也收到剑桥大学比较法教授 C. J. 哈姆森（C. J. Hamson）的证言。哈姆森教授在1954年发表的《行政自由裁量权与司法控制》（*Executive Discretion and Judicial Control*）一书中就曾研究过法国国家行政法院制度。此书对于英国法学家改变对裁判所的观念产生了影响。但英国法学家深受艾伯特·维恩·戴西思想的影响，他在1885年发表了《宪法研究导论》（*Introduction to the study of the law of the constitution*）一书。戴西宣称，诸如国家行政法院此等机构以及行政法和行政裁判所等欧陆制度与英国的传统和习惯不相容，且"这种思想英国人对其一无所知"④。戴西认为，"国家行政法院作为行政部门的一部分，必定不如英国普通法院更能保护公民的权利，但哈姆森教授证实事实并非如此。实际上，国家行政法

---

① S. A. de Smith, "Anglo-Saxon Ombudsman?", p. 11.
② Frank Stacey, *The British Ombudsman*, p. 5.
③ 龚祥瑞：《比较宪法与行政法》，第470页。
④ Albert Venn Dicey, *Introduction to the Study of the Law of the Constitution*, Macmillan, 1961, p. 203.

院作为由法官和行政人员组成的审判机构，不仅能够而且常常比英国普通法院更能使公民获得补偿"①。

学者虽然在探索解决不良行政问题的途径，但《弗兰克斯报告》的发表是个转折点。罗布森教授等人关注法国国家行政法院虽然不是首创，但他们重提这个话题，使得当时弗兰克斯委员会不能不对此有所考虑。虽然弗兰克斯委员会一方面并不赞成设置诸如法国国家行政法院这样的最高行政上诉裁判所机构，但他们也不再严格固守戴西的理论，开始认可英国需要行政裁判所制度并依照一贯常规的原则制定这样的制度。另一方面《弗兰克斯报告》将可能被称为"残存戴西的地方"②保留下来，他们并不倡导创立普通法院和行政法院两种法律体系。《弗兰克斯报告》对于改善行政行为的司法控制是恰当的，但对于假定只有法院能够为公民投诉政府部门提供足够的冤屈补偿来说则是不够的。首先，法院并不准备复审，甚至查明冤屈也不复审，实际中这样的案例很多。③ 其次，诉讼难免费用高昂。"如果公民的救济仅仅通过法院，这将是令人厌烦甚至对被告有益。"④ 除非法律援助扩大至目前限制之外，否则会将低收入者和中等收入者拒之门外。即使如此，司法程序也像它的调查方式、补偿方式、费用昂贵一样是拙劣的。这些提交给弗兰克斯委员会的证言在《弗兰克斯报告》发表之前已经出版。

三 监察专员概念的引入与宣传

剑桥大学比较法专业 F. H. 劳森（F. H. Lawson）教授通过阅读罗布森教授等人给弗兰克斯委员会的证言，建议在英国设立监察专员式（Ombudsman-Tape）的机构，这被后来证实具有深远的意义。⑤ "1957年7月英国很少有人听过监察专员（头衔）。瑞典早在1809年就已有了监察专员，芬兰和丹麦分别在1919年、1954年设立这个机构。然而1957年上半年在英国很难找出有人能将这个发音奇怪的头衔与公民在处理政

---

① Frank Stacey, *The British Ombudsman*, pp. 5–6.
② Frank Stacey, *The British Ombudsman*, p. 6.
③ Frank Stacey, *The British Ombudsman*, p. 6.
④ Frank Stacey, *The British Ombudsman*, p. 6.
⑤ Frank Stacey, *The British Ombudsman*, p. 6.

府部门问题上保护自己的权利联系起来。"① 劳森教授曾任《比较立法和国际法期刊》(Journal of comparative legislation and International Law)的联合编辑。在任职其间,劳森教授熟悉瑞典监察专员制度运作中律师的一些工作情况。他认为监察专员式的机构有可能回答如何解决投诉政府官员恶劣行为的问题。

劳森教授于是以书信体写了一篇短小的文章投向《泰晤士报》(The Times),倡导设立行政检察总长(Inspector-General of Administration)职位。"行政检察总长就像总审计长(Comptroller and Auditor General)一样有同样的任期且与议会相关。行政检察总长调查公民投诉政府部门、地方当局、行政裁判所以及普通法院(在他们行使行政职能方面)的不良行政的申诉。行政检察总长如果发现公民申诉属实,而且申诉未能获得满意(赔偿),他将采取法律程序,或者类似于政府账目委员会(the Public Accounts Committee)向下院委员会报告此事。"② 劳森教授承认"他的建议仿效了瑞典监察专员的运行机制,但他说,我介绍的改进(机构)适合我们的情况"③。劳森教授是英国最早关注瑞典监察专员制度并提出通过改进适应英国国情的学者。行政检察总长是继罗布森教授等人提出仿效法国国家行政法院制度在英国设立"总的行政上诉裁判所"设想之后又一个解决不良行政问题的新设想。

《泰晤士报》没有发表劳森教授的信,编辑将信退还给他,并附带一张便条说,这不是热门话题。这种热门话题所导致的奇怪的概念并非第一次出现,结果《曼彻斯特卫报》(the Manchester Guardian)最先报道了瑞典监察专员制度。《弗兰克斯报告》发表后不久,《曼彻斯特卫报》先后于1957年8月6日、7日发表了两篇题名为《保护公民Ⅰ——瑞典制度》(Protecting the Citizen I -The Swedish system)和《保护公民Ⅱ——监察员的权利》(Protecting the Citizen II-A Warden Rights)的文章。这两篇文章的作者是曾做过《曼彻斯特卫报》编辑的伦敦政治经济学院教授戴维·米特拉尼(David Mitrany)。米特拉尼教授是英国最早发表关于瑞典监察专员制度文章的学者之一。这样英国学者首次将关于瑞典监察专

---

① Frank Stacey, *The British Ombudsman*, p. 3.
② Frank Stacey, *The British Ombudsman*, p. 7.
③ Frank Stacey, *The British Ombudsman*, p. 7.

第一章 监察专员概念在英国的传播与发展（1954—1960）

员制度的文章发表在报刊之上。然而，米特拉尼教授的文章只是介绍了瑞典监察专员制度，他除了建议之外并没有明确提出在英国设立监察专员的设想。

米特拉尼教授的文章是有影响的，但劳森教授的文章产生的影响更为直接，当《泰晤士报》拒绝劳森教授的文章之后，他决定将这篇文章交给《公共法杂志》（Public law）的编辑 J. A. G. 格里菲斯。之后，《公共法杂志》发表了劳森教授的短文以及退稿便条。

《公共法杂志》于1956年由一群对宪法和行政法感兴趣的法学家创办。它的出现标志着英国法学家走出戴西严格思想的一场革命。这一新杂志涵盖了许多重要的人物，除了之前提到的劳森教授、哈姆森教授、罗布森教授、格里菲斯之外还有 J. D. B. 米切尔（J. D. B. Mitchell）、E. C. S. 韦德（E. C. S. Wade）、艾弗尔·詹宁斯（Sir Ivor Jennings）、K. C. 惠尔（K. C. Wheare）等人。J. A. G. 格里菲斯担任《公共法杂志》栏目编辑（part editor）。他与哈利·斯特里特（Harry Street）教授于1952年出版了《行政法原理》（Principles of Administrative Law）。格里菲斯自1959年开始成为伦敦政治经济学院英国法专业的教授。斯特里特担任杂志编辑委员会成员，当时任曼彻斯特大学公共法和普通法教授。米切尔著有《宪法》（Constitutional Law）等书。韦德著有《宪法与行政法》（Constitutional and administrative Law）等书。詹宁斯当时是剑桥大学三一学院硕士。惠尔是牛津大学埃克塞特学院校长（Rector of Exeter College），弗兰克斯委员会的成员。[①] 这群法学家是最早研究不良行政问题的学者，他们对日后推动英国设立议会监察专员起着重要作用。英国研究监察专员也由少数人变为一批人，并且有了可以发表自己言论的阵地，这对监察专员的研究和宣传起到了重要作用。

《公共法杂志》编辑委员会成员诸如劳森教授、哈姆森教授、罗布森教授同时也是1957年成立的"司法界"（Justice）的成员。劳森教授于1957年末将他关于行政检察总长的备忘录送给"司法界"的执行委员会（the Executive Committee）。执行委员会决定成立委员会分会，由劳森教授主持研究他的建议。这个分会直接导致了"司法界"另一个分会

[①] Frank Stacey, *The British Ombudsman*, p. 8.

成立和《怀亚特报告》（Whyatt Report）①发表。《议案》就是以此为基本模型的。

"司法界"是法学家国际委员会在英国设立的分会，他们最初主要关注国际问题。之后，逐渐转向了国内问题。"司法界"总体成员并不多。1958年6月共有375人，包括10名司法机关人员，100名大律师（barrister），183名初级律师（solicitor），33名大学法学教师，25名准会员（associate member）（非法律人员），16名公司律师（firm of solicitor），8名联合公司成员（associate corporation）。②就在这一月"司法界"发布了第一个年报。

"司法界"有几个不同的委员会和刊物，它们在宣传监察专员制度方面起着至关重要的作用。"司法界"的影响力非常大，尤其在英国建立议会监察专员制度的斗争中。③1958年法学家国际委员会杂志上发表了丹麦议会监察专员斯蒂芬·赫尔维茨教授的文章。同年格里菲斯安排了同样题目的文章发表在《公共法杂志》上。除此之外，"司法界"还邀请赫尔维茨教授就他的工作内容到英国作演讲。1958年11月赫尔维茨教授来到英国。在"司法界"的安排下，他在伦敦、牛津、布里斯托尔、诺丁汉和曼彻斯特等地召开的会议上发表演讲。演讲吸引的宣传很少，组织者对于这样的结果有点失望，但监察专员的益处逐渐传播开来。格里菲斯教授的文章和演讲对于监察专员制度在英国的传播起了重要的作用。尽管如此，当时对于监察专员制度的了解仅限于少数专家团体。"司法界"成员路易斯·布洛姆-库珀（Louis Blom-Cooper）曾劝说《观察家报》（The Observer）刊登关于斯堪的纳维亚国家议会监察专员制度的几篇文章。起初《观察家报》拒绝了，但当赫尔维茨教授访问英国时，他们看到对自己有利，于是同意了布洛姆-库珀的建议。由此可见，监察专员制度在英国初步宣传的情况。

为了增进对于斯堪的纳维亚国家监察专员制度的了解，布洛姆-库

---

① 《怀亚特报告》（Whyatt Report），其标题为"公民和政府：冤屈的纠正"（The Citizen and the Administration: the Redress of Grievances），因发起调查的主席为约翰·怀亚特（Sir John Whyatt），故在英国通常称为《怀亚特报告》。
② Frank Stacey, *The British Ombudsman*, p. 13.
③ Frank Stacey, *The British Ombudsman*, p. 14.

第一章　监察专员概念在英国的传播与发展（1954—1960）

珀于1959年春季访问斯堪的纳维亚国家。他采访了丹麦和瑞典的议会监察专员，讨论了挪威监察专员的建议。回国之后，他在5月31日和6月7日先后在《观察家报》上发表了两篇文章。文章开始以清晰劝慰的形式介绍斯堪的纳维亚国家的议会监察专员制度。赫尔维茨教授自1954年被成功选举为丹麦议会监察专员之后，更加强了英国法学家对议会监察专员制度的信心。他们认为英国需要议会监察专员制度。1957年英国还很少有人知道瑞典的议会监察专员制度，但到1960年经过英国国内学者的大力宣传，监察专员观念开始形成。这从一些报道中可以看出。1959年8月16日《观察家报》报道说，10月5日，普利茅斯区工党将在黑潭市举行的工党年度会议上提出一项决议，要求通过英国版的斯堪的纳维亚监察专员。该决议呼吁下一届工党政府任命这样一个人，他对议会负责，调查公民对政府部门和其他公共机构的投诉，并有权查看所有机构的文件，以便对投诉进行彻底和公正的调查。[①] 1960年4月10日，《观察家报》在报告赫尔维茨教授再次访问英国时自问自答道："英国需要监察专员吗？回答是肯定的。"[②] "赫尔维茨给他遇到的许多人留下了深刻的印象，他的个性似乎很有说服力。"[③] 从那之后，"监察专员"一词通常成为寻求冤屈的人申诉的正当手段。在英国，政府和很多政治家实际上慢慢意识到监察专员思想的精髓已被本国知情人士掌握了。这就为怀亚特调查作了舆论宣传，也为其报告的发表打下了基础。

[①] Ombudsman, *The Observer*, Aug 16, 1959.
[②] Ombudsman, *The Observer*, Apr 10, 1960.
[③] Glen O'Hara, "Parties, People, and Parliament: Britain's 'Ombudsman' and the Politics of the 1960s", p. 697.

第二章　英国议会监察专员制度的确立时期（1961—1970）

监察专员制度传入英国之后，不同的政党以及同一政党不同下院议员对其有着不同的态度。以怀亚特为首的委员会对英国的不良行政现状展开了调查，并建议设立监察专员制度，但遭到执政党保守党政府的拒绝。然而，工党对于监察专员制度表示支持，并承诺建立监察专员制度，1967年工党执政之后通过法案，建立了议会监察专员制度。

第一节　政党关于监察专员之争

一　《怀亚特报告》

劳森教授提出的行政检察总长的设想是"司法界"委员会下属分会讨论的一个议题。劳森教授在1957年末把他倡导设立行政检察总长的便函（memorandum）送给"司法界"秘书汤姆·萨金特（Tom Sargant）。"司法界"研究了他的便函决定成立委员会分会，由劳森教授主持，劳森教授担任主席审查他的建议。他的职权范围是考虑设立类似斯堪的纳维亚国家议会监察专员的建议。议会监察专员受理投诉行政部门恶劣和不公正行为的申诉。

萨金特是劳森教授的热情盟友，他协助委员会工作。萨金特虽然不是法学家，但他是治安法官，第二次世界大战其间曾是联邦党[①]（the Commonwealth Party）党员。他长期以来受愚民部（Ministry of Stupidities）青睐。愚民部是调查官僚混乱和政府不公部门抱怨的特殊政府机构。因

[①] 联邦党是第二次世界大战其间英国的社会主义政党。

此，萨金特非常适合呼吁监察专员的理念。1958年夏季委员会分会收集了瑞典、丹麦和芬兰议会监察专员的工作详细情况，也获得了调查挪威设置监察专员建议报告的翻译摘要。1958年，在委员会分会第二次会议上，分会决定需要深入研究在英国设立监察专员的可行性，① 这需要全面调查。然而"司法界"却没有足够基金发起，为此有必要获得慈善基金的支持。然而，1959年夏季和秋季需求支持的基金一个接一个没有回应。保守党下院议员唐纳德·约翰逊（Donald Johnson）博士以此问题询问首相是否深入考虑他提出的以斯堪的纳维亚模式设立议会监察专员（Parliamentary Commissioner）建议的问题。负责回信的首相办公室工作人员对于议会监察专员知之甚少，于是他们给"司法界"办公室秘书萨金特打电话，询问他是否能够帮助他们。萨金特向首相办公室工作人员介绍了一些关于议会监察专员的情况，并且告诉他们"司法界"打算发起设立英国议会监察专员可行性的调查。首相办公室工作人员给约翰逊回信说，这个问题有很多宪法和实践上的困难，但有一群法学家正在认真客观地研究这个问题。在决定之前，我认为最好等调查结果出来之后再下定论。这个结果给了"司法界"无限的鼓舞，同时也给了他们调查以半官方的地位。② 更令人欣慰的是，在1960年初，他们也获得了必要的基金。

接下来是找谁更适合进行调查。这时他们得到了约翰·怀亚特的帮助。怀亚特从新加坡首席法官任上退休，作为殖民地退休法官有着非常高的地位，他拥有行政知识，且强烈坚持公正应当胜过国家动机（raison d'Etat）的原则。怀亚特在咨询委员会（Advisory Committee）的帮助下工作。国际法学家委员会总秘书诺曼·马什（Norman Marsh）作为咨询委员会主席，其余人员由怀亚特召集。他们是伦敦经济学院主任悉尼·凯恩爵士（Sir Sydney Caine）和H.W.R. 韦德博士。除此之外，还有两位虽非咨询委员会成员但却是重要的顾问，他们是德夫林勋爵（Lord Devlin）和奥利弗·弗兰克斯爵士（Sir Oliver Franks）。

怀亚特在调查过程中先后与他们认为对议会监察专员的设立有重要

---

① Frank Stacey, *The British Ombudsman*, p. 17.
② Frank Stacey, *The British Ombudsman*, p. 18.

影响的关键政府部门的常任秘书取得联系，这些部门包括住房和地方政府部、教育部、卫生部、农业部、商业部、苏格兰事务部、邮政部、陆军部等，但他们没有接触外交部和殖民部，在英国这些部门与公民联系并不紧密。养老金与国民保险部也被他们排除在外，因为它们有着发达的裁判所体系。怀亚特在财政部没有与联合常任秘书取得联系，但与财政律师进行了有益的交谈。怀亚特从这些部门的常任秘书以及部分副秘书的谈话中获得很大的收获。除此之外，怀亚特还与高级文官进行交谈，他咨询了剑桥大学约翰·希尔顿委员会（John Hilton Bureau）的成员、市民咨询局的官员，他还访问过丹麦和瑞典，咨询了两国议会监察专员的相关情况。

1961年10月1日，怀亚特等人发表了名为《公民与政府》（Citizen and Administration）的报告，即《怀亚特报告》。《怀亚特报告》有两条原则最为突出。第一，它清晰地表明执行《弗兰克斯报告》排除的措施。《弗兰克斯报告》将向行政裁判所以及调查没有法律依据的行政人员的投诉排除在权限范围之外。《怀亚特报告》填补了这个空白。第二，《怀亚特报告》适应形势倡导《弗兰克斯报告》未能提出的两项改革。其一，它建议扩大行政裁判所体系，考虑受理关于行政人员自由裁量权的申诉；其二，它建议在英国设立相当于监察专员的机构调查不良行政的申诉。《怀亚特报告》对于这些改革进行了清楚的、有说服力的论说。然而，《怀亚特报告》在具体建议上是谨小慎微的。"虽然报告（《怀亚特报告》）在总体上，实事求是，构想大胆，但在许多具体建议上却是谨小慎微的。"① 具体表现在以下几点上。

1. 《怀亚特报告》建议议会监察专员受理不良行政的申诉，谨慎严格地区分自由裁量决定（discretionary decisions）与不良行政。《怀亚特报告》认为，自由裁量决定的上诉事关裁判所，只有不良行政才是议会监察专员关注的内容。因此，应当大大增强与改善裁判所领域（tribunal sector），但它们不属于议会监察专员关注的内容。《怀亚特报告》尤其建议应当赋予裁判所权力，推荐在裁判所体制空白的地方创设新的裁判所。他们也建议设立总裁判所受理没有足够上诉证明创设特别裁判所的自由

---

① Frank Stacey, *The British Ombudsman*, p. 21.

裁量决定。自由裁量决定涉及政府文官在执行过程中对于法律的理解，议会监察专员对于此类案件无权受理。凡是涉及对于政府政策的决定案件，议会监察专员也无权过问。

议会监察专员所关注的是不良行政。不良行政包括偏见、疏忽和无能等行为。这是因为行政人员不仅可能在个别案件的是非曲直上作出了错误的评价，还会对于案件采取任性和不公平的对待。唯有此类案件才属于议会监察专员受理的案件。由此可见，《怀亚特报告》建议设立议会监察专员受理的申诉在性质上有着明确的规定。它既不同于罗布森教授等人仿效法国国家行政法院所提倡设立的"总的行政上诉裁判所"，也不同于劳森教授等人仿效瑞典议会监察专员倡导设立的行政检察总长制，更不同于约翰逊建议设立的瑞典议会监察专员制度。这三种倡议都没有将自由裁量决定与不良行政相区分，他们倡导设立的机构都是受理范围更为广泛的冤屈申诉。《怀亚特报告》则建议将议会监察专员受理冤屈申诉的性质仅仅局限在不良行政案件上，这是首次为议会监察专员受理申诉性质设定范围的建议。这种建议明显是谨慎的。不幸的是，这个建议后来被《法案》采纳。

2.《怀亚特报告》对于议会监察专员受理申诉的范围也做了规定。议会监察专员受理申诉应当是中央政府部门，而不应当授权议会监察专员受理地方当局不良行政的申诉。这同样与罗布森教授、劳森教授、T. E. 厄特利（T. E. Utley，具体内容容后叙述）以及约翰逊所提出的调查范围大不相同。后两者提出的调查范围包括国有工业、国家卫生服务、地方政府、警察和军队的个人事务等申诉。而《怀亚特报告》发表之前的调查时期所联系的主要部门就是中央政府部门，其中有些部门被明确排除在外，如外交部、养老金与国民保险部等。最为显著的是地方政府也排除在外。《怀亚特报告》这种建议同样从另一个方面将议会监察专员受理申诉限制在狭小的范围内，成为日后设立地方监察专员和卫生地方监察专员的原因所在。

3.《怀亚特报告》对于议会监察专员调查时查阅相关文件也做了规定。议会监察专员调查申诉需要翻阅相关部门的文件。《怀亚特报告》建议议会监察专员调查案件时，正常只能查阅部门内外信件。如果他声明除非查阅内部会议记录否则不能有效地完成调查，那么只能允许他查阅与此案有关的部分内部会议记录。如果大臣不允许他有这种权力，就必须要求披露内部记录。这样使大臣拥有否决议会监察专员查阅部门内部文件的权力，这将使议会监察专员调查权力受到限制。它也是日后制定《议会监察专员〈议案〉》（以下简称《议案》）中反复讨论的问题。

4.《怀亚特报告》建议议会监察专员采取议员转交的方式，即过滤机制。《怀亚特报告》建议议会监察专员在开始和试验其间（可能五年）只能通过首先向议员申诉，[①] 再由他们决定是否转交议会监察专员的申诉方式。这是一种新的申诉，与其说它新鲜倒不如说保守更为贴切。怀亚特委员会研究了瑞典和丹麦的议会监察专员制度的运行机制，这两国的议会监察专员都是采取公民直接申诉。但英国议员尤其是下院议员一直承担受理选民申诉的任务，如果设立议会监察专员直接受理公民的申诉，那么下院议员的权力将会受到削弱。部分下院议员反对直接申诉。为了让保守党政府能够接受设立议会监察专员的建议，怀亚特委员会在报告中建议议会监察专员在初期采取公民先向议员提出申诉，再由他们决定是否转交议会监察专员的过滤机制。《议案》更为谨慎，将议会监察专员的申诉仅局限于通过下院议员这一间接方式。[②] 这一规定虽然自《怀亚特报告》就开始遭到反对，但时至今日仍是议会和卫生监察专员（1992年议会监察专员与卫生监察专员合并）的主要受理途径。这也成为英国议会监察专员的一大特点。由此可见，《怀亚特报告》对于议会监察专员受理途径影响之深。

5.《怀亚特报告》提出了议会监察专员与议会的关系。《怀亚特报告》建议议会监察专员由议会任命并对它负责。议会监察专员由议会的特别委员会（Select Committee）具体领导，接受它的监督，向它提交报告。《怀亚特报告》的这种建议是建设性的，议会监察专员由议会任命并向它负责，这就保证了议会监察专员工作的独立性，排除了政府部门对它的干预。同时，向议会负责使得它的权威大大提高，有利于工作的顺利展开。

6.《怀亚特报告》建议由大臣决定议会监察专员的调查权。《怀亚

[①] Frank Stacey, *The British Ombudsman*, p. 23.
[②] Frank Stacey, *The British Ombudsman*, p. 23.

特报告》建议议会监察专员能否进行调查,其否决权由大臣决定。这又是一项保留大臣权力的措施。按照这项建议,议会监察专员的调查将必须取得大臣的同意。如果大臣不同意调查,那么议会监察专员将不能实施调查,这样议会监察专员将会再次受到限制,从而不利于他展开工作。如果将大臣决定调查权作为促使政府接受他们设立议会监察专员建议的权宜之计未尝不可,但如果将其作为限制议会监察专员权力的措施则会严重影响他的调查工作。

总的来说,《怀亚特报告》对于威尔逊政府通过《议案》,设立议会监察专员提供了重要的理论依据。它的发表对于议会监察专员概念在英国的宣传起着重要作用。《怀亚特报告》提出的许多建议成为此后设立议会监察专员制度的原则,但它的建议在很多方面是谨小慎微的,甚至是保守的。首先,议会监察专员采取间接受理途径。《怀亚特报告》建议议会监察专员采取议员间接受理形式。这种建议阻碍了公民与议会监察专员直接接触,使得公民不能最大限度地将申诉交由议会监察专员审理,影响了议会监察专员发挥作用。其次,限制受理权限。《怀亚特报告》明确区分自由裁量决定和不良行政的申诉,指出只有后者才是议会监察专员关注的内容。这项建议后来被《法案》采纳,大大限制了议会监察专员申诉的范围。最后,《怀亚特报告》建议议会监察专员调查时只能查阅部分与调查有关的内部资料,但后来《法案》没有采纳这项建议。如果《法案》采纳这项建议,那么议会监察专员的调查将会更加困难。

二 保守党及其政府对于议会监察专员制度的态度

英国保守党自1951年至1964年连续执政长达13年之久,历经四位首相。克利切尔高地事件就发生在保守党执政任内。虽然保守党以保守反对改革著称,但保守党内仍不乏要求改革的人士。自克利切尔高地事件之后,社会渴望改革,一些学者开始探索改革司法程序的活动。"司法界"就是突出的代表。这些学者和学术团体纷纷提出改革裁判所和调查程序的问题,并建议仿照国外机构设立审理冤屈赔偿的机构。行政检察总长和监察专员就是两种新的设想。

保守党内的一些党员也在关注社会对于改革的动向,他们也在探索改革司法的新途径。唐纳德·约翰逊就是其中突出的代表。约翰逊不仅是一位医生，同时也是出版商，下院议员。他曾一度拥有位于牛津郡伍德斯托克的马尔伯勒军队酒店（Malborough Arms Hotel）。1950年10月，约翰逊和他的妻子从他的经理那接管了这家酒店。之后，他成了兴奋剂阴谋的受害者。约翰逊在他的书中暗示这个阴谋与酒店的一位国际副总裁有关，他频繁地待在酒店。约翰逊认为，这位副总裁暗地里在他们夫妇的酒中下了药，结果他们都开始出现行为异常。他被证实得了精神病，并被送进了精神病医院，然而他的妻子被带到朋友那里去了。从那之后，约翰逊加倍怨恨当局。首先，当局未经他同意将其带入精神病院且难以获释。其次，当他要求牛津郡警察局长对他所遭遇的兴奋剂阴谋展开调查时遭到拒绝。1955年英国大选中约翰逊当选为卡莱尔市的保守党议员。他对推动处理精神健康问题、反对官僚作风和公民获得更加有效补偿方面的改革尤其感兴趣。1958年约翰逊从报上获悉丹麦议会监察专员斯蒂芬·赫尔维茨教授访问英国的消息，又从"司法界"秘书汤姆·萨金特处获得了更多信息。之后，约翰逊赴丹麦会见赫尔维茨教授。回国后，他把这个问题提交给首相麦克米伦并将他扩大问题权限的便函一并送去。负责回信的首相办公室工作人员回信说，在决定之前最好等"司法界"的调查（即后来的《怀亚特报告》）结果出来之后再下定论。

　　与此同时，另一个对推动议会监察专员运动有着重要影响的保守党组织"个人自由社"（The Society of Individual Freedom）也开始活动。"个人自由社"由约翰·皮克斯通·本爵士（Sir John Pickstone Benn）于1942年创建。本爵士毕生从事捍卫个人权利事业。"个人自由社"成员由一群被称为"自由联盟"的保守党后座议员组成。虽然这个社团不乏其他成员，但主要是一支保守党右翼团体。本爵士1942年创建这个社团时称为"个人主义者社团"（The Society of Individualist），之后改名为"个人自由社"。它出版了一种名为《自由第一》（Freedom First）的季刊。"个人自由社"成立后很长一段时间关注有色人种的权益。自从"司法界"开始从事监察专员运动以后，"个人自由社"自1960年也开始成为与"司法界"一起推动监察专员运动的一支重要力量。

　　"个人自由社"在1960年初委托T. E. 厄特利写了一本与丹麦监察专员相关的书，探讨英国设置这一机构的可能，这就是1961年出版的名为《监察专员的理由》(Occasion for Ombudsman) 的书。厄特利在书的开篇对丹麦监察专员进行简要介绍,之后主要写个人需要获得冤屈赔偿(redress of grievances) 的案例,最后一章的标题为"英国需要监察专员吗?",厄特利作了肯定的回答。这种问答《观察家报》在 1960 年 4 月 10 日报道赫尔维茨教授再次访英时就作出过。① 厄特利争辩说:"监察专员概念远比(法国)最高行政法院更加与英国实际相一致。"② 《监察专员的理由》出版后,"个人自由社"购买了 630 本,送给下院议员每人一本。

厄特利的《监察专员的理由》一书的出版也得到了身为出版商兼议员的约翰逊的帮助。约翰逊为"司法界"与"个人自由社"之间的联系提供了帮助。他同时也是这两个社团的成员。唐纳德·约翰逊也为 T. E. 厄特利在撰写《监察专员的理由》一书的过程中提供了建议和帮助。《监察专员的理由》一书中提到诸如国有工业、国家卫生服务、地方政府、警察和军队的个人事务等申诉案例是《议案》在制定过程中主要争论的问题之一。令人感到好奇的是,这些领域几乎全被排除在《法案》之外。虽然厄特利提出英国需要监察专员,但他并不十分迷恋于斯堪的纳维亚国家赋予监察专员调查申诉的实践,而是建议通过少量的成员来处理公民的申诉。"他建议在英国的国情下,通过下院议员的委员会来取代监察专员。"③ 厄特利的书所起的作用主要是涉及丹麦监察专员概念,揭示了英国在很多领域存在申诉渠道不畅,救济不到位的现状。他提出英国需要监察专员,在这一点上尤其说他提倡这一概念,倒不如说他更看重英国相关机构承担与之相应的功能。最后,厄特利的书为约翰逊在议会动议中提出英国需要设立监察专员提供了证据。

1961 年 5 月 19 日约翰逊得到了议会休会讨论的机会,他以厄特利的《监察专员的理由》一书为依据,简要介绍了斯堪的纳维亚国家监察专员制度的运行机制,同时提到了《监察专员的理由》一书中的公民申诉情况。他指出英国存在公民申诉难以得到补偿的情况,为此他提出英国应当设立监察专员。由监察专员公开调查当局在行政和执行中给公民的声誉、民生、福利带来损失的所有案件。约翰逊的倡议受到了多数下

---

① Ombudsman, *The Observer*, Apr 10, 1960.
② Frank Stacey, *The British Ombudsman*, p. 31.
③ Frank Stacey, *The British Ombudsman*, p. 31.

院议员的关注，最终议会没有否决约翰逊提出的设立监察专员的建议。他的这次动议是议会第一次就公民冤屈申诉和救济的辩论。议会之所以没有拒绝约翰逊的建议可能是"司法界"关于在英国设立监察专员的调查尚未完成。

1961年10月1日《怀亚特报告》发表。怀亚特等人在报告中指出《弗兰克斯报告》的不足，建议英国设立议会监察专员，扩大裁判所的权限，并对议会监察专员机制的运行提出了具体建议。这些建议比约翰逊等人提出的监察专员设想更为详尽具体，但也更为小心谨慎。如公民申诉间接受理机制；调查申诉案件局限在不良行政范围之内；调查申诉仅保留在中央政府层面，不含国有企业、私有企业、私人事务、教育和警察等；由大臣决定是否同意监察专员进行调查；监察专员调查时查阅档案也进行了种种限制。这些都是之前诸如约翰逊等人始料未及的，他们之前建议采用瑞典和丹麦式的由监察专员直接受理公民申诉的方式。这些申诉几乎涵盖了所有中央政府部门在行使权力过程中所产生的冤屈。"《怀亚特报告》得到了广泛的宣传，而且受到了国家级和地方级报纸以及周刊编辑的评论。"① 1962年上半年《怀亚特报告》受到了《政治季刊》和《公共管理》两家核心周刊的关注。

S. A. 德·史密斯（S. A. de Smith）教授在1962年1月《政治季刊》（Political Quarterly）上发表了题名为《盎格鲁—萨克逊监察专员？》（Anglo Saxon Ombudsman?）的文章。他在文章中批评《怀亚特报告》提到的议会监察专员建议过于谨小慎微，但他也说："虽然这个报告没有提供蓝图，但它清楚地指出需要对宪法进行改革。"② K. C. 惠尔教授在《公共法杂志》上发表了题名为《冤屈赔偿》（The Redress of Grievances）的文章。他在文章中批评说："《怀亚特报告》摘要中的建议从设想、论述到辩解不能证实采用了令人信服的方式，但它们是可行、明智和值得尝试的。"③

---

① Frank Stacey, *The British Ombudsman*, p. 33.
② Frank Stacey, *The British Ombudsman*, pp. 33 – 34; S. A. de Smith, "Anglo-Saxon Ombudsman?", p. 19.
③ K. C. Wheare, "The Redress of Grievances", *Public Administration*, Vol. 40, No. 2, 1962, pp. 125 – 128.

第二章　英国议会监察专员制度的确立时期（1961—1970）

虽然《怀亚特报告》得到了广泛的宣传，社会各界也对其进行了不同的评价，但麦克米伦政府尚未对这些建议表态。1962 年 11 月 8 日，约翰逊询问司法大臣（the Attorney General）约翰·霍布森爵士（Sir John Hobson）女王政府是否打算设立议会监察专员？霍布森说他正在翻阅这份报道，届时政府将会以官方报告形式出具结论。不久，政府结论出来，他们断然拒绝《怀亚特报告》提出的扩大行政裁判所和设立议会监察专员的建议。① 政府给出的拒绝的理由是："这两项提案在原则上都有严重的反对意见，也不可能使它们与大臣对议会负责的原则相调和。他们认为，任何对裁判所体制重大扩展的建议将导致行政上僵化与拖延，且设置议会监察专员将对快捷与高效地处理公共事业带来严重的干扰。在政府看来，在我们宪法和议会实践中拥有足够的条款为任何真正不良行政申诉进行补偿，尤其是通过下院议员的方式维护公民的权利。"②

保守党政府之所以拒绝带有改革性的建议，可能和他们一贯谨慎保守以及对任何改革都抱有警惕有关，更与麦克米伦内阁敏于外交耽于内政有关。20 世纪 50 年代正是殖民体系走向瓦解的开始，英国作为世界上拥有最为广阔殖民地的国家，随着殖民体系的瓦解，英国麻烦不断。1956 年苏伊士运河危机就是典型的代表。随着国际民主运动的开展，英国人民要求更为广泛的自由和民主权益也使得保守党政府麻烦不断，最终导致英国政府拒绝了《怀亚特报告》的建议。"事实上，麦克米伦政府以不热心国内事务而著称。国外事务是另一码事。非洲刮起了变革之风。（英国）为了加入欧洲经济共同体，麦克米伦自己也在努力张罗四大强国间最高级别的会议，这成为 1959—1962 年间政府优先关注的事情。"③

三　工党及其政府对于议会监察专员的态度

工党作为最大的在野党和执政党的保守党一样在 1957 年之前大多数党员对于源自瑞典的议会监察专员制度并不了解。与保守党个别党员一样，"个人自由社"的主要参加者是保守党成员，"司法界"的参加者则

---

① Frank Stacey, *The British Ombudsman*, p. 34.
② *Hansard*, HL Deb 8 November 1962 vol 244 cc384.
③ Frank Stacey, *The British Ombudsman*, p. 35.

包括了英国三个主要政党。例如1964—1970年威尔逊政府的大法官、执行委员会主席杰拉尔德·加德纳（Gerald Gardiner，即加德纳勋爵）、司法大臣F. 埃文·琼斯（F. Elwyn Jones）等人都是"司法界"的成员，他们对工党党魁有着重要影响。当工党推动议会监察专员运动时，保守党领袖则对其冷淡。部分保守党党员参加"个人自由社"和"司法界"，而保守党党魁则远离他们。政党党魁的利益对于政党政策有着决定性作用。

工党党魁的更迭尤为重要。麦克米伦政府将《怀亚特报告》归档收藏，而他的司法大臣则声明这项报告的建议不会付诸实施。仅仅过了一个月，工党党魁休·盖茨克尔（Hugh Gaitskell）就在12月14日病倒了，1963年1月18日病故。哈罗德·威尔逊（Harold Wilson）成为工党新的党魁。盖茨克尔自1955年开始担任工党党魁，虽然他支持《怀亚特报告》，但他在议会监察专员问题上并没有大的举动。盖茨克尔在1962年与首相麦克米伦一样忙于参加加入欧洲共同体的辩论。在加入欧洲共同体问题上，盖茨克尔多次到访欧洲内地，与英联邦国家的领导人协商。因此，盖茨克尔作为工党党魁更多的忙于国际事务。如果说盖茨克尔仅仅开启了议会监察专员倡议是不确切的，因为如果他还活着，他将会把设立议会监察专员作为工党议程的一部分，但他的继任者威尔逊在议会监察专员概念上有政治上的同盟者，且他自己的法律顾问中有些人是这一概念最坚强的倡导者。最为杰出的同盟者诸如理查德·克罗斯曼（Richard Crossman），他从1952年以来担任工党国家执行委员会选民部门的成员。他也是威尔逊1960年和1961年与盖茨克尔在工党竞争中起着重要作用的同盟者。克罗斯曼长期以来都是工党最为高效的宣传员之一，他总是强调行政机器需要加强民主管理。1956年他写了一本名为《社会主义与新专制主义》（Socialism and the New Despotism）的小册子。"作为宪法上捍卫人民自由的书，他没有引用当时英国人尚不知晓的监察专员，但1963年他的基本观点并没有变，这种逻辑使得他强烈倡导需要设立监察专员。"[1]

1963年12月加德纳勋爵成为威尔逊的顾问，作为大律师在1958—

---

[1] Frank Stacey, *The British Ombudsman*, p. 39.

1959年度任律师联合委员会主席。威尔逊选择加德纳勋爵担任影子内阁的财政大臣已是公开的秘密。1963年12月24日《泰晤士报》曾经报道说，加德纳勋爵不仅是一位杰出的律师而且还是积极的活动家。加德纳勋爵倡导改革运动，其中几项改革博得了威尔逊的同情，包括法律改革和反对种族隔离。他也是全国废除死刑运动的联合主席。监察专员概念是这些运动中最为重要的。加德纳勋爵实际上也是"司法界"创始成员，并且从1962年起担任执行委员会主席。1962年加德纳勋爵被封为终身贵族，虽然他让出了主席职位，但仍是"司法界"委员会成员。

1963年有两件事可能有助于监察专员运动。第一，都市警察运动引起了人民非常好奇的目光。第二，夏季几个月中，普罗富莫事件（Profumo affairs）占据了英国政治生活的主要精力。普罗富莫事件起因是时任保守党陆军大臣（Secretary of State for War）、内阁成员的约翰·普罗富莫（John Profumo）性丑闻事件。普罗富莫的妻子是女演员瓦莱莉娅·霍布森（Valerie Hobson）。1961年普罗富莫在医生斯蒂芬·沃德（Stephen Ward）的舞会派对上认识了舞蹈演员克莉丝汀·基勒（Christine Keeler），并发生一段婚外情。基勒同时又与苏联驻伦敦大使馆的高级海军武官、间谍叶夫根尼·伊凡诺夫（Yevgeny Ivanov）交往。1962年他们绯闻的谣言开始流传。1963年3月普罗富莫在下院宣称他与基勒没有不正当关系，而6月则承认他向下院撒了谎，误导了下院。结果普罗富莫辞去政府职务，沃德被控卖淫罪自杀身亡，基勒则因提供伪证被判处八个月徒刑。

普罗富莫辞职之后，政府任命丹宁勋爵（Lord Denning）负责撰写事件的报告并弄清谣言的来龙去脉。9月25日政府报告发表。这件事不仅使麦克米伦的病情恶化，而且对他的威信造成了严重的打击。麦克米伦于是在10月18日辞去首相职务，由外交大臣亚历克·道格拉斯-霍姆（Earl Alec Douglas-Home）伯爵接任。霍姆由于是贵族不能担任首相，于是被迫辞去贵族头衔。普罗富莫事件一方面严重打击了保守党，另一方面丹宁勋爵调查普罗富莫事件已具备监察专员技术的许多特征。"司法界"在1964年年度报告中这样评价，"在普罗富莫事件中，对于常任专员来说这不一定是'司法界'设想的适当的调查领域，但值得注意的是，政府最终呼吁丹宁勋爵执行调查，而这种调查技术已具有监察专员的很多基本特征"①。

霍姆自接替麦克米伦任首相之后,全国的政治利益集中于1964年10月的大选。工党全国执行委员会已经拟出了大选的基本纲领。对于国内政策,工党采用1961年年度会议的《60个要点》(Signposts of Sixties)。工党全国执行委员会分会主席乔治·布莱恩(George Brown)开始撰写工党1964年年度报告。报告赞同《60个要点》,支持社会改革。国内政策委员会分会设立了许多研究组研究这些改革。这些研究组中有一个委员会分会和议会工党的联合工作组。他们的任务是研究监察专员提案。联合工作组的主席是亚瑟·斯凯芬顿(Arthur Skeffington),他是国内政策委员会分会的成员以及全国执行委员会的代表。联合工作组成员包括道格拉斯·霍顿(Douglas Houghton)。当联合工作组仍在考虑怎样明智地引入监察专员时,党魁威尔逊突然公开支持设立议会监察专员。威尔逊1964年4月20日在坦普尔(Temple)的尼布利特厅(Niblett Hall)向工党律师协会(the Society of Labour Party lawyers)的演讲中说:"有一段时间我们一直在研究议会监察专员向一个委员会汇报的建议,犹如总审计长(the Comptroller and Auditor-General)向公共账目委员会一样汇报。我们其中一些有委员会经验的人思考过这个建议的可行性,甚至之前曾为之奔走呼号。虽然存在困难,但我希望我们可以提出这些建议。"②威尔逊所指的困难有很多,党内反对是其中之一。

霍顿那时并不赞成设立议会监察专员。他认为"高标准的文官制度能够确保足够的申诉调查,且在需要赔偿的地方,行政裁判所能够提供赔偿"③。霍顿的观点不仅代表了部分工党党员的观点,同时代表了部分保守党党员的观点。霍顿的观点绝非空穴来风,他曾担任税务局职工联盟(Inland Revenue Staff Federation)主席38年。他为他的专业而自豪,这是可以理解的。他的观点与丹麦和新西兰的同仁是一致的,这两个国家文官协会的官员因为他们专业的缘故,认为监察专员是没必要且无足轻重的,故而反对引入这个职位。但当这两个国家的文官协会的官员发

---

① Frank Stacey, *The British Ombudsman*, p. 40.
② Harold Wilson, *The New Britain: Labour' Plan*, in Frank Stacey, *The British Ombudsman*, p. 41.
③ Frank Stacey, *The British Ombudsman*, p. 41.

第二章 英国议会监察专员制度的确立时期（1961—1970）

现监察专员并没有不公正地批评管理人员时，反对引入监察专员的主张就被遗忘了。霍顿也改变了反对设立议会监察专员的观点，并且成为之后威尔逊政府制定《议案》的主要成员之一。①

另一些反对设立议会监察专员的困难来自下院议员，他们认为选民的冤屈最好通过下院议员处理，但威尔逊通过向工党律师协会的演说有效地使工党议员赞同议会监察专员概念。从那以后，工党国家执行委员会研究组在议会监察专员问题上不再纠结于是否引入而在于怎样引入这个概念。工党律师协会的演说之后，威尔逊在以后的公开演讲中对于议会监察专员的概念能够提出更为详细更为具体的建议。1964年7月3日威尔逊在斯托马基特（Stowmarket）的公开会议上说："几个月以来我们一直致力于建议确保所有关于公民的不公正案件的独立调查权力。大臣和下院议员当然是（保护公民权利）第一道防线。但为了确保他们工作更加有效需要调查更多的案件，我们建议设立议会监察专员或公民权利专员（Civil Rights Commissioner）——头衔需要进一步斟酌——代表公民利益对于影响个人权利和福利的政府的决定展开调查。我们建议专员通过（女王）诏令（Letters Patent）任命。他独立于政府和行政机器之外，只向议会负责。他的职责是调查和报告涉及个人的不公正或者制度上的缺陷产生的不公正影响或者不能提供足够的复议（reconsideration）或者上诉的案件。专员的报告向议会提出，当然由议会质询（debatable by Parliament）。另外，议会应当成立强有力的特别委员会。它的职责是审查专员的周期性报告并将其向议会汇报。"② 威尔逊说特别委员会非常类似于公共账目委员会，它与议会监察专员的关系类似于公共账目委员会与总审计长的关系。这种观点并不新鲜，《怀亚特报告》中已经提出。威尔逊从1959年至1963年担任公共账目委员会主席使得（总审计长）这种力量得以加强。

1964年工党为了迎接即将在10月举行的大选，成立了由"司法界"成员为主的委员会专门拟定关于议会监察专员的相关纲领。这个委员会由韦德、怀亚特、杰斐逊·马歇尔（Jefferson Marshall）、汤姆·萨金特

---

① Frank Stacey, *The British Ombudsman*, p. 41.

② Labour Party News Release of Harold Wilson' Speech at Stowmarket, in Frank Stacey, *The British Ombudsman*, p. 42.

等人组成。委员会的主要任务是根据《怀亚特报告》制定工党竞选宣言中关于议会监察专员的简要纲领。这时委员会遇到一项新情况，那就是1962年新西兰作为英语国家先于英国通过《议会监察专员法案》。他们必须对于新西兰的情况有所考虑。委员会对于《怀亚特报告》的建议提出了修改意见。其一，关于大臣拥有否决议会监察专员调查的权力，委员会全体成员一致认为这是一项错误。1962年新西兰的《议会监察专员法案》中也没有这一条，竞选纲领删除了大臣否决权的建议。其二，关于议会监察专员调查中查阅文献的权利。《怀亚特报告》建议议会监察专员在调查时只能查阅与案件有关的内外通信。委员会根据新西兰议会监察专员的可行性工作经验，将这项权力扩大到可以查阅与案件相关的部门会议记录。其三，关于议会监察专员是否能够直接受理公民的申诉。委员会成员对此意见并不完全一致。马歇尔认为，议会监察专员应该直接受理公民申诉，就像在新西兰、瑞典、丹麦、挪威和芬兰一样。[①] 然而委员会大多数成员赞同限制议会监察专员的措施，采取通过下院议员的间接受理途径，至少像《怀亚特报告》中建议的那样在开始的时候这样做。当然，这种建议与威尔逊的初衷是非常一致的，威尔逊在斯托马基特的演讲中就曾提到通过下院议员受理公民申诉的途径。其四，马歇尔提出为了加强议会监察专员与裁判所部门之间的联系，议会监察专员应当是裁判所委员会的成员，委员会接受了这种观点。[②] 其五，关于议会监察专员调查申诉的范围。委员会的意见与《怀亚特报告》的建议一致，他们同意将议会监察专员受理申诉限制在不良行政范围之内。

  委员会关于议会监察专员的纲领最终成为1964年工党竞选宣言的一部分。宣言这样写道："工党为了使国家的全部行政具有人性化，从而决心设立议会监察专员这个新的职位，他的职责是调查和揭露任何滥用政府权力从而影响公民权益的行为。"[③]

  1964年10月英国大选。保守党经过一系列重要事件的打击，声誉大损，支持率下降。工党在威尔逊带领下以4票微弱优势获胜组阁，英

---

① Frank Stacey, *The British Ombudsman*, pp. 44 – 45.
② Frank Stacey, *The British Ombudsman*, p. 46.
③ Labour Party, *Let's Go With Labour for a New Britain*, Manifesto for the 1964 General Election, in Frank Stacey, *The British Ombudsman*, p. 46；龚祥瑞：《比较宪法与行政法》，第502页。

国结束了保守党长达13年的统治。工党在竞选纲领中提到要设立议会监察专员这个新的职位的思想，而这个新的思想由纲领变为《法案》需要一个过程。

第二节 《议会监察专员法案》的通过

一 《议会监察专员议案》

工党组阁之后虽然仅有4票优势，但威尔逊使得工党政府明白他要全面践行竞选宣言。其中最突出的是承诺要设立议会监察专员的职位。这时霍顿任内阁内务委员会主席，它下设一个小组委员会（the Cabinet Subcommittee），称为"内阁小组委员会"。内阁小组委员会主席也由霍顿担任。内阁小组委员会的任务是筹划议会监察专员《议案》，成员包括刚刚上任的大律师加德纳勋爵、下院大法官办公室发言人埃里克·弗莱彻（Sir Eric Fletcher）、财政部财政司司长（The Financial Secretary to the Treasury）尼尔·麦克德莫特（Niall MacDermot）。然而内阁小组委员会在刚开始时成员不断扩大，而且人员不断变化，几乎政府26个部都有人员参加，他们或是国务大臣，或是秘书。为了防止《议案》搁置，霍顿建议将委员会成员数量缩小至内阁小组委员会的规模。于是内阁小组委员会成员人数由三十八人减至十二人，之后它开始高效地草拟《议案》的工作。

内阁小组委员会的工作首先需要研究三个文件。它们分别是：1961年《怀亚特报告》；"司法界"为竞选宣言所拟定的议会监察专员纲领；议会工党的法律和司法小组（the Legal and Judicial Group of the Parliamentary Labour Party）的备忘录。前两个文件相关内容之前已经介绍过，至于议会工党的法律和司法小组及其备忘录需简要介绍一下。

议会工党的法律和司法小组是工党在一段时间内设立的众多小组之一。与其他小组一样，它公开面向所有工党的下院议员，但参加这个小组的人员通常局限于那些特别感兴趣的人。在1964—1965年那段时间，它的主席由威廉·威尔斯（William Wells）担任。法律和司法小组在1965年2月其间举行了三次会议，"他们明确表示任命议会监察专员是公民迫切需要的，且政府对于他们引入必要的立法给予热情的支持"①。法律和司法小组将他们的备忘录交给埃里克·弗莱彻，由他转交内阁小组委员会。法律和司法小组在备忘录中认为，在制定《议案》中必须作出五个最难的结论：

第一，他们认为正常情况下，公民的申诉应当由下院议员转交给议会监察专员，但如果申诉人已经向下院议员提交申诉，议会监察专员有权受理任何这样的案件。

第二，备忘录建议议会监察专员有权审查所有部门的会议记录和档案。涉及安全级别非常高的文件以及部门认为因安全原因不适合给议会监察专员看的文件，有关大臣自己应当出示证明材料。

第三，目前议会监察专员的职责不应扩展到处理关于警察的申诉。

第四，议会监察专员应当由首相推荐女（国）王任命，他应当向下院议员特别委员会提交报告，类似于总审计长向公共账目委员会提交报告一样，他也应当对议会负责。

第五，议会监察专员应当有权调查这两类案件。1. 不当行为（prima facie cases of misconduct）；2. 部门的决定呈现出引证如此相反又不能实现公正的案件。②

法律和司法小组备忘录提出的一些关键问题，内阁小组委员会进行了广泛的讨论。如公民是否可以像斯堪的那维亚国家和新西兰一样直接向议会监察专员申诉，或者是否只能通过下院议员转交公民的申诉。法律和司法小组认为，只能通过下院议员转交公民的申诉。下院议员作为公民的保护人，如果公民已经向下院议员申诉但没有成功，那么允许他们直接向监察专员申诉。《怀亚特报告》建议，在开始时期（可能是五年）通过议员向议会监察专员转交公民的申诉，但并不局限于下院议员。内阁小组委员会花费了很长时间讨论公民是否直接接触议会监察专员的问题，由于多数下院议员反对公民直接接触议会监察专员。他们认为直接接触可能导致议会监察专员陷于申诉的汪洋大海之中。虽然没有任何要求一定要采纳《怀亚特报告》中的建议，但最后内阁小组委员会得出结论决定采用下院议员转交的方式。然而，当公民遇到申诉未能转

---

① Frank Stacey, *The British Ombudsman*, p. 53.
② Frank Stacey, *The British Ombudsman*, p. 54.

第二章　英国议会监察专员制度的确立时期（1961—1970）

交下院议员时，公民可以将申诉向任何下院议员提出，而非局限于自己所在选区的下院议员。至于是否考虑参照《怀亚特报告》中建议的赋予上院议员与下院议员同等的转交权力，工党大臣对此存在分歧。这个问题最终由内阁决定是否将上院议员包括在转交范围之内。

另一个必须决定的问题是在案件中是否给予议会监察专员查阅部门所有档案的权力。《怀亚特报告》对此问题是谨慎小心的，他们建议议会监察专员只能查阅与案件相关部门的内外通信，而不能查阅部门的会议记录。"司法界"纲领中提出赋予议会监察专员查阅所有档案（full access）的权力。法律和司法小组建议议会监察专员查阅所有档案，但带有附加条件。鉴于安全原因，大臣自己提供证明材料则议会监察专员不得查阅这些文件。

关于大臣对于议会监察专员调查的否决权。《怀亚特报告》建议大臣可以否决议会监察专员的调查，这项建议招致了广泛的批评。"司法界"纲领删除这项建议，工党课题组也不提倡这项建议。霍顿自己也承认《怀亚特报告》中这种观点过于谨慎，于是这项建议被删除了。

关于议会监察专员是否只能调查不良行政的申诉。政府对此的态度重回《怀亚特报告》中提到的观点。之后的《白皮书》中这样总结内阁的结论，"监察专员关注行政上的错误，不适用于批评政策，也不适用于审查自由裁量权的运用，除非行政错误影响到决策"[1]。《怀亚特报告》中提到新西兰的议会监察专员，但内阁小组委员会拒绝赋予议会监察专员犹如新西兰议会监察专员那样可以调查他认为不合理的任何申诉。"司法界"草案则支持这种观点。内阁的决定更加接近法律和司法小组的观点。法律和司法小组提出，议会监察专员调查不当行为和部门的决定呈现出引证如此相反而又不能实现公正的两类案件。《怀亚特报告》与法律和司法小组之所以要求将议会监察专员的调查限制在不良行政案件范围内是因为如果不限制议会监察专员调查案件的性质，那么他将会陷入申诉的汪洋大海之中。这种观点常常出现在政府圈中，他们认为英国是第一个人口大国设立监察专员式的机构，而其他国家中人口最多的是瑞典，仅有 800 万人。

---

[1] Frank Stacey, *The British Ombudsman*, p. 53.

内阁小组委员会花费了很多时间考虑哪些服务应当包括在议会监察专员调查范围之内,哪些应该排除,其中警务领域是需要认真考虑的部门。一方面根据《皇家警察委员会报告》[1]提出现在警务部门正在行政改革,且警务投诉方式也在不断改善。警察局长审查的申诉制度就是在改革中建立起来的。与旧制度相比,在这种制度中,警察局长受理本部门的申诉能在更大程度上提供公正的申诉。另一方面警界上层对于警察通过向议会监察专员投诉获得赔偿方式不满。《皇家警察委员会报告》并不赞成议会监察专员将警务纳入管辖范围。最终,政府决定建立新的体系扩大审判而非允许议会监察专员受理关于警务领域的投诉。

内阁小组委员会决定将文官的个人事务也排除在议会监察专员的管辖范围之外。内阁小组委员会作出这种决定受了文官工会联盟的影响。有人曾就此问题咨询过文官工会联盟。他们的观点是文官对于现存的惠特利体制(Whitley machinery)感到满意。[2]如果允许非工会的(文官)申诉人向议会监察专员投诉,那么就会与文官工会相抵触了,因为通过惠特利体制文官能够清楚地向工会表达申诉。霍顿担任过38年税务人员联合会秘书,明确地同情这种观点。

地方政府的地位是需要认真考虑的。《怀亚特报告》并不支持议会监察专员受理投诉地方政府的申诉,然而认为地方政府需要更好的赔偿方法。威尔逊在斯托马基特演讲中有类似的表述。内阁小组委员会中的大臣也持这种观点。如果允许公民向议会监察专员投诉地方政府将会导致中央对地方的过度控制。很多人感到地方政府应当拥有自己的监察专员。因此,地方政府被排除在议会监察专员调查之外。

关于公民对于医院的申诉是否应当由议会监察专员受理。卫生大臣肯尼斯·罗宾逊(Kenneth Robinson)一直反对议会监察专员受理关于医院的申诉。然而像理查德·克罗斯曼等一些大臣则强烈认为议会监察专

---

[1] 《皇家警察委员会报告》(Report of the Royal Commission on the Police) 于1962年发表。
[2] 惠特利体制(Whitley machinery) 是指以惠特利为名的关于文官之间协商纠纷争端的体制。它起源于第一次世界大战期间,英国政府为了处理劳资纠纷的争端,任命以惠特利为首的委员会对劳资纠纷进行调查研究并提出建议,1918年该委员会建议在各工业体系中成立由劳资双方代表参加的联合委员会,谋求和平解决劳资纠纷,这样的委员会被称为惠特利委员会。这种协商解决劳资纠纷的方案在英国工业界没有被广泛采用,但在文官界却普遍流行。详见王名扬《王名扬全集:英国行政法、比较行政法》,第51页。

第二章 英国议会监察专员制度的确立时期（1961—1970）

员应当受理关于医院的申诉。"理查德·克罗斯曼并不太关心《议案》。像克罗斯曼这样想要扩大议会监察专员权力的大臣认为将医院排除在管辖范围之外只是临时的，他们对于军队中的个人事务持有类似的看法。"① 最终公民对于医院的投诉是否包括在议会监察专员的管辖范围之内，并没有明确的决定。

内阁小组委员会经过一段时间讨论将关于议会监察专员改革的路线勾勒出来，内阁决定在引入《议案》之前根据小组委员会的建议向议会提交了改革方案的白皮书。1965 年 10 月内阁以议会监察专员（The Parliamentary Commissioner for Administration）为名的白皮书呈递给议会。

《白皮书》中提到政府已决定引入立法任命一名议会监察专员，同时审查了瑞典、芬兰、丹麦、挪威和新西兰等国家对于个人冤屈作出的安排，但它立即指出这些例子在英国不会受到密切关注。②

在英国，议会无论是历史上还是传统上，无论过去还是现在都是公开讨论公民冤屈的地方。③ 民选下院议员的作用之一就是设法使他的选民不会遭受政府的不公平对待。在英国议会政府的模式下，议会质询（Parliamentary Questions）、休会辩论（Adjournment Debates）、提供辩论（Debates on Supply）已经扩展了下院议员的申诉功能。下院议员受理选民申诉并与大臣保持联系。不论下院议员向议会提交的冤屈是大还是小，大臣个人或政府共同对其负责。《白皮书》指出，在申诉方面我们不想设立可能削弱下院议员的新机构，也不会取代英国宪法提供的赔偿机制。我们的建议仍是深入发展这些赔偿机制，并向下院议员提供一种更好的工具，他们可以用来保护公民，这就是议会监察专员的服务。④《白皮书》清楚地表明设立议会监察专员的目的是"作为下院议员的补充，而非他的竞争对手。公民只能通过下院议员向议会监察专员申诉"⑤。

至于议会监察专员接受申诉的政府部门，《白皮书》列举了国家的 47 个主要部门，包括财政部、外交部、内政部、国防部，等等。至于邮

---

① Frank Stacey, *The British Ombudsman*, p. 58.
② Frank Stacey, *The British Ombudsman*, p. 58.
③ Frank Stacey, *The British Ombudsman*, p. 58.
④ Frank Stacey, *The British Ombudsman*, p. 59.
⑤ Frank Stacey, *The British Ombudsman*, pp. 59, 92.

政部中与国家储蓄相关的功能、广播控制和无线电也包括在内。言外之意，邮政服务不包括在内。虽然几乎所有中央政府部门都在议会监察专员审查范围之内，但仍有一些部门排除在外。① 如行使保卫国家安全的权力、大臣证实影响与其他国家关系的事情、与殖民地管理相关的事情、行使调查犯罪的权力和侦查是否应当交付法院的权力。行使赦免权、君主授予的荣誉、女（国）王或大臣的任命权也不包括在内。文官与军队中的个人事务和惩罚事务，部门中顾客和供应商之间的纯属商业关系也被排除在外。

议会监察专员有自由裁量权，至于处理法院管辖范围之内的事情，《白皮书》说如果申诉人在法院没有获得期盼的合理赔偿，议会监察专员可以考虑受理这样的案件。然而，正常情况下他不会这样做。至于裁判所的判决，议会监察专员是没有自由裁量权的。虽然议会监察专员不能管辖应当由裁判所处理的案件，但他是裁判所委员会和苏格兰委员会的成员。

二 《议案》的通过

（一）《议案》一读

《白皮书》发表之后，报章杂志对其进行了评价。《时代周刊》1965年10月13日刊文说，议会监察专员通过下院议员间接受理公民的申诉是有必要的，这是为了克服下院议员的疑虑，至少让他们忽略这个《议案》。它指出，议会监察专员不能调查关于警察、国有公司、地方政府的申诉。《卫报》赞成设立议会监察专员职位以及《白皮书》中提到的议会监察专员在调查中可以查阅部门内部会议记录的方案。

《白皮书》在下院没有引起争辩，但保守党前司法大臣莱昂内尔·希尔德爵士（Sir Lionel Heald）利用发言机会向政府提出建议。他在11月10日的发言中表示欢迎《白皮书》，并指出这是一个全面的自由的讨论的机会。希尔德爵士赞成斯堪的那维亚和新西兰式议会监察专员的运作，但他却认为英国议会监察专员与之迥然不同。拥有更多人口的英国，全国应该设置6个或者12个监察专员，他们有自己的工作人员和公署。

---

① Frank Stacey, *The British Ombudsman*, p.59.

然而，我们将失去那些在斯堪的那维亚和新西兰被证实是有价值的制度特征，即监察专员使用自己的方法和制定自己的原则。①

希尔德爵士认为，《白皮书》中的建议削弱了下院议员获得选民支持的权力。因为选民能够通过其他下院议员将他们的申诉提交给议会监察专员。在希尔德爵士看来，议会监察专员仅有建议权而不能要求赔偿权，这是"孱弱无力的"②。因此，他建议参考"律师学院保守党协会"（the Inns of Court Conservative Society）的建议。他们的建议实际上是行政委员会，这是一种与法国等国相一致的机构，而非监察专员。这个方案由"律师学院保守党协会"委员会通过1966年1月出版的名为《实现权利》（Let the Rights be Done）的小册子提出的。《实现权利》并不反对《白皮书》中的建议，但它对《白皮书》中的方案提出批评。作者们认为这种方案是要设立孱弱无力的议会监察专员。他们对于将地方政府、文官与军队中的个人事务、部门的商业关系排除在议会监察专员管辖之外以及将申诉局限在不良行政案件上提出批评。

"律师学院保守党协会"对议会监察专员能够在人口超过5000万的国家中运行的观点表示怀疑。在他们看来，"议会监察专员只有在人口250万的新西兰这样的国家才会被公民看作他们的英雄"③。他们批评说，议会监察专员实际上只有建议赔偿权却并不像国家法院那样能够为公民获得救济或赔偿。

"律师学院保守党协会"反对监察专员的概念。为了保护公民免遭国家侵害，他们认为真正解决问题的办法是设立行政委员会。这个行政委员会源自于枢密院，由司法部门和调查部门组成。其成员从高等法院、高级文官、工商业、工会、专家、大学中抽调。调查部门首先审查申诉，如果调查部门认为申诉属实，则请相关部门提供信息，但他不能要求查阅部门档案，如果不能从部门获得满意的答复，他可以转向司法部门。如果司法部门发现申诉属实，他可以要求部门提供救济和支付赔偿。行政委员会与法国国家行政法院相类似。但它与国家行政法院相比存在一些缺陷。第一，司法部门不能查阅档案，而国家行政法院调查时可以查

---

① Frank Stacey, *The British Ombudsman*, p. 62.
② Frank Stacey, *The British Ombudsman*, p. 62.
③ Frank Stacey, *The British Ombudsman*, p. 63.

阅所有档案。第二，申诉在提交司法部门之前可能需要支付上诉费用，如果他坚持对调查部门提出上诉，那么结果可能对他不利。然而，当国家行政法院处理申诉时，虽然申诉人在特定类型的案件中可能需要雇佣律师，但不需要支付上诉费用。第三，司法部门的人员结构参差不齐且极其不支持申诉人，而国家行政法院的成员则拥有行政和法律知识，他们往往由地位极高社会影响极大的精英构成。

虽然社会各界对于《白皮书》有一些批评，但政府继续草拟《议案》。内阁内部委员会在主席霍顿的领导下赞同《白皮书》提出的草案，而草拟《议案》则委托尼尔·麦克德莫特负责。麦克德莫特的观点与《白皮书》提出的草案非常接近。

1966年2月14日，《议案》一读通过。这个《议案》大体上与《白皮书》一致，它对议会监察专员的调查权作了明确的限制，诸如与其他国家关系、行使调查犯罪的权力、行使保卫国家安全的权力、部门相关的商业往来、赦免权、文官与军队中的个人事务都被排除在议会监察专员调查范围之外。除此之外，卫生大臣的行为、地方卫生局、教学医院的政府局处、医院管理委员会、管理局、公共卫生实验室的局处也不在议会监察专员调查范围之内。内阁小组委员会就曾将这些部门排除在议会监察专员调查范围之外。然而，《白皮书》却并没有明确列出，但在《议案》一读中却将其列出来。

一读通过之后两周，2月28日威尔逊声明他已经请求女王解散议会并于3月末举行大选。威尔逊工党内阁自1964年10月以来一直维持着微弱多数。因此，这届内阁时时面临垮台的危险，但3月的大选，威尔逊领导的工党获得97票优势。大选后的政府决定加快《议案》通过的工作。7月20日新《议案》重新获得通过。这次《议案》与2月的《议案》略有不同，新《议案》提到如果议会监察专员任职其间表现良好将继续就职，他的免职需要得到女王和议会的同意。而这一新规定赋予了议会监察专员类似总审计长的地位。

新《议案》发表后第二天，希尔德爵士将《议案》的复印件送给"个人自由社"秘书莉莲·哈顿（Mrs Lilian Hardern）女士征求他们的意见。"个人自由社"将给希尔德爵士的信公开发表。他们在信中写道：虽然在真正的议会监察专员阶段他们赞成这个概念，但对于《议案》整体上并不满意。他们的主要关注点是在地方政府被排除在外以及仅仅调查中央部门上。为此，他们认为在苏格兰和威尔士至少应当有助理监察专员，北爱尔兰应该有他们自己的议会监察专员。他们不同意将以下领域排除在议会监察专员调查范围之外：地方政府、国有公司、邮政部未含领域、与国家安全相关的护照问题、英国国外大使馆的事务以及军队的个人事务。他们尤其不同意医院部门排除在外。他们想知道将合同或商业往来（commercial transactions）排除在外是什么意思。他们也不满意将英国官员在殖民地的行为完全排除在外。然而，他们认为议会监察专员不应当查阅内阁档案，因为一些内阁委员会仅仅属于部门内部工作组且内阁委员登记是分类方便的事情。因此，内阁档案不应当让议会监察专员查阅。①

"个人自由社"的建议毫无疑问都是为了增强议会监察专员的权力，扩大他的权限范围。希尔德爵士面临两种截然不同的观点。一方面赞成设立议会监察专员的压力集团想要最大限度地增强《议案》，另一方面是与他联系的保守党律师集团以及反对议会监察专员概念的"律师学院保守党协会"。应该如何调和这两种观点呢？这些不同的观点将是工党在二读中必须面对的。同时，保守党前座议员强烈反对首相威尔逊于《议案》二读之前就在下院宣布任命总审计长艾德蒙·康普顿为议会监察专员的决定。威尔逊在8月4日宣布任命康普顿为议会监察专员，他自9月1日上任，但直到《法案》通过不能受理申诉，他的主要工作是组织公署。爱德华·希思（Edward Heath）作为反对党（保守党）领袖反对这种任命。

自由党领袖乔·格里蒙德（Jo Grimond）对于康普顿的任命反应更为强烈。他认为这样做干涉了议会的自由。在议会监察专员的功能和本质还存在很多不同观点的情况下，如果议会决定有所改变，那么将置康普顿于尴尬的境地。威尔逊回答说，如果议会在《议案》通过其间决定任命，那么议会监察专员机构就会更快地步入正轨。自由党之所以批评威尔逊的任命，是因为他们认为任命议会监察专员为时尚早。除此之外，还企图游说用另一种方式替代议会监察专员的方案。早在5月4日，自

---

① Frank Stacey, *The British Ombudsman*, pp. 67 – 68.

由党上院副党鞭韦德宣称他打算引入《下院议员议案》(private member's bill)。这个《议案》的主要建议之一是引入地方监察专员体制。8月9日,自由党下院议员迈克尔·温斯坦利博士(Dr. Michael Winstanley)给《卫报》写信阐释自由党对于任命康普顿的观点。他写道:"地方政府需要监察专员式的官员,但中央政府所需要的是增强议会使得下院议员履行保护公民免遭行政不公正的职责。"① 在他看来,任命议会监察专员不过是政府为了抵制对议会进行必要改革的方法罢了。

10月18日,上院讨论了韦德的方案,但最终拒绝了他的方案。韦德在他的方案第一部分建议为了调查公民投诉地方当局的申诉,应该在经济规划区设立监察专员。除此之外,《议案》还提到要求地方当局声明改变相关利益的法律以及给予公民参加地方当局所有委员会的权利,除非地方当局决心排除公民参加。

住房和地方政府部议会秘书肯尼特勋爵(Lord Kennet)对政府说,我在原则上不反对《议案》,但在时间上我反对。他坚持认为,首先要做的是弄清议会监察专员的背景和运作,找出如何使议会监察专员适合英国这样的大国,并弄清是否应当在地区或地方层面上设立更多的监察专员。在决定采取什么形式的监察专员之前,最好等地方政府皇家委员会的报告。因此,他建议议会应当拒绝二读这项《议案》。②

然而就在上院讨论并拒绝韦德《议案》的同时,下院最终同意《议案》二读。虽然各界人士对《议案》提出了不同看法,有的赞成设立议会监察专员职位,但却对它提出各种批评。有的干脆彻底否决监察专员概念。但总的来说,支持设立议会监察专员的议员占据了多数,最终同意《议案》二读。

(二)《议案》二读

《议案》在一读阶段虽然有人反对,但议会最终还是同意进入二读阶段。《议案》在二读阶段依然面临着诸多不同意见。

1.《议案》在下院二读

《议案》在下院一读其间,有两种不同的观点。希尔德爵士作为保

---

① Frank Stacey, *The British Ombudsman*, pp. 70-71.
② Frank Stacey, *The British Ombudsman*, p. 71.

第二章　英国议会监察专员制度的确立时期（1961—1970）

守党唯一发言的领袖对于议会监察专员的态度是模棱两可的。"律师学院保守党协会"和保守党律师团则彻底谴责议会监察专员概念，保守党党魁希斯明确表示不赞同这种观点。"个人自由社"明确表示要求扩大议会监察专员的权力。自由党对于《议案》也是半信半疑。

自由党议员温斯坦利提出，地方政府需要监察专员，而中央政府需要通过议会改革提高下院议员的效率。自由党议员埃里克·卢伯克（Eric Lubbock）则要求将《议案》扩展至北爱尔兰。北爱尔兰所有政党的反对派都签署了请愿书。

工党很多下院议员都希望扩大议会监察专员的权力。对于他们来说，问题是政府是愿意接受扩大议会监察专员权力的《修正案》，还是坚持内阁小组委员会采取的折中方案。枢密院议长（Lord President of the Council）、下院议员领袖理查德·克罗斯曼作为发言人，他的发言是值得聆听的，甚至以他自己的标准来看是具有远见卓识的。但他的演说并非无可挑剔，其中在一个关键问题上有误导性的表述。他仅从1966年8月才开始担任下院议员领袖，之前他一心扑在住房大臣职务上。因此，他接触到《议案》时间并不长。克罗斯曼作为枢密院议长没有自己的工作人员和文官咨询人员，在这种情况下，他的发言"堪称绝妙"[①]。

克罗斯曼以长期倡导议会改革开始，强调引入改革，但并不建议政府建立瑞典式的议会监察专员。他指出虽然瑞典议会监察专员最终对议会负责，然而他们拥有独立的调查权。相比之下，英国议会监察专员是议会现存执行监督的助手。他能够公正地调查不良行政案件，但只能调查来自下院议员转交的案件。他将提高而非取代议会质询和下院议员向大臣写信等现存方式来审查和挑战行政。克罗斯曼的观点带有"司法界"《议案》和《怀亚特报告》的痕迹。他回顾1962年11月麦克米伦政府拒绝《怀亚特报告》，并提到1964年威尔逊在斯托马基特的讲话。在讲话中，威尔逊声明如果工党能够执政将要设立议会监察专员。克罗斯曼指出《议案》比《怀亚特报告》中的建议走得更远。《议案》并没有授予大臣有否决议会监察专员调查的权力。实际上，大臣言行也在议会监察专员的调查范围之内。《怀亚特报告》建议议会监察专员不能查

[①] Frank Stacey, *The British Ombudsman*, p. 73.

阅部门内部会议记录,而《议案》则授权议会监察专员能够接触所有文件,仅有内阁档案等不在他查阅范围之内。当在法庭中需要王室特权时,大臣不能向议会监察专员隐瞒文件。

当自由党议员杰瑞米·索普(Jeremy Thorpe)请克罗斯曼解释大臣对议会监察专员调查的否决权时,克罗斯曼回应说,《议案》没有赋予大臣这项权力,但调查完成之后,大臣有权禁止议会监察专员泄露有关国家安全或公共利益的信息。克罗斯曼接着讨论了不良行政的概念。《议案》第5款提到监察专员可以调查由于不良行政导致的个人不公的申诉。不良行政的定义是什么呢?克罗斯曼开始时定义是消极的。它没有扩展到事关议会政策的事情,也不包含申诉人讨厌但又不能批评的自由裁量权。克罗斯曼说积极地界定不良行政将有很大困难。我们试图对于不良行政进行界定并列出目录。目录之中都是不良行政行为,这些都是文官行为所致。它们包括偏见、疏忽、粗心、拖延、无能、失当、刚愎自用、恶劣、武断等。①

克罗斯曼对于英国设立议会监察专员进行辩护,但他也指出英国的议会监察专员不同于斯堪的那维亚国家和新西兰的监察专员,英国的议会监察专员并不是要取消已经存在的救济机制,削弱下院议员的权力,挑战议会的权威,而是作为下院议员的助手,目的在于完善存在的救济机制,改善议会的工作。保守党议员许多人赞成《议案》,但他们也提出了《修正案》。同时也有少数人反对《议案》。

奎尼汀·霍格(Quintin Hogg)就公开反对《议案》,他曾是麦克米伦政府的成员,而那届政府否决了《怀亚特报告》。霍格高度怀疑监察专员的价值,但很多保守党议员支持《议案》,至少原则上赞同这种改革。霍格认为,麦克米伦政府否决《怀亚特报告》中提出的设立议会监察专员的决定是正确的。在他看来,议会监察专员更适合于人数较少的国家,诸如瑞典、挪威、丹麦、新西兰等国家。议会监察专员制度之所以能够在这些国家中获得成功源自于这些国家比英国人口少得多的事实。除此之外,这些国家的议会制度异于英国。比如斯堪的那维亚国家几乎完全缺失议会质询时间。英国下院议员个人有许多机会可以影响大臣,

---

① Frank Stacey, *The British Ombudsman*, p. 75.

第二章　英国议会监察专员制度的确立时期（1961—1970）

他们不仅在议会质询时影响大臣，而且通过个人陈述、议会议员辩论、财政议案、供应日（on Supply Days）以及休会辩论等环节也能达到此种目的。因此，英国并不需要议会监察专员。他认为这种申诉机构将以武断的方式瓜分政府机构，从而使得它们不能有效地发挥功能。"《议案》最终必定以武断的方式瓜分可能的申诉。"① 在霍格看来，公民在思想上对于议会监察专员的职权范围产生了混淆，这给下院议员带来了许多问题。然而，霍格意识到《议案》将会成为法律，他不想一味纯粹消极地争辩，于是他提出下院应当设立申诉委员会（Grievance Committee）来管理议会监察专员的工作。申诉委员会适用于监察专员对于那些公民感到没有足够公开的个人申诉或公共申诉进行调查。霍格提出设立申诉委员会建议的优势在于选民不用向下院议员申诉，而是直接向申诉委员会申诉。他的建议给予下院议员额外的权力处理行政部门的申诉，但没有削弱下院议员的地位。

克罗斯曼指出，霍格在他的讲话中涉及到"监察专员（the Ombudsman）"。这并不公平，因为我们已经解释了英国的议会监察专员不同于瑞典的模式。接着有十六位下院议员发言，其中保守党六位，工党八位，自由党一位，威尔士党一位。这六位保守党议员中没有人像霍格那样批判《议案》。哈罗德·格登（Harold Gurden）是其中一位，他说自己和很多保守党议员一直以来都支持设立议会监察专员。他还在1961年就曾参加过唐纳德·约翰逊发起的关于设立议会监察专员的辩论。格登批判《议案》不够彻底，警察、医院、国有企业不应排除在议会监察专员调查范围之外。格登认为，地方政府拥有自己的监察专员是错误的。他支持《议案》，但认为政府不应以此作为《议案》的定稿，而应当接受委员会的修正。② 保守党议员 J. M. 昆内尔小姐（Miss J. M. Quennell）非常欢迎经过改进的《议案》。她指出，《议案》导致异常。如果根据1965年《行政裁判所和调查的年度报告》，公民的申诉可以直接向裁判所委员会提出。但根据现在的《议案》，他们只能通过下院议员间接向议会监察专员提出，而且她认为军队与文官的个人事务应该包含在议会

---

① Frank Stacey, *The British Ombudsman*, pp. 79–80.
② Frank Stacey, *The British Ombudsman*, p. 81.

监察专员的调查范围之内。①

保守党议员查尔斯·弗莱彻-库克（Charles Fletcher-Cooke）非常欢迎《议案》，他尤其欢迎政府不允许大臣拥有否决议会监察专员调查的权力以及查阅内部会议记录的权力的决定。实际上，这使得议会监察专员变得更加强大，但同时也带来了适度的忧虑。这种言论与霍格很像。关于未来下院议员、议会监察专员与公民的关系，弗莱彻-库克认为，下院议员在决定向议会监察专员转交申诉上很难起到过滤和筛查的作用。他批评合同或商业往来不应排除在议会监察专员调查范围之外。他批评区分不良行政和没有不良行政的自由裁量权。因为在此《议案》下，几乎每一件不公正的申诉都可能在自由裁量权的借口下被宣告无效。这三位保守党议员都在原则上赞成《议案》，但他们都想澄清和增强议会监察专员的地位。他们的观点也是两位前保守党著名的大臣希尔德爵士和休·蒙罗-卢卡斯-图思爵士（Sir Hugh Munro-Lucas-Tooth）的观点。

希尔德爵士是保守党在《议案》白皮书阶段唯一发表演讲的人，他的观点与"个人自由社"比较接近，倾向于设立议会监察专员并要求扩大他的权利范围。他赞同克罗斯曼总体上同意《议案》的观点。他说："我当然不反对它，几年前引入监察专员概念时，我就不反对它，而且对它一直有兴趣。"②但他认为，下院并没有恰当地对待《议案》。《议案》面临很多困难，其中之一是不良行政问题。他说自从当选下院议员起，他处理的申诉案件中，如果按照不良行政的标准，很多都不在议会监察专员审查范围之内。他也批判将军队、邮政、国有工业、警察和医院排除在议会监察专员职权范围之外。他希望政府能够接受委员会的建设性《修正案》，并将《修正案》通过投票表决。他说，我敢断定在党派与我们企望创建的有用机构之间能实现真正的合作。然而，此时此刻他也只能强调"个人自由社"的观点，那就是将《议案》视为"半生不熟"③。

蒙罗-卢卡斯-图思对于《议案》尤其感兴趣，他后来成为议会监察专员在下院的特别委员会的主席。他与希尔德爵士一样整体上赞同

---

① Frank Stacey, *The British Ombudsman*, p. 81.
② Frank Stacey, *The British Ombudsman*, p. 83.
③ Frank Stacey, *The British Ombudsman*, p. 83.

《议案》,但他不同于霍格,他认为,下院议员不能真正地获得公民对于政府部门的投诉。他指出,为了得到口头答复可能延误,而我们有些议员认为休会辩论几乎是不可能的事情。蒙罗-卢卡斯-图思自从40年前当选为下院议员起,他是相当容易在休会辩论中提出一些事情的。①

希尔德爵士关心不良行政的概念,但他有着与《议案》相当不同的观点。他说如果诚如克罗斯曼所言,不良行政包括"无能",那么议会监察专员将能调查很大比例的案件,但不管是涉及不当行为还是无能的任何特殊案件,对于下院议员来说都很难。下院议员是在承担着可能最大的压力或诱惑下将案件交给议会监察专员的。在这种条件下,可能产生两种截然不同的结果。一种是议会监察专员收到公民的申诉很少,一种是议会监察专员陷于公民申诉的汪洋大海之中。② 六位保守党议员有五位赞成《议案》,但都要求增强议会监察专员的权力。第六位保守党议员布赖恩·特戈德曼(Bryant Godman)也说,希望《议案》能够被接受。

在工党方面,有七位后座议员参加辩论并支持《议案》。然而有一位名叫A.J.欧文(A.J. Irvine)的议员对于《议案》产生疑问并提出了反对的建议。欧文提出,议会监察专员应当是下院议员,他没有对这个建议作进一步解释,但他是议会工党司法小组成员。这个小组在1965年讨论了监察专员的备忘录并将其提交给政府。欧文认为,议会监察专员应当是一位在职的资深的反对党议员。然而,这个问题是有偏见的,而且已经任命了议会监察专员。这是一个令人吃惊的例子,如同议会的橡皮图章,这是我有生以来第一次遇到。③ 在分组讨论中,诺尔曼·哈兹尔丁(Norman Haseldine)支持《议案》。他认为一旦设立议会监察专员,地方当局的需求将越来越大。他希望能够迅速授权议会监察专员开始调查,特别委员会应当考虑哪些适合调查。西德尼·西沃曼(Sydney Silverman)也在原则上热烈欢迎《议案》。

议员们现在分开,虽然他们对于《议案》不满,但在半小时的休会辩论中,《议案》不可能有大的修改。当下院表决《议案》时,议员完

---

① Frank Stacey, *The British Ombudsman*, p. 84.
② Frank Stacey, *The British Ombudsman*, p. 84.
③ Frank Stacey, *The British Ombudsman*, p. 85.

全基于政党的考虑。克罗斯曼认为，他的责任是在委员会中提出《修正案》，但他认为下院应当热烈支持这个《议案》。休米·德拉吉（Hugh Delargy）是一位倡导议会监察专员运动的资深议员。他曾在1961年同约翰逊博士一起发起议会关于监察专员的辩论。他认为，克罗斯曼提交了一份非常好的《议案》，但它并非完美无缺，辩论中提出的很多问题又在委员会阶段中提出。德拉吉指出，事实上议会监察专员不能发起主动调查，而且地方当局、军队、警察都不在他的管辖权范围之内。①

工党后座议员的观点类似于哈兹尔丁、西沃曼和德拉吉的观点。他们支持引入议会监察专员，但又提出《修正案》。丹尼斯·科（Denis Coe）说，他需要证实议会监察专员排除调查医院的证据。他主张将议会监察专员扩展到地方当局，但他又不赞同克罗斯曼提出的由地方政府任命许多监察专员的建议。他认为，应当为警察和国有企业做些事情。他认为，安排监察专员就能解决所有不良行政问题的观点是不正确的。如同《怀亚特报告》所指出的，需要新的裁判所来解决这些问题。②

莉娜·杰格夫人（Mrs. Lena Jeger）对《议案》表示欢迎，但她说，我非常希望在委员会阶段（the Committee Stage）对于那些我认为是有必要的而又非常有效的条款进行彻底的改进。她指出《皇家少数派委员会关于警察的报告》（the Minority Report of the Royal Committion on the Police）中就曾倡导监察专员有权管辖警察的问题。三位签署这份报告的成员建议，如果在政府设置监察专员管辖整个公共领域，那么他也可以受理警察的申诉。她认为，地方当局任命监察专员是不够的，应当考虑设置地区监察专员调查公民对地方当局的申诉。她非常赞同将医院引入监察专员管辖范围。她认为军队中个人事务应当引入监察专员管辖范围，如有必要可以单独设立军事监察专员。③

戴维·韦茨曼（David Weitzman）认为，议会监察专员在调查公民被侵害的案件上应当被赋予自由裁量权，或者有权向裁判所上诉。然而《议案》第5款（2a）中拒绝议会监察专员的自由裁量权；《议案》第5款（2b）中赋予议会监察专员对于应由法院处理的案件有裁量权。韦茨

---

① Frank Stacey, *The British Ombudsman*, pp. 86–87.
② Frank Stacey, *The British Ombudsman*, p. 87.
③ Frank Stacey, *The British Ombudsman*, p. 87.

曼认为，《议案》应当修订使得议会监察专员对于这两种案件都有自由裁量权。他认为，医院应当包括在议会监察专员调查范围之内，由政府部门进行的合同或商业往来不应被排除在外，军队与文官的个人事务应当被纳入议会监察专员的调查范围之内。《议案》第 11 款（3）赋予大臣有权阻止议会监察专员查阅涉及国家安全或公共利益的文件应当修订，对于涉及公共利益的词句应当删除。①

约翰·李（John Lee）热烈欢迎《议案》，他将这个《议案》看作是最显著最有想象力的法律创新。他提出应当将附表中列出的排除议会监察专员调查的名单删除，并建议应当授权议会监察专员主动发起调查的权力。

杰瑞米·索普是唯一一位在辩论中发言的自由党议员。他的观点与大多数工党后座议员相似，虽然他也赞成希尔德爵士建议在《议案》二读之后考虑特别委员会的观点，但他批评地方当局被排除在调查之外。他的设想是特别委员会应当考虑处理议会和地方政府申诉的可能性。他认为卫生局和国有企业应当包括在监察专员体制之内。新的机构对于后座议员来说可能是一件非常有用的武器，但它没有赋予下院议员额外权力审查行政部门的不良行政。②

格温弗·伊万斯（Gwynfor Evans）说："我热烈欢迎《议案》，我想它有很好的目的。这是议会与公民控制行政部门的一种有效途径，我并不赞同（议会监察专员）会对下院议员造成威胁，但我确定这种目的完全能够实现。"③ 他主要希望能够为威尔士单独设立议会监察专员受理公民投诉威尔士当局的申诉。

苏格兰格拉斯哥市的工党议员约翰·兰金（John Rankin）插话说，他主张为苏格兰单独设立议会监察专员。约翰·霍布森总结了反对党的辩论。他说这次辩论有着明显的特征，那就是整体上欢迎这个《议案》，但同时也表达了对议会监察专员性质、影响、权力、地位、功能等产生的广泛忧虑。尽管"律师学院保守党协会"在他们的小册子中对《议案》提出了替代方案，他们要求保守党前座议员威廉·鲁特（William

---

① Frank Stacey, *The British Ombudsman*, p. 88.
② Frank Stacey, *The British Ombudsman*, pp. 89 - 90.
③ Frank Stacey, *The British Ombudsman*, p. 90.

Root）在辩论中发言声明他们的主张，但鲁特并没有在辩论中发言，这令霍布森感到非常遗憾。霍布森所关注的是议会监察专员的地位和权力。他说议会监察专员应当能够考虑政府部门的合同或商业往来，但这些并不包括在《议案》之中。他批评议会监察专员实际上并不能使申诉人获得赔偿，但之后 1967 年议会监察专员受理外交部关于萨克森豪森（Sachsenhausen）俘虏事件和 1968 年处理交通部的事件，涉事部门都给予了申诉人赔偿，这证实霍布森的忧虑是多余的。霍布森指出，议会监察专员不能审查自由裁量权的执行，他在《议案》中找不出这样的词句。关于这个问题，蒙罗-卢卡斯-图思在委员会中提出过，财政部小组已对此进行了再次评审，政府在报告阶段提出了修改意见。

霍布森希望议会监察专员成为议会的官员，他的真实意图是议会监察专员应当被议会两院撤销而非成为议会的官员，保守党在常务委员会中对此提出了《修正案》，但它存在缺陷，《修正案》之后进入了报告阶段。麦克德莫特必须回应广泛的争论，现在摆在他面前的是两个截然不同的观点。一方认为议会监察专员并非必须设立，另一方赞成设立议会监察专员，但认为《议案》做得不够，应当对《议案》进行进一步修正。争论的重点是第二类观点。持第一种观点的仅有霍格、欧文、利奥·阿布斯（Leo Adse）等人。其他保守党议员虽然对议会监察专员体制感到疑虑，但总的来说都赞成扩大议会监察专员的权力。

麦克德莫特首先必须回应霍格提出的反对意见。霍格认为，设置议会监察专员会削弱下院议员的权力。麦克德莫特争辩说，实际上议会监察专员是一位议会的官员，他的存在是为了避免这种事情的发生。议会监察专员要想受理公民的申诉，按照《议案》必须经过下院议员，由下院议员决定是否转交议会监察专员。因此，通过下院议员转交这种过滤机制，下院议员的权力并没有明显的削弱，反而显示出下院议员在英国政治中的重要作用。[1] 昆内尔小姐质问麦克德莫特，为什么不允许公民直接向议会监察专员申诉？这源于政府完全将议会监察专员作为议会官员的概念。麦克德莫特说，我们设想将"议会监察专员作为下院议员保

---

[1] Frank Stacey, *The British Ombudsman*, p. 92.

第二章 英国议会监察专员制度的确立时期（1961—1970）

护个人利益的补充，而非竞争者"①。

对于那些要求扩大议会监察专员权力的争论，麦克德莫特提出议会监察专员是否应当受理那些没有涉及不良行政的自由裁量的决定。如果我们允许议会监察专员受理这些案件，那么议会监察专员的决定将替代大臣的决定。他反问道，我们想要政府来统治呢，还是要议会监察专员来统治呢？

关于不良行政问题，麦克德莫特问道，我们应该怎样更加积极地界定什么是不良行政。我不想对界定作任何限制，但我认为丹宁勋爵在关于《弗兰克斯报告》辩论中的用词是非常有用的。丹宁勋爵认为，当部门以个人为代价滥用权力或错误地使用权力时，这时的行为属于不良行政的范畴。②

《议案》之所以没有将地方政府包括在议会监察专员调查范围之内，很可能源自于政府正在调查关于地方政府申诉的情况。根据地方政府委员会的报告，他们提出要重组地方政府的结构和内容，我们将从议会监察专员的工作中获得经验，可能为地方政府设计相似的程序。

关于警察之所以不在议会监察专员调查范围之内，是因为警察不属于中央政府管辖，这是警察领域排除在外的原因。尽管内政大臣对大都市警察负责，但他对都市警察的个人申诉并没有责任。麦克德莫特说，设置一个新的申诉体制处理警察的申诉，我们同意根据《1964年警察法》设立新的申诉程序，我建议我们首先看这个程序如何处理警察的申诉，再考虑是否应将警察包括在议会监察专员的调查范围之内。

关于议员提出的将国民医疗体制纳入议会监察专员制度之内的建议，麦克德莫特回答说，这是我们要好好考虑的一个难题。他指出，布罗德莫精神病院（Broadmoor）、兰普顿医院（Rampton）和莫斯赛德医院（Moss Side）这三个医院应该包括在议会监察专员的管辖范围之内。因为他们属于卫生部管辖，而其他医院不在中央政府部门的管辖范围之内。因此，议会监察专员对于它们没有管辖权。③

关于合同或商业往来之所以没有被纳入议会监察专员的调查范围之

---

① Frank Stacey, *The British Ombudsman*, pp. 59, 92.
② Frank Stacey, *The British Ombudsman*, pp. 92 – 93.
③ Frank Stacey, *The British Ombudsman*, p. 93.

内，是因为《议案》在原则上处理的是政府与被管理者的关系。当政府部门处理与外部个体之间的商业合同关系时，议会监察专员不能处理关于它们之间关系的申诉。

关于军队中的个人事务，麦克德莫特同样反对议会监察专员受理关于军队中个人事务的申诉。他说军队中的个人事务并不属于政府与被管理者的关系。但针对这种观点，人们会感到有点奇怪，这暗示了服务人员不是公民，因为公民能够向议会监察专员投诉国家机关。

总之，麦克德莫特的讲话是非常有才华的，但把它比作板球比赛，这就是一个巧妙的防守回局。他守口如瓶，在任何阶段都神情自若。然而没有人想要反对二读。①《议案》未经分组，辩论也仅仅在晚上10点前就结束了。关于《议案》中财政方案的辩论仅仅持续了短短几分钟就通过了。霍布森对麦克德莫特说，如果你请全体职工吃早饭，那么就能在议会监察专员公署雇佣他们。②霍布森也想知道财政方案是否能够用来支付处理申诉的工作人员的费用。麦克德莫特回答说，在他心中全体职工不仅包括官员，也包括所有文职人员、打字员和信息员所有人。至于其他问题，投票决定200000英镑财政方案将不仅能够支付职工的工资，而且也能够支付调查中需要的证人及其他人员的费用。

2.《议案》在下院委员会阶段

《议案》通过一读之后进入二读，在二读阶段下院议员提出自己的不同意见，但他们不能对《议案》基本原则进行改变。由于多数议员赞成《议案》，虽然他们对《议案》提出了自己的不同意见，但《议案》还是通过了二读进入委员会阶段。这一阶段主要是对《议案》进行逐条审议，是议会通过《议案》的最为重要的阶段之一。在二读辩论阶段，下院数量众多的议员都参加了会议，部分议员提出了修改意见，而进入委员会阶段则需要常任委员会（the Standing Committee B）集中各党主要关注议会监察专员制度的议员对《议案》提出的《修正案》进行逐条讨论，然后投票表决。委员会阶段从1966年10月27日到11月29日每逢星期二、星期四早上10点至晚上10点举行会议。在一个多月其间共举

---

① Frank Stacey, *The British Ombudsman*, p. 94.
② Frank Stacey, *The British Ombudsman*, p. 94.

行了 10 次会议讨论《议案》的《修正案》。"在任命议员去各常设委员会工作时，他们必须注意下院的组成，他们把这句话的含义理解为：各常设委员会的代表人数，应尽可能地依照各党在下院本身中代表人数的比例。"①

　　常任委员会的成员共有二十一人，由特设委员会（the Committee of Selection）挑选，特设委员会由相当高级别的下院议员组成且由议会提名。党鞭办公室的代表就在特设委员会中。特设委员会为《议案》的常任委员会挑取会员，这些会员有的对于《议案》有特殊兴趣，有的对于《议案》有专门知识。在二读辩论中发言的议员清楚地表示出他们对《议案》感兴趣。常任委员会八人在二读辩论中发过言。八名发言人中工党占六名，他们是丹尼斯·科、哈兹尔丁、约翰·李、西德尼·西尔弗曼、韦茨曼（他是唯一一位后座议员）、麦克德莫特。麦克德莫特在二读中回答过议员的提问，而且他是负责《议案》的大臣。后座议员约翰·兰金虽然没有在二读辩论中发言，但他曾打断讲话，提出应该为苏格兰设立议会监察专员。保罗·罗斯（Paul Rose）对改革有兴趣。亚历山大·莱昂（Alexander Lyon）是律师（lawyer），他非常渴望引入议会监察专员制度，还是之后议会监察专员特别委员会的成员。迈克尔·英格利希（Michael English）是一位部门管理人员，在地方工作了很多年。伊万·埃文斯（Ioan Evans）是工党党鞭。还有休·詹金斯（Hugh Jenkins）。工党议员共有十二人。

　　保守党两位议员在二读辩论中发过言。他们是弗莱彻-库克、蒙罗-卢卡斯-图思。鲁特虽然没有在二读辩论中发言，但他作为常任委员会中反对党保守党领袖参会。其余议员有约翰·福斯特爵士（Sir John Foster），他长期以来一直和监察专员运动有联系。他在 1958—1960 年间担任"司法界"执行委员会副主席，在 1961—1962 年间担任主席。安东尼·巴克（Anthony Buck）是大律师（barrister），安东尼·格兰特（Anthony Grant）是初级律师（solicitor）。克兰利·翁斯洛（Cranley Onslow）是记者，他曾在外交部工作过九年。琼·维克斯女爵士（Dame Joan Vichers）有相当丰富的地方政府工作经验。还有罗伯特·格兰特-

---

①　[英] 艾弗尔·詹宁斯：《英国议会》，蓬勃译，商务印书馆 1959 年版，第 290 页。

费里斯中校（Wing Commander Robert Grant-Ferris）。保守党议员共有九人。

经过激烈的讨论，《议案》大部分条款获得通过。最有争议的是第5款。第5款是关于议会监察专员调查的条款。本款并没有在第二次会议上投票表决，第二次会议的大多数时间、第三、四次会议全部时间和第五次会议的部分时间都是讨论第5款的内容。它成为整个委员会阶段耗时最长的一款，也是整个《议案》非常关键的地方。韦茨曼对《议案》第5款提出的《修正案》是少数获得通过的《修正案》之一。韦茨曼提出在以下两种情况下，议会监察专员不能执行调查：1. 申诉人可以向行政裁判所咨询、上诉和请求审查的任何行为；2. 申诉人能够通过法院获得救济的任何行为。韦茨曼的《修正案》引出的问题是如果申诉人不能通过裁判所或法院获得救济，或者申诉人对于处理结果不满意可以向议会监察专员申诉。

麦克德莫特认为，如果接受韦茨曼的《修正案》，那么议会监察专员将具有上诉法庭的作用。保守党中维克斯女爵士、巴克、福斯特以及鲁特都支持韦茨曼的《修正案》。蒙罗－卢卡斯－图思虽然也支持这个《修正案》，但他同时也认为《修正案》有点偏离目的，不过比起条款原文他更愿意接受《修正案》。工党方面，西尔弗曼、兰金和莱昂都支持韦茨曼的《修正案》。虽然他们也不想议会监察专员成为行政裁判所的上诉法庭，但他们意识到案件的晦暗不明往往是不公正发生的原因。英格利希的观点与西尔弗曼等人类似，他建议麦克德莫特接受韦茨曼经过修正后的法案。麦克德莫特在这个《修正案》的问题上面临着支持自己的工党与所有保守党成员结成同一阵线。于是就《修正案》进行投票表决，结果以12：7获得通过。这是《议案》中被接受的最重要的《修正案》之一。虽然麦克德莫特并不赞成这条《修正案》，但在之后的报告阶段也没有被推翻，而成为《法案》的一部分。①

除此之外，委员会阶段对《议案》附件第3部分第8款中排除医院属于议会监察专员调查范围进行了激烈的辩论。鲁特提出的《修正案》建议删除该段。他认为，将医院从议会监察专员调查中排除将会使他变

---

① Frank Stacey, *The British Ombudsman*, pp. 105－121.

第二章 英国议会监察专员制度的确立时期（1961—1970）

得非常弱小。地方政府和国有企业被排除，是因为大臣不能质询他们的内部管理，但卫生大臣却可以质询地区卫生局、教学医院理事会和医院管理委员会的活动。麦克德莫特认为，之所以排除医院是因为以下五个原因。1. 医院地位特殊与众不同。医院当局与地方政府的官员不同。虽然医院对卫生大臣负有责任，但在实践上医院独立的地位并不适用于卫生部，而议会监察专员只能调查卫生部的申诉。2. 医院只是国民医疗服务制度的组成部分。全科医生也由执行委员会（the Executive Council）管理，而执行委员会并不代表卫生大臣行事。因此，它们不包括在《议案》中。社会福利也属于国民医疗服务制度的组成部分，而他们由地方政府管理。因此，它们也不包括在《议案》中。3. 医院大量的申诉涉及到临床判断。议会监察专员不具备这方面的技术以及医疗知识和能力。4. 医院申诉的调查程序已经改革。1966年3月7日，卫生大臣通知所有医院当局按照推荐的方法处理申诉。5. 应当考虑不要使议会监察专员负担过重。如果将医院包含在议会监察专员管辖范围之内，它的功能将扩大，而负担也将加重。

麦克德莫特回应鲁特的理由遭到委员会两党议员的反对。巴克说，在他看来，大臣（麦克德莫特）对于医院申诉程序的观点增加了对议会监察专员的监督。大臣所描述的程序没有法定权限，它对医院当局并没有强制性。如果有人破坏程序，又没有强制性，那么议会监察专员调查的观点就马上产生了。韦茨曼持类似的观点。假定医院理事会采取了卫生大臣提出的处理程序，结果相关官员出现错误，议会监察专员为什么没有权力调查它。弗莱彻-库克认为大臣的观点并不能为将加重议会监察专员的负担作很好的辩护。他认为，医院是一个存在很多申诉的地方。他也批评大臣关于议会监察专员不具备调查医院的知识的观点。至于大臣所言调查医院将会使议会监察专员负担过重，莱昂说在全科医生、地方当局福利服务和卫生局之间存在重叠，这并不需要议会监察专员的调查。在调查案件中，申诉的真正负担是全科医生而非医院当局。蒙罗-卢卡斯-图思完全赞同莱昂的观点，他有教学医院理事会多年工作经验，他认为卫生局与地方当局并无二致。他不赞同议会监察专员调查临床问题，但医院管理局应当属于议会监察专员的调查范围。英格里希也赞同医院管理局应当属于议会监察专员调查范围的观点。维克斯女爵士和丹尼斯·科也赞同《修正案》。在辩论中除大臣之外，没有一个人原则上支持将医院排除在议会监察专员调查范围之外的。当就《修正案》投票时，七位工党赞成，八位保守党反对。这就意味着第3部分第8款必须从《议案》中删除，但他们的胜利是短暂的，在报道阶段大臣利用议会多数再次通过此款。

1967年1月24日，《议案》进入下院的报告阶段。报告阶段对委员会阶段提出的新的《修正案》进行辩论，于是《议案》很多方面在修辞上进行了细微改动。有两项《修正案》对《议案》影响最大。第一项是由韦茨曼提出的关于第5款的《修正案》。第5款允许议会监察专员调查法院和裁判所不能令申诉人满意的案件。这个《修正案》获得通过，最终成为《议案》的条文。另一项是由保守党提出的关于附件第3部分第8款的《修正案》。它提出医院应当纳入议会监察专员管辖范围，这个《修正案》虽然在委员会阶段获得通过，但成为报告阶段重点讨论的《修正案》。最终在工党占优势下被否决，这是政党投票的结果。工党多数支持本党否决将医院纳入调查范围，而保守党则支持本党提出的赞同将医院纳入调查范围的《修正案》。报告阶段结束后《议案》进入三读阶段，此阶段仅花费15分钟就获通过。

1967年2月8日，《议案》进入上院二读阶段。在此阶段与下院相似。上院提出了许多问题，包括议会监察专员受理申诉途径等方方面面的问题。2月21日《议案》进入上院辩论阶段，3月7日进入报告阶段。在上院其间最为重要的就是辩论阶段和报告阶段。上院这两个阶段与下院不同。下院的委员会阶段会对每一条款都进行详细的辩论，而报告阶段则对新的《修正案》进行辩论表决。上院的委员会阶段集中讨论五个问题：1. 不良行政问题。2. 地方政府是否引入监察专员调查范围问题。3. 上院议员与下院议员都作为转递申诉的渠道问题。4. 议会监察专员向下院提交报告时也向上院提交报告问题。5. 医院纳入议会监察专员调查范围的问题。上院在辩论中就前四个问题向政府作出了重要让步，但第五个问题在上院进行了激烈的讨论，但相似的《修正案》在下院委员会阶段讨论附件第3部分第8款时就已提出，而且《修正案》还获得通过。结果在下院报告阶段大臣利用议会多数予以否决。在上院委员会阶段虽然上院议员建议将医院纳入调查范围，但还是遭到其他议员反对，

第二章　英国议会监察专员制度的确立时期（1961—1970）

结果提出《修正案》的韦德勋爵只得撤销《修正案》。3月9日《议案》进入上院三读阶段，上院仅用了10分钟就予以通过。3月22日《议案》获得女王伊丽莎白二世的批准，成为《法案》。

第三节　议会监察专员制度的组织机构及其初步运行（1967—1970）

一　议会监察专员制度的组织机构

（一）议会监察专员公署

康普顿[①]自1966年9月1日上任以来直至次年4月1日《法案》生效其间，一直忙于组织公署。议会监察专员在英国是一个新的职位，公署作为新的机构，一切都是新的，应当如何运作，康普顿都必须要面对。这也是威尔逊选择康普顿担任议会监察专员公署这一新机构的新职位的原因。康普顿自1929年进入政府至1966年被任命为议会监察专员，已在政府工作了37年，年届60岁。他经历了政府各种职位，而在财政部时间最久，长期的文官生涯练就了他的精明强干，八年的总审计长工作经历使得他对监察和审计工作了如指掌，而议会监察专员将是又一个如同总审计长的职位。总审计长的任务是监察和审计财政收支情况，而议会监察专员则是调查公民对于中央政府部门不良行政的投诉。两种职位有着许多相似的地方，这为他组织新的机构招募新的属员提供了得天独厚的条件。但英国议会监察专员制度与已经拥有这种制度的国家诸如斯堪的那维亚的瑞典、丹麦以及盎格鲁—萨克逊的新西兰的议会监察专员制度明显不同。这些国家的议会监察专员制度为英国提供了可供借鉴的

[①]　艾德蒙·康普顿爵士（Sir Edmund Compton）生于1906年7月30日，1925年进入牛津大学新学院（New College, Oxford）学习，1929年进入内政部，1930年转入殖民部，1931年转入财政部成为一名文官，1940年被借调到飞机制造部（the Ministry of Aircraft Production）担任本部大臣比弗布鲁克勋爵（Lord Beaverbrook）的私人秘书，1942年返回财政部，1947年成为常务次官（Under-Secretary），1949年成为三等秘书（Third Secretary），1958年担任国家审计署总审计长，1966年8月4日被工党首相威尔逊任命为英国第一任议会监察专员，9月1日上任。1967年4月1日议会监察专员公署正式开始受理公民申诉。1971年3月31日年届65岁的艾德蒙·康普顿辞去议会监察专员职务。1971—1978年间艾德蒙·康普顿担任英格兰地方边界委员会主席，同时自1972—1981年间担任英国国家广播公司（the British Broadcasting Corporation, BBC）节目投诉委员会主席，1994年3月11日离世。

理论基础和实践经验，同时它们的不同也给英国提出了新的思考空间。因此，英国议会监察专员公署的组织机构主要借鉴了瑞典、丹麦和新西兰的经验，同时融合了英国具有百年经验的总审计长制度。

1. 议会监察专员公署的组建

（1）借鉴他国议会监察专员公署的组建经验。《议案》尚在制定阶段，威尔逊就宣布了对康普顿的任命，虽然顶着巨大的压力，但要想新的机构能在《法案》通过后尽快运转，提前任命是唯一的办法。康普顿为了获取别国建设议会监察专员制度的经验，曾亲自奔赴新西兰，访问它的议会监察专员公署，并与首任议会监察专员盖伊·波尔斯爵士（Sir Guy Powles）交流经验。波尔斯向康普顿介绍了他们的调查方式。康普顿最感兴趣的是新西兰议会监察专员公署受理申诉的方式，他们采取了斯堪的那维亚的瑞典、丹麦等国直接受理的形式，而英国议会监察专员将采取下院议员转交的间接方式。为此，康普顿尤其想知道波尔斯是如何处理与部门和议会之间关系的。同时他们也讨论了《新西兰议会监察专员法案》中广泛的调查范围，这对康普顿来说尤为重要，因为英国的《法案》对于议会监察专员调查范围作了种种限制。

对于斯堪的那维亚国家，康普顿未能亲自访问，而是安排公署秘书埃德温·赛克斯（EdwinSykes）访问瑞典和丹麦。赛克斯回国后向康普顿报告说，斯堪的那维亚国家的监察专员有五个特征：

1. 监察专员在这两国中扮演着行政法官的角色。
2. 监察专员通过"上诉的方式"审查政府当局。
3. 监察专员的调查范围在司法上没有明确的界定。
4. 监察专员人员不多且采取非正式的方式进行工作。
5. 监察专员与议会委员会关系并不密切。[①]

赛克斯同时也指出这两国人口数量少，实际上这两国的监察专员还有一些其他特征。如直接受理公民的申诉、受理申诉的领域和范围相当广泛等。

从报告中，康普顿与赛克斯得出结论，因为英国与斯堪的那维亚国家差异太大，所以这两国的监察专员制度对于英国来说借鉴价值并不大，

---

① Frank Stacey, *The British Ombudsman*, pp. 241-246.

第二章　英国议会监察专员制度的确立时期（1961—1970）

这表现在三个方面：

1. 英国议会监察专员并不起行政法官的作用。
2. 英国议会监察专员的管辖范围有着严格的限定。
3. 鉴于人口众多，英国议会监察专员有必要建立非常规范的组织机构。①

（2）借鉴总审计长机构的组织经验。英国总审计长一职始于1866年，由时任财政大臣威廉·格莱斯顿（William Gladstone）根据《1866年国库与审计部法案》（*the Exchequer and Audit Departments Act 1866*）设立，由公共账目委员会监督并审议他的工作。总审计长的主要工作是负责监督公款的发放，审查各部的账目。艾弗尔·詹宁斯认为，总审计长有两个头衔，他既是国库收支的监察长，也是公共账目的审计长，根据前一个头衔，他监督公款的发放；根据后一种头衔，他审核所有部门的账目，编出"拨款账目"并将其呈送议会。② 总审计长由首相提名并征得公共账目委员会主席同意后由国（女）王任命，终身任职直至退休，除非议会两院同时提出请求经国（女）王同意才能免职。总审计长任职其间不得担任下院议员，也不得参加政党活动，政治上保持中立。总审计长代表下院审核账目，向议会提交报告。"财政大臣在1885年把他（总审计长）正式形容为'下院的一个官员'。这种形容虽然正确，却不应由此假定，说他是由下院本身、由管理下院的委员们、或由下院的任何官员所任命的。作出这种形容的理由是，他代表下院审核账目，并直接向下院报告。他的地位在事实上很像一个法官的地位。他是由王权任命的；但与王权的其他官吏不同，他只要不违法失职，任期是终身的，但议会两院同时上书请求时，王权可以将其免职。在享受王权信任其间，他不许担任其他官职，不得成为下院议员，亦不得成为贵族。他的薪金4500镑，像一个法官的薪金一样，是由统一基金负担的。"③

总审计长的属员很多，据说有280人之多，④ 但这些人员都是分布在

---

① Frank Stacey, *The British Ombudsman*, pp. 241-246.
② ［英］艾弗尔·詹宁斯：《英国议会》，蓬勃译，商务印书馆1959年版，第338页。译者将"Comptroller and Auditor-General"翻译为"监察与审计长"。
③ ［英］艾弗尔·詹宁斯：《英国议会》，蓬勃译，商务印书馆1959年版，第337页。
④ ［英］艾弗尔·詹宁斯：《英国议会》，蓬勃译，商务印书馆1959年版，第343页。

各部的文官，且他们并不脱离本部的工作。"总审计长的属员是在各部就职的，他们事实上是在各部岗位上调来调去的。"① 总审计长是议会的官员，而他首先是文官。相比总审计长，《法案》对议会监察专员作了这样的规定，"任职终身直至年满65岁退休，在其本人的要求下或在议会两院的请求下，可由国（女）王解除其职务；任职其间不得担任下院议员或北爱尔兰的参议员或众议员；年薪8600英镑，由统一基金发放；议会监察专员可以任命自己的工作人员，人数和工作条件由财政部决定"②。通过比较不难看出，英国议会监察专员与总审计长极为类似。实际上，英国在制定《法案》时即强调它与其他国家监察专员的差异性，同时又强调本国的特色，这就是以总审计长制为参照标准。

2. 英国议会监察专员公署的特征

英国议会监察专员公署在组建的过程中主要借鉴了英国的总审计长制。其实劳森教授早在1957年就建议在英国设立监察专员式的机构，倡导设立行政检察总长职位，而这个职位与总审计长极为相似。之后，英国议会监察专员公署的组织特征基本以总审计长公署为参照标准。这是威尔逊选择康普顿作为首任议会监察专员的原因之一。康普顿上任以后在组织议会监察专员公署、招募工作人员以及运行规则制定中更是借鉴了他曾任职的总审计长工作经验。所以初期的议会监察专员公署具有以下明显的特征。

第一，议会监察专员公署的文官特性。英国议会监察专员以中央政府部门为调查对象，强调调查对象的行政性质，就连初期的议会监察专员都是高级文官。首任议会监察专员康普顿是文官且担任过总审计长。第二任艾伦·马尔爵士（Sir Alan Marre，1971—1976年在任）、第三任伊德沃尔·沃恩·皮尤爵士（Sir Idwal Vaughan Pugh，1976—1978年在任）都是高级文官，直到第四任塞西尔·克洛西尔爵士（Sir Cecil Clothier，1978—1984年在任）这位律师才打破英国议会监察专员文官特征这一现象。这与瑞典、丹麦和新西兰的情况不同。"斯堪的那维亚的监察专员总是受过法律训练，他们中很多人是法官，而丹麦议会监察专员斯

---

① ［英］艾弗尔·詹宁斯：《英国议会》，蓬勃译，商务印书馆1959年版，第340页。
② Parliamentary Commissioner Act 1967: Chapter 13, pp. 1-2.

蒂芬·赫尔维茨则是法学教授。新西兰议会监察专员盖伊·波尔斯虽参过军也曾当过外交官,但也受过法官训练。"① 瑞典《政府组织法》第96条规定,议会监察专员应当由"具有杰出法律才能且秉性正直的人士"担任,② 而且往往从法官或律师中选举产生。

第二,议会监察专员公署工作人员的文官特性。康普顿的文官身份也影响到公署的其他人员。根据《法案》,"议会监察专员可以任命自己的工作人员,人数和工作条件由财政部决定"③。这一点与总审计长制度相同,当康普顿担任总审计长时,他就可以自行任命工作人员,而他们都是来自各部的文官。"总审计长的属员是在各部就职的,他们事实上是在各部岗位上调来调去的。"④ 康普顿担任议会监察专员之后,在挑选公署工作人员时继承了这一传统,他的工作人员清一色都是从各部挑选的精明强干的文官。"首任行政专员艾德蒙·康普顿……从文官中选择他的全部工作人员。"⑤ 以公署秘书赛克斯为例,就曾担任过英国驻巴基斯坦副高级专员。总审计长的工作人员是临时抽调的,工作完成之后就回到原部门工作,而议会监察专员公署的工作人员是较为固定的。康普顿"不让他们在这些部门中继续工作,而是从他们工作的政府部门中抽调出来"⑥。只是他们在公署"工作一段时间(一般为三年)之后才返回了原部门"⑦。这是与总审计长制中不同的地方,也是英国议会监察专员公署在康普顿主持下具有的初步特征。

第三,议会监察专员公署法律的淡薄。议会监察专员公署监察专员和工作人员都是文官,没有法律人员,这是英国的特色,也是英国议会监察专员公署的初期特征。"议会监察专员没有自己的法律顾问。"⑧ 当1968年5月22日特别委员会举行会议时,委员会成员弗莱彻-库克就

---

① Frank Stacey, *The British Ombudsman*, p. 243.
② [瑞典] 本特·维斯兰德尔:《瑞典的议会监察专员》,程洁译,清华大学出版社2001年版,第5页。
③ Parliamentary Commissioner Act 1967: Chapter 13, pp. 1-2.
④ [英] 艾弗尔·詹宁斯:《英国议会》,蓬勃译,商务印书馆1959年版,第340页。
⑤ 龚祥瑞:《比较宪法与行政法》,第502页。
⑥ 龚祥瑞:《比较宪法与行政法》,第502页。
⑦ Frank Stacey, *The British Ombudsman*, p. 246.
⑧ Frank Stacey, *The British Ombudsman*, p. 273.

此事要求康普顿向委员会作出解释时，他说，他主要接受财政部律师的建议，至于其他的建议，则从相关被投诉部门的律师和皇家法官（the Law Officers of the Crown）那获得。①

这种特征与瑞典、丹麦和新西兰不同，这些国家不仅监察专员是受过法律训练的，就是工作人员也多是律师。以瑞典为例，议会监察专员公署"秘书处成员约有五十位，其中三十位是律师"②。而英国议会监察专员公署初期全是文官没有律师。对此，康普顿曾解释说："议会行政专员没有必要有自己的法律顾问，行政专员和他的工作人员的作用，就如同行政机构内的内部行政、账目检查一样，需要的只是行政方面的经验和能力。"③ 这再次显示出议会监察专员公署的组织特征与总审计长机构的相似性。由此可见，作为首任议会监察专员的康普顿对于公署的影响。罗伊·格雷戈瑞等人批评说："可悲的是公署缺乏专门法律知识。"④

直到第四任议会监察专员克洛西尔就任后，作为律师的他开始从文官之外聘用工作人员，而且开始有了自己的法律顾问。议会监察专员公署成立之后，由康普顿遴选工作人员，初期人员并不多，1969年公署共有"调查人员三十人，除艾德蒙·康普顿为议会监察专员外，其余都是辅助人员，他们都是文官"⑤。而十年后，公署工作人员发展到五十七人，其中"有38名正式职员和19名辅助人员"⑥。

议会监察专员公署和工作人员在《法案》通过后不久就已准备妥当，保证公署在1967年4月1日正式办公。

3. 议会监察专员公署的调查流程

议会监察专员公署开展调查案件需要一定程序。这是英国政府有意为之。这与当时已经设立监察专员制度的国家不同。最早（1809年）设立监察专员的瑞典和当时最晚（1962年）设立这个制度的新西兰都没有

---

① Frank Stacey, *The British Ombudsman*, p. 273.
② ［瑞典］本特·维斯兰德：《瑞典的议会监察专员》，程洁译，清华大学出版社2001年版，第23页。
③ 龚祥瑞：《比较宪法与行政法》，第502页。
④ Roy Gregory & Jane Pearson, "The Parliamentary Ombudsman after Twenty-Five Years", *Public Administration*, Vol. 70, No. 4, 1992, p. 470.
⑤ Frank Stacey, *The British Ombudsman*, p. 246.
⑥ 胡康大：《英国的政治制度》，社会科学文献出版社1993年版，第245页。

的程序就是下院议员过滤机制。这些国家的公民或法人当发现自己受到不公正待遇时可直接向议会监察专员投诉,然而在英国要想向议会监察专员投诉需要大致五个步骤:

第一步,受害人要向"下院议员提出书面申诉"①。由下院议员(一般为本人所在选区的下院议员)决定是否将申诉转交议会监察专员,如果下院议员认为不符合转交要求,则拒绝转交。受害人只得向其他下院议员提交申诉,否则向议会监察专员申诉将告终止。如果下院议员决定将申诉转交议会监察专员则调查程序进入第二步。

第二步,议会监察专员公署收到申诉之后将核实是否属于自己的调查范围之内以及是否为不良行政。在此阶段有下列六种情形之一,议会监察专员将拒绝受理:

1. 书面申诉不是下院议员要求调查的。
2. 没有证据表明申诉人同意下院议员将申诉交给议会监察专员。
3. 根据《法案》规定,投诉政府部门的行为不适合调查。
4. 投诉行为排除在《法案》附表3(不适宜调查的部门和当局)之外。
5. 被投诉的个人或个人的代表排除在《法案》第6款之中(例如来自地方政府、国有企业等申诉不在调查之列)。
6. 受害人不在英国定居或相关行为发生时不在英国或涉及的权利不在英国。②

除了以上六种情形之外,案件超过受理期限(如果不适宜超期受理)或者受害人有权向法院或裁判所上诉,议会监察专员也不会受理。如果申诉属于以上各种条件,议会监察专员将拒绝受理申诉,但议会监察专员要向下院议员提交拒接调查的书面说明材料。如果申诉不属于以上各种条件,议会监察专员将受理申诉。调查程序进入第三步。

第三步,当受害人的申诉符合调查条件之后,议会监察专员将申诉送到相关部门的主官手中,等候主官的回复再决定是否有必要进行调查。主官能够妥善处理并能使受害人获得满意,议会监察专员将停止调查,

---

① Parliamentary Commissioner Act 1967: Chapter 13, p. 3.
② Frank Stacey, *The British Ombudsman*, p. 245.

案件结案。议会监察专员将结案报告草案送到转交申诉的下院议员、部门主官和申诉中提到的任何人。部门在此阶段核实报告草案是否属实以及是否允许向媒体公开。如果议会监察专员认为有必要进行深入调查,则调查程序进入第四步。

第四步,当议会监察专员决定调查案件之后,议会监察专员公署将派人到相关部门取得与申诉相关的档案材料,并从相关部门和受害人处取得证据。议会监察专员公署将报告结果的草案送到转交申诉的下院议员、部门主官和申诉中提到的任何人。在此阶段部门可以核实草案中记录是否属实以及是否同意向媒体公开。如果相关部门承认错误,能够作出妥善处理并令受害人满意,调查结案。议会监察专员将结案报告送交受害人、转交申诉的下院议员和相关部门。如果相关部门拒绝承认错误,也不采取妥善措施,调查将进入第五步。

第五步,相关部门拒绝承认错误,也不采取妥善措施,议会监察专员将向特别委员会提交报告,征得委员会同意,可以向议会两院提交特别报告,给相关部门造成压力,从而迫使他们承认错误,采取妥善措施。

议会监察专员公署的调查程序是英国议会监察专员制度不同于其他国家的显著特征。虽然通过调查程序部分符合条件的申诉人获得了赔偿,但英国议会监察专员公署的调查程序却将很多申诉拒之门外。与其他国家相比,英国议会监察专员公署受理申诉的数量很少,成为受人诟病的重要原因。

(二) 议会监察专员特别委员会

1. 特别委员会的由来

议会监察专员特别委员会 (the Select Committee on the Parliament Commissioner for Administration,以下简称"特别委员会")是议会监察专员与议会之间沟通的桥梁,它对议会监察专员起着领导和监督的作用,议会监察专员要向它提交报告,并接受它的审查。议会监察专员除年度报告和特别报告向议会两院提交之外,其余调查报告通常也要向特别委员会提交。特别委员会概念的提出几乎是与监察专员概念同时出现的。劳森教授早在1957年建议在英国设立监察专员式的机构时,就建议设立行政检察总长一职,"行政检察总长的任期及与议会的关系如同总审计

第二章　英国议会监察专员制度的确立时期（1961—1970）

长与公共账目委员会一样……如果行政检察总长发现申诉属实且申诉人未能获得满意答复，他或者采取法律程序或者向下院委员会提交报告，类似于总审计长向公共账目委员会提交报告一样"[1]。可以说，劳森教授提出行政检察总长与下院委员会的关系如同总审计长与公共账目委员会的关系是之后英国议会监察专员与特别委员会的先声，也是特别委员会产生的最早阐述。

《怀亚特报告》在提到议会监察专员与议会关系时，认为议会也应当对议会监察专员有影响，而议会监察专员的地位与总审计长一样。[2]这实际上为特别委员会的设立以及仿效公共账目委员会提供了理论基础。当英国决定设立议会监察专员时，特别委员会的设立已是时间早晚的问题了。1964年7月3日还是反对党领袖的威尔逊在斯托马基特的公开会议上说："我们建议设立议会监察专员或公民权利专员……代表公民利益对于影响个人权利和福利的政府决定展开调查……他独立于政府和行政机器之外，只对议会负责……专员的报告向议会提出，当然由议会质询。但另外，议会应当有肩负重任的特别委员会，它的职责是审查专员的周期性报告并将其向议会汇报。"[3] 在此，威尔逊提出要设立监察专员式的机构且与之相联系的特别委员会。由此可以确定只要设立监察专员式的机构，那么就将设立接受其报告的特别委员会。在《议案》还在下院委员会阶段，麦克德莫特就曾明确提出，当《议案》通过后，政府建议设立特别委员会，主席由反对党议员担任。

实际上，从劳森教授1957年提出设立行政检察总长理论起，特别委员会的基本轮廓就有了可供参考的对象。劳森认为，将来的行政检察总长与下院委员会的关系如同总审计长与公共账目委员会的关系。公共账目委员会由格莱斯顿于1861年设立，它的任务是负责监督政府的支出，并确保其有效和诚实，被视为确保政府财政正常运作的透明度和问责制的关键机制，是下院重要的专门委员会之一。公共账目委员会"有委员十五人。依照惯例，这些委员是按照下院中各政党投票实力来产生的。

---

[1] Frank Stacey, *The British Ombudsman*, p. 7.
[2] Frank Stacey, *The British Ombudsman*, p. 26.
[3] Labour Party News Release of Harold Wilson' Speech at Stowmarket, 3 July 1964, in Frank Stacey, *The British Ombudsman*, p. 42.

同时依照惯例，总是选一个反对党的议员担任主席。在事实上，通常任命在反对党所组成的上届政府中担任财政部财政司司长的议员为主席"①。麦克德莫特就是财政部财政司司长。特别委员会就是仿照公共账目委员会组建的，它也是下院的一个专门委员会。下院往往有多个委员会专门负责某项工作。如公共账目委员会，主要任务是负责监督政府的支出，而议会监察专员特别委员会主要任务是负责监督议会监察专员，审查他提交的报告。只不过，公共账目委员会在下院中的作用比议会监察专员特别委员会更为重要而已。

2. 特别委员会的组织机构

（1）特别委员会主席的人选

1967年4月1日，议会监察专员公署开始正常办公之后，特别委员会的筹备工作就已开始。一些支持议会监察专员制度的工党下院议员希望本党议员霍顿担任特别委员会的主席。因为霍顿已于1967年1月辞去大臣职务，4月被选举为议会工党主席主持内阁委员会，且曾担任过公共账目委员会主席，最为重要的是他支持议会监察专员运动。当然，工党的希望最终还是落空了。因为按照以往惯例下院特别委员会主席往往由反对党党员担任。公共账目委员会主席就是由反对党党员担任的。现任公共账目委员会主席由保守党议员约翰·博伊德－卡彭特担任（John Boyd-Carpenter，1964—1970年），而霍顿正是工党在野时担任此职的（此时康普顿正担任总审计长）。当工党在1964年大选获胜后他就辞去了主席职位，由沦为在野党的议员博伊德－卡彭特担任现任主席。特别委员会是仿照公共账目委员会来组织工作的，况且麦克德莫特在《法案》还在下院委员会阶段时就曾明确提出将来由反对党议员担任特别委员会主席。保守党并不赞同工党的意见，他们重申麦克德莫特的声明，并希望履行承诺。同时，保守党推荐本党曾参加《法案》委员会阶段的议员蒙罗－卢卡斯－图思担任主席。蒙罗－卢卡斯－图思虽然并非强烈支持《法案》，他提出要求议会监察专员调查特定领域的申诉如医院领域，但他的《修正案》被否决了。因此，对于很多反对监察专员概念的反对党议员来说，蒙罗－卢卡斯－图思是合适的人选。最终霍顿拒绝接

---

① ［英］艾弗尔·詹宁斯：《英国议会》，蓬勃译，商务印书馆1959年版，第347—349页。

受作为特别委员会主席职务的提名,结果保守党推荐获得通过,蒙罗－卢卡斯－图思当选特别委员会主席。

(2) 特别委员会人员的构成

特别委员会主席的人选确定以后,接下来是遴选特别委员会的成员,最终选定十人,加上主席蒙罗－卢卡斯－图思本人共有十一人。特别委员会成员的组成按照公共账目委员会以及特别委员会传统的惯例与各党在下院的实力相一致。包括保守党议员四人,工党议员六人,自由党议员一人。保守党除了蒙罗－卢卡斯－图思之外,其他三人中有两人与主席一样也是《法案》在委员会阶段的成员,他们是巴克和弗莱彻－库克。另一位保守党议员为艾琳·沃德女爵士(Dame Irene Ward)。工党议员有后座议员莱昂,他支持加强议会监察专员的地位,扩大议会监察专员的权力。还有工党党鞭乔治·劳森(George Lawson)和工党内政部议会联合秘书维克托·耶茨(Victor Yates)。其余三位都与工会组织有联系,肯尼思·洛马斯(Kenneth Lomas)任全国公共雇员联合会支部书记;玛格丽特·马凯夫人(Mrs Margaret MacKay)曾任工会代表大会首席女官;阿瑟·普罗伯特(Arthur Probert)是地方官员,同时也是阿伯代尔商业理事会司库。自由党议员为温斯坦利,他曾在1966年批评议会监察专员的建议,不过他倒是支持地方监察专员的方案。特别委员会反映了不同政党,不同职业,代表不同利益团体的组合。1967年11月23日,下院宣布特别委员会成立。

3. 特别委员会的作用

特别委员会成立之后于1967年11月29日举行第一次会议,12月13日举行第二次会议,委员们开始审核议会监察专员提交的第一份报告。这份报告是关于议会监察专员公署前七个月的工作情况。在这次报告中康普顿提到了关于萨克森豪森俘房事件的申诉。议会监察专员接受了下院议员转交的申诉,为此展开调查并支持申诉人的申诉。康普顿指出,外交部在此问题上处置不当,特别委员会支持康普顿的意见并提供积极的帮助,这是议会监察专员公署开始运行以来受理的具有较大影响的案件。最终,康普顿在特别委员的支持下促使外交部承认错误,并对申诉人提供了赔偿。经过这件事之后,议会监察专员公署影响开始扩大,原来对其抱有怀疑甚至反对的人开始改变态度,支持它的工作,特别委员会中的成员也开始积极支持议会监察专员公署的工作。特别委员会在议会监察专员制度中起着积极作用。在特别委员会的支持下，议会监察专员的工作得以顺利进行。具体来说，特别委员会在议会监察专员制度中的作用表现在以下几个方面。

（1）特别委员会支持议会监察专员的工作。特别委员会对于议会监察专员在调查中提出的合理建议往往给予支持，从而使得他能够更加顺利更加有效地推动调查工作。从萨克森豪森俘房事件中可以看出，特别委员会对于议会监察专员的工作起着重要作用。在外交部对于议会监察专员提出的合理建议未被采纳的情况下，特别委员会支持议会监察专员将关于萨克森豪森俘房事件写进报告提交议会，对外交部造成压力，最终迫使他们承认错误，接受议会监察专员的批评，并给予申诉人赔偿。这在议会监察专员公署成立不久，声誉不高，质疑不断，反对之声不绝于耳的情况下使调查工作取得了巨大成功，从而提高了议会监察专员公署的声誉，消弭了质疑与反对，也使政府部门产生压力加强自律，重视议会监察专员的建议，积极配合议会监察专员的调查工作。这说明特别委员会在议会监察专员公署初建时期起到了积极促进的作用。"专门委员会（特别委员会）能增强特派员（议会监察专员）的调查结果和建议的力量，同时，它的支持——加上特派员需要经上下两院同意才能免职的规定——可以在一定程度上保护他，使之避免受到行政官员的攻击或被任意免职。"[①]

（2）扩大议会监察专员的权限范围。按照《法案》规定，议会监察专员不能调查关于政府部门的规章制度的申诉。由于规章制度本身存在不合理从而导致不公正，这种不公正并不涉及不良行政，议会监察专员无权处理此类案件。这种规定对议会监察专员造成了束缚。为此，特别委员会在1967—1968年度第二个报告中建议，"议会监察专员能够批评政府部门因没有审查部门规则从而导致的不公正"[②]。特别委员会与政府部门召开会议讨论相关问题，最终使得议会监察专员将由于部门规章制度缺陷导致的不公正列为不良行政，从而使议会监察专员对于不良行政

---

① [英]约翰·格林伍德、戴维·威尔逊：《英国行政管理》，汪淑钧译，商务印书馆1991年版，第274—275页。
② Frank Stacey, *The British Ombudsman*, p. 281.

第二章　英国议会监察专员制度的确立时期（1961—1970）

的解释权得以扩大，也使他能够批评政府部门，促使他们审查部门规章制度的缺陷。"议会监察专员艾德蒙·康普顿最初对于不良行政观点的界定过于狭隘，特别委员会鼓励他将不良行政的定义扩展到包括两种不良决策，即乍看之下决定是不合理的，以及不良的制度。"[1]

（3）特别委员会为促使《法案》的改革提供了重要力量。特别委员会为了使议会监察专员变得更加强大更有力量，利用向议会报告的机会建议将议会监察专员的调查权限扩大到《法案》规定范围之外。警察、人事部门、医院等领域都是《法案》在制定过程中反复争论的问题，虽然这些领域最终被排除在《法案》之外，但特别委员会委员却将特别委员会作为继续为议会监察专员争取调查这些领域的战场。如1968年7月特别委员会在报告中建议将医院纳入议会监察专员的调查范围。[2] 再如1970年1月特别委员会在报告中建议将议会监察专员的调查范围扩展到调查军队与文官的个人事务以及其他行政部门。[3] 虽然这些建议在当时并没有促使《法案》发生改变，但特别委员会却成为未来议会监察专员制度改革的重要推动力量。

二　萨克森豪森俘虏事件

萨克森豪森俘虏事件在英国议会监察专员制度发展史上具有重要意义，它是英国议会监察专员在公署成立不久后调查处理的重要案件之一，通过对这一典型事件的研究有助于加深对英国议会监察专员运作过程的了解。

萨克森豪森俘虏事件起因于1964年6月，英国与当时的西德政府就关于第二次世界大战其间纳粹迫害英国人的历史遗留问题展开谈判，最终西德政府同意支付给英国政府100万英镑赔款，用以支付由于纳粹迫害致使失去自由或健康遭到摧残或死亡的英国人及其亲属的赔偿。[4] 英国外交部负责制订赔偿受害人标准的计划。外交部规定申领赔偿的受害

---

[1] Richard Clements & Jane Kay, *Constitutional and Administrative Law*, Oxford University Press Inc. 2004, p.144.
[2] Frank Stacey, *The British Ombudsman*, p.302.
[3] Frank Stacey, *The British Ombudsman*, p.302.
[4] Frank Stacey, *The British Ombudsman*, p.248.

人必须是扣留在纳粹集中营中或如果不是在集中营，那么他们的遭遇应与集中营中受害人相当。1967年5月23日，阿宾顿（Abingdon）的保守党下院议员艾雷·尼夫（Airey Neave）向议会监察专员转交申请，要求审查一份关于四位受害人因外交部制定的赔偿标准致使他们未能受到公平对待从而不能获得赔偿的申诉。他们四人是 H. M. A. 戴（H. M. A. Day）空军上校（Group Captain），J. M. Y. F. 丘吉尔（J. M. Y. F. Churchill）上校中尉（Colonel-Lieutenant），S. M. 道斯先生（Mr. S. M. Dowse），S. 佩恩-贝斯特（S. Payne-Best）上尉（Captain）。他们的案子已经到了申诉的最高层次，但仍未获得赔偿。于是戴、丘吉尔和道斯三人首先找到尼夫并将他们被外交部拒绝的信件给他，尼夫非常负责，因为在第二次世界大战中他也曾被俘只是后来成功逃脱了，所以他对戴等人的遭遇非常同情。当尼夫第一次接触这个案件时还是1965年10月份，他见到了外交部国务大臣乔治·汤姆森（George Thomson）。汤姆森说，戴等人所提到的集中营在萨克森豪森，这是个特殊的集中营，而另一段时间他们是在营房并非在集中营，而且他们在萨克森豪森集中营拘捕其间的遭遇并不与外交部制定标准中的集中营境况相当，所以外交部否决了他们的赔偿申请。①

戴等人对外交部的这种说法进行了反驳。1966年1月尼夫写信给汤姆森要求单独调查这个案件。保守党影子内阁外交大臣霍姆以及议会工党主席伊曼纽尔·欣韦尔（Emanuel Shinwell）都支持尼夫。1966年2月28日汤姆森在下院说，关押戴等人的牢房虽然毗邻萨克森豪森集中营，但它们彼此分开，而且在牢房里的遭遇与主要的集中营不可同日而语。②戴等人还将战争其间从空中拍摄的照片给外交部，以证明牢房是集中营的一部分。尼夫再次要求与外交部国务大臣艾丽妮·怀特夫人（Mrs Eirene White）面谈，她已接替了汤姆森，9月12日他们见面交谈，怀特夫人告诉尼夫外交部已经作出了决定，不可能再为戴等人做什么了。尼夫不甘心，于是11月7日他见到外交大臣乔治·布朗先生（Mr. George Brown），当面和他谈起这件事。布朗说，戴等人已经收到红十字会的包

① Frank Stacey, *The British Ombudsman*, p. 249.
② Frank Stacey, *The British Ombudsman*, p. 250.

第二章 英国议会监察专员制度的确立时期（1961—1970）

裹，而且加入了红十字会。因此，外交部并不同意他们的申请。但戴等人告诉尼夫这完全不确切。12月20日，布朗会见了支持尼夫的代表团，他们包括霍姆、欣韦尔等许多人，之后举行会议。

尼夫将萨克森豪森俘房事件的相关照片给布朗，布朗仍坚持这个地方不属于主要集中营的观点，但答应要亲自与戴等人会面。1967年2月20日，布朗接见了戴等人，不过布朗等相关人员仍坚持牢房并非集中营的一部分，外交部的处理没有过错且赔偿已经发放完毕。之后八位下院议员见到威尔逊询问此事。威尔逊4月6日给尼夫回信说："我完全同意外交大臣回应你的观点。"[1] 议会在议事议程上就此事提起动议，要求单独调查此事，并获得了350多名下院议员的支持。[2] 克罗斯曼准备就此事展开辩论，后经私下讨论，他认为尼夫将此事交由议会监察专员处理更好。尼夫于是在5月23日将戴等人的申诉交给议会监察专员处理。

尼夫为此事奔走了一年多，用尽了各种手段，但最终都是白忙一场。如果议会监察专员能够给他以满意答复，他会感到莫大的欣慰。康普顿收到申诉后，认为属于自己的管辖范围，他决定亲自调查此事。他从外交部取回他们处理戴等受害人的档案和文件，这时 S. 佩恩-贝斯特也加入三位受害人中。之后，康普顿找相关人员了解情况，外交部还是坚持原来的处理意见。康普顿通过调查得到戴等人被关押地方的地图和照片，从而证实受害人被关押的地方属于主要的集中营，这为驳斥外交部所说的受害人所在地不属于主要集中营的观点提供了强有力的证据。康普顿还从外交部的档案文件中找出一些比戴等受害人遭遇轻的受害人也得到了赔偿，这就再次驳斥了外交部所说戴等受害人的遭遇不如主要集中营的观点。

特别委员会成立不久，1967年12月20日，康普顿在特别委员会提交了关于萨克森豪森俘房事件的报告，经过委员会成员的讨论同意发表这个报告，第二天报告发表。康普顿指出，外交部拒绝戴等受害人申请俘房赔款的理由并不充分，这体现在：

---

[1] Frank Stacey, *The British Ombudsman*, p. 251.
[2] Frank Stacey, *The British Ombudsman*, p. 251.

1. 外交部主张戴等受害人被关押的牢房不属于主要集中营证据不充分，因为他已找到充分证据证明戴等受害人被关押的牢房属于主要集中营。

2. 外交部主张戴等受害人被关押的牢房中所遭受的伤害不能与主要集中营相提并论，由于伤害较轻不符合外交部制定的赔偿标准，这种理由并不充分。因为他已在外交部档案文件中找到还有比戴等人受伤害更轻的受害人也获得了赔偿。所以，外交部拒绝戴等受害人申请赔偿的理由不充分。

3. 康普顿批评外交部所制定的赔偿标准并不合理，遭受纳粹伤害的受害人，他们身心遭到摧残，虽然遭遇不尽相同，但都是战争的受害者，而外交部所制定的标准却以遭受境遇的不同或是否属于主要集中营为由拒绝受害人的申请，这给受害人的名誉造成损失。因此，外交部的所作所为属于不良行政，他希望外交部能够接受他的建议，妥善处理这个事件。①

康普顿关于萨克森豪森俘房事件报告发表之后第二天，《泰晤士报》进行了简短报道并评论道，要想让外交部赔偿戴等受害人恐怕困难，因为外交部声明德国的赔款已经赔付完毕，没有剩余。② 然而刚刚过去一个多月，1968年1月30日，《泰晤士报》再次以《纳粹受害人可能获得25000英镑的赔偿》为题报道此事。③ 之后不久，外交部宣布将给予其他七位在萨克森豪森俘房事件中幸存的受害者赔偿。

1968年2月5日，外交大臣在下院谈论康普顿提交的第三个报告时说："我已推翻之前的决定（指拒绝接受戴等受害人申请赔偿的观点），……我建议尊敬的议员们见好就收，不要过于奢望（外交部能作出更大的改变）。"④

萨克森豪森俘房事件经过康普顿的调查受害人得到了赔偿，案件结束。这个事件在当时产生了重要的影响。议会监察专员这个不被人看好的职务，竟能使外交部承认错误，赔偿受害人损失，这令那些怀疑、反

---

① Frank Stacey, *The British Ombudsman*, pp. 254 – 255.
② Frank Stacey, *The British Ombudsman*, pp. 255 – 256.
③ Frank Stacey, *The British Ombudsman*, p. 256.
④ *Hansard*, HC Deb 5 February 1968 vol 758 cc123.

第二章　英国议会监察专员制度的确立时期（1961—1970）

对和不看好议会监察专员的人大为吃惊，遂对其刮目相看。这个事件的解决对于尼夫来说意义非同一般，他为了这件事奔走了两年多，几乎用了所有议会能用的办法，从外交部国务大臣到外交大臣全都找过，但一无所获，对于这个新设立的议会监察专员，他自己也信心不足，但他竟然解决了这个问题。因此，在议会讨论这件事时，他感慨颇多地说："没有议会监察专员艾德蒙·康普顿的帮助，我们不可能让政府改变主意。"①

曾多次关注议会监察专员的《泰晤士报》，得知外交部决定赔偿萨克森豪森集中营其他幸存受害人后，更以《监察专员的胜利》为题报道了康普顿在调查萨克森豪森俘虏事件上取得的胜利。保守党议员阿瑟·沃尔·哈维（Arthur Vere Harvey）说："我承认在政府制定《法案》想要引入议会监察专员时曾怀疑过，但现在如果有什么能证明他的存在，那就是萨克森豪森俘虏事件的调查。他花费了六个半月的时间来调查这件事，而且做得非常彻底，并且提交了报告。议会监察专员不像大臣，不用分心，不会因政事出国，也不用在议会演讲，他全身心地投入了这件事，并亲自完成报告的每一个字。"② 特别委员会成员沃德女爵士说："起初，我并不特别赞成设立议会监察专员，但在这次（指萨克森豪森俘虏事件）成功之后，我看到了扩大他的权力的各种可能性。无论下院议员们多么鼎力相助，如果没有议会监察专员，我们就不能促使外交大臣决定补偿在这个集中营（萨克森豪森）中的人。这证明，即使在我们这个伟大的议会民主制度下，有时也可以改善我们的宪法，使之为公民服务。"③ G.K. 弗赖伊（G.K. Fry）曾说过，不论议会监察专员取得什么成就，萨克森豪森俘虏事件都是他"关键性的突破"④。正是萨克森豪森俘虏事件成功的解决使得议会监察专员的影响迅速扩大，声誉不断上升，同时也在媒体界和公民中成功地塑造了良好形象，奠定了令人信任的牢固地位。

---

① *Hansard*, HC Deb 5 February 1968 vol 758 cc118.
② *Hansard*, HC Deb 5 February 1968 vol 758 cc130.
③ *Hansard*, HC Deb 5 February 1968 vol 758 cc161 – 162.
④ G.K. Fry, *The Administrative "Revolution" in Whitehall: A Study of the Politics of Administrative Change in British Central Government Since the 1950s*, Croom Helm, 1981, p.173.

三 议会监察专员制度的运行状况（1967—1970）

英国议会监察专员设立初期尽管也出现了萨克森豪森俘虏事件这样典型的案例，但就如在通过《法案》过程中争论的一样，政府希望通过立法设立议会监察专员，但又对他进行了种种限制，致使议会监察专员在设立的最初阶段（至1970年）呈现如下特点，从表2-1、表2-2和表2-3中可以看出：

表2-1 1967—1970年提交议会监察专员的案件

年份	公民直接提交的申诉数量（件）	转交案件的下院议员数量（人）	下院议员转交的案件数量（件）	超出管辖权而被驳回的申诉（件）	驳回案件的百分比（%）
1967	743	428	1069	561	52.5
1968	808	-	1120	727	64.9
1969	814	-	761	445	58.5
1970	645	-	645	362	56.1

数据来源：议会监察专员年度报告。[①]

表2-2 1967—1970年议会监察专员受理申诉与支持案件的比例

年份	申诉数量（件）	支持案件数量（件）	百分比（%）
1967	188	19	10.1
1968	374	38	10.2
1969	302	48	15.9
1970	259	59	22.8

数据来源：议会监察专员年度报告。[②]

[①] Roy Gregory & Jane Pearson, "The Parliamentary Ombudsman after Twenty-Five Years", p. 473.

[②] Roy Gregory & Jane Pearson, "The Parliamentary Ombudsman after Twenty-Five Years", p. 472.

表 2-3　　1967—1970 年议会监察专员受理案件数量和
支持案件数量占下院议员转交申诉数量的
比例，根据表 2-1、表 2-2 制作表 2-3

年份	下院议员转交申诉（件）	议会监察专员受理申诉（件）	议会监察专员支持案件（件）	受理案件占转交申诉（%）	支持案件占转交申诉（%）
1967	1069	188	19	17.6	1.8
1968	1120	374	38	33.4	3.4
1969	761	302	48	39.7	6.3
1970	645	259	59	40.2	9.1

1. 公民直接提交给议会监察专员的申诉数量虽然不多，但与下院议员转交的申诉相差不大。

2. 议会监察专员受理下院议员转交的案件数量虽然不大，但比例却呈上升趋势。

3. 议会监察专员支持下院议员转交的案件数量虽然不大，但比例却呈上升趋势。

4. 在英国约 650 名下院议员中仅有一半转交申诉。

通过以上特点分析得出，英国议会监察专员在设立的前四年中，公民直接向议会监察专员投诉的数量几乎与下院议员转交申诉的数量相等，尤其随着时间的推移愈加明显。这说明，英国公民对于议会监察专员了解仍然有限。他们对于这种制度下申诉需要通过下院议员转交这一基本特征仍未熟悉。当然，也反映出公民更倾向于直接向议会监察专员投诉的方式。通过公民直接向议会监察专员申诉与下院议员转交申诉可以看出，在当时人口 5300 万的英国，[1] 通过议会监察专员这一途径受理公民申诉的数量仍然太少。每年将近一半的下院议员没有转交公民的申诉。但议会监察专员调查的明显特征就是一旦议会监察专员决定调查其往往"非常彻底"[2]。如果案件获得议会监察专员支持，最

---

[1] Frank Stacey, *The British Ombudsman*, p. 307.
[2] Roy Gregory & Jane Pearson, "The Parliamentary Ombudsman after Twenty-Five Years", p. 471.

终结果将使受害人得到令人满意的答复。约翰·格林伍德等人指出："调查是很彻底的。……调查如此彻底，似乎值得称赞，但可以证明，在通常情况下是不必要的。这样做还会无效地耗费工作人员的力量；所以，特派员每年完成的调查和纠正管理不善的案件，都比外国的监察员要少得多。"①

然而，从横向与同期其他国家相比，英国议会监察专员调查处理的案件更少。英国议会监察专员与新西兰议会监察专员同是盎格鲁—萨克逊国家，然而两国的议会监察专员则有很大区别。根据表2-4可以看出1970年英国议会监察专员与新西兰议会监察专员处理案件的比较情况。从两个议会监察专员受理和处理的案件情况来看，两者相差不大，但当时两国人口却相差悬殊。英国人口有5300万，新西兰仅有250万，两者相差20多倍。如果英国议会监察专员受理和处理的案件是新西兰的20倍，则在等量人口下，两者相差不大。但如果在两国人口相差如此悬殊的情况下，他们的议会监察专员受理和处理的案件却相差不大，则说明英国议会监察专员所受理的申诉和处理的案件要大大少于同时期的新西兰议会监察专员。

英国议会监察专员受理申诉的数量之所以少，是因为政府设置这个制度时考虑到英国人口比其他国家多，如果采取直接受理且不局限在某个领域如中央政府部门的不良行政，议会监察专员将会陷入申诉的汪洋大海之中。但从英国议会监察专员受理申诉和调查案件来看并没有出现大量的申诉。"议会监察专员真实收到的申诉数量证实比他们预期的要更少。艾德蒙·康普顿在1967年4月估计他一年能收到6000—7000件申诉。"② 实际上，康普顿当年收到公民直接提交的申诉743件，下院议员转交的申诉1069件，二者之和也只有1812件。③ 英国成功地阻止了大量申诉涌向议会监察专员，但它的阻止措施也成为它的缺陷和被人诟病的主要原因。这成为促使议会监察专员制度改革的主要原因。

---

① [英]约翰·格林伍德、戴维·威尔逊：《英国行政管理》，汪淑钧译，商务印书馆1991年版，第278页。
② Frank Stacey, *Ombudsmen Compared*, pp. 177–178.
③ 申诉为当年4—12月份的数据。

表 2-4　　　　1970 年英国议会监察专员与新西兰监察
　　　　　　　　　专员处理案件的比较

国别	处理案件（件）	超出管辖范围的案件（件）	调查案件数量（件）	合理申诉（件）	合理申诉占处理案件比例（%）
英国	645	386	259	59	9.1
新西兰	663	297	366	78	11.8

表 2-4 根据《英国议会监察专员》一书制作，新西兰信息截止到 1970 年 3 月 31 日，[①] 英国处理案件为下院议员转交的申诉。

---

① Frank Stacey, *The British Ombudsman*, p. 308.

第三章　英国议会监察专员制度的改革与发展时期（1971—2017）

英国自开始监察专员运动以来就一直面临着诸多问题，诚然，其他设立监察专员制度的国家也面临着一些问题，但英国在引入监察专员概念时非常强调它的本国特色，从而对监察专员制度进行了诸多改变，伴随着这些改变也给英国议会监察专员制度带来许多亟待解决的问题。实际上，自从1967年《法案》通过之后，英国议会监察专员制度本身并没有发生根本的变化，直至今日仍是如此，但英国监察专员体系的变化对于议会监察专员制度产生了重要影响。

英国在此阶段必须面对的问题是如何解决由于议会监察专员制度的特征所带来的问题，即由于下院议员转交申诉的间接受理机制和调查范围局限所产生的问题。这些问题不仅仅是议会监察专员制度本身的问题，也是监察专员运动以来一直存在的问题。下院议员间接受理机制是英国部分下院议员、学者和公民一直努力要求取消的，但多数下院议员却要求保留。虽然各种力量争取了五十多年，但英国议会监察专员制度仍然保留了这一特征。下院议员间接受理机制虽然也是这一时期乃至整个英国议会监察专员制度发展史一直存在的问题，但它一直未能解决。然而，议会监察专员制度的另一问题即调查范围的局限在此阶段取得了重大突破。这表现在英国监察专员制度突破议会监察专员制度的范围，出现了卫生监察专员和地方监察专员，同时开了设置其他监察专员的先河，为英国形成多样化监察专员体系的特征奠定了基础。

从表面上看，其他监察专员的设置与议会监察专员制度关系不大，实则不然。因为英国之所以最终形成多样化监察专员体系的格局与英国国情有着莫大关系。议会监察专员制度在此阶段的发展特征是通过设置其他监察专员来解决自身面临的调查范围狭小的问题，而非扩大自身的调查范围和改变自身的特征来实现这一目的的。这样既解决了问题，又避免了议会监察专员制度改革中遇到的困难。英国通过设置其他监察专员的迂回方式解决了议会监察专员调查范围狭小的问题，这与它的复杂国情以及传统是分不开的。

第一节　议会监察专员制度的问题

一　议会监察专员制度发展的历史问题

英国自从1954年克利切尔高地事件之后，开始探索解决政府不良行政的问题。专家学者也提出了各种设想。有人主张仿效法国行政法院制度，有人主张英国发展裁判所制度。在弗兰克斯委员会调查其间，劳森教授于1957年提出借鉴瑞典议会监察专员制度，仿效总审计长制度设立"行政检察总长"的影响最为深远。虽然劳森教授提出的这个设想和瑞典议会监察专员制度比较相像，但英国政府最终设立议会监察专员制度的蓝图却是来源于"司法界"所主持的怀亚特委员会提出的《怀亚特报告》。劳森教授同是"司法界"的成员。《怀亚特报告》为英国议会监察专员制度的设立提供了基本理论框架，其中影响最大争论最多的是：

1. 未来议会监察专员受理申诉的方式为议员间接转交。
2. 监察专员受理申诉的性质为不良行政行为。
3. 监察专员的调查范围排除地方政府。[①]

《怀亚特报告》提出的这三条原则使得议会监察专员受理的申诉大大减少。在《怀亚特报告》之前，提倡设立议会监察专员的人士都没有对议会监察专员提出限制。以劳森教授的"行政检察总长"和约翰逊提倡设立瑞典和丹麦式的议会监察专员为代表，他们都没有对将来设立的新机构进行限制。然而，《怀亚特报告》则对议会监察专员的受理方式和调查范围进行了明显的限制。

第一个原则，间接受理机制。在《怀亚特报告》发表之前，瑞典、芬兰、挪威、丹麦四国都已设立议会监察专员，他们都没有这样的机制。

---

① Frank Stacey, *The British Ombudsman*, pp. 23–26.

英国为了防止议会监察专员将来可能陷入申诉的汪洋大海之中，在监察专员制度发展史上破天荒地第一个设置了议员间接受理机制，从而使得英国对这一机制争论了五十多年，至今未能解决。这一机制确实有效地阻止了申诉过多的问题，但对于解决申诉问题却并非有效的途径。

第二个原则，受理申诉的性质为不良行政行为。这个原则是怀亚特委员会在误解丹麦议会监察制度的情况下提出的。这个原则建议将来的议会监察专员受理申诉的性质局限在不良行政行为上。这有两种解释，一种是申诉局限于行政领域，行政领域之外比如司法领域的申诉不属于议会监察专员管辖范围，这对之后议会监察专员制度的设立有着重要影响。它表现在如果申诉可以通过法院和裁判所，则议会监察专员不能受理，这使得议会监察专员受理申诉的范围大为缩小，调查案件的数量也大为减少。另一种解释是不良行政。首先表现在议会监察专员受理的申诉如果是行政领域之外的可以而且应当拒绝。其次表现在议会监察专员受理的申诉如果不是不良行政则可以而且应当拒绝。但什么是不良行政，并没有明确的界定。通常不良行政可以理解为不是行政违法的行为。如果是行政违法行为，议会监察专员不能受理。由于不良行政界定不清，如果议会监察专员可以自由界定不良行政的概念，有些不良行政的申诉也可能被其拒绝。行政部门可以以投诉行为不属于不良行政而拒绝议会监察专员的调查。除此之外，《怀亚特报告》还将严格区别自由裁量决定和不良行政，建议只有后者才是议会监察专员调查的案件。[①] 这个建议使得行政部门在执行政策中有很大的自由，同时意味着议会监察专员调查案件范围的收缩。

第三个原则，建议监察专员的调查范围排除地方政府。这是将议会监察专员的调查性质局限在行政领域之后的进一步限制。地方政府作为行政部门在整个行政领域占有相当大的比重，如果将地方政府排除在议会监察专员调查之外，那么他所能受理的申诉和调查案件的范围将再次缩小。这个原则对后来议会监察专员的设立影响也很大，同时也是长期争论的焦点问题之一。

实际上可以将《怀亚特报告》理解为两个字——"限制"。当然，

[①] Frank Stacey, *The British Ombudsman*, p. 23.

《怀亚特报告》还有许多其他的建议措施，第二章已经指出，在此不再赘述。《怀亚特报告》刚发布不久就遭到媒体和各界的不同评价。对他们倡议设立议会监察专员职位，赞成的人很多，但对于他们提出的"限制"理论的批评也不在少数。S. A. 德·史密斯教授在1962年1月《政治季刊》上发表题名为《盎格鲁—萨克逊监察专员？》的文章，他在文章中批评《怀亚特报告》中提到的议会监察专员的建议过于谨小慎微……① K. C. 惠尔教授在《公共法杂志》上发表了名为《冤屈赔偿》的文章。他在文章中批评说："《怀亚特报告》摘要中的建议从它们设想、论述到辩解不能证实采用了令人信服的方式……"②

《怀亚特报告》更为重要的影响是威尔逊政府继承并发展了这种"限制"理论，从而使他们在刚提出要设立议会监察专员时就遭到了批评。

威尔逊1964年7月3日在斯托马基特的公开会议上说，议会监察专员或公民权利专员应当排除对地方政府的投诉，至少在刚开始的一两年内应当排除。③ 威尔逊的这种观点以及通过下院议员间接受理申诉的观点皆来源于《怀亚特报告》，而这次发言基本奠定了政府未来设立议会监察专员制度的主要原则。在当年10月举行的大选的竞选宣言中，工党承诺倘若当选将设立议会监察专员职位。结果工党赢得了当年大选的胜利。重新执政后的工党决定兑现竞选宣言中设立议会监察专员职位的承诺。

从1964年10月工党当选开始，他们就开始了制定《议案》的工作，直至1967年4月1日议会监察专员公署开始运行。其间对于《议案》争论最多的就是关于议会监察专员的调查范围问题。因为在英国设立议会监察专员之前其余五国的监察专员的调查范围是很广泛的，而英国在刚刚接触到监察专员概念时就强调与其他国家的不同。最早提倡借鉴瑞典监察专员制度仿效英国总审计长制度设立英国式的监察专员的劳森教授就曾强调英国监察专员制度的不同，但直到《怀亚特

---

① Frank Stacey, *The British Ombudsman*, pp. 33 – 34; S. A. de Smith, "Anglo—Saxon Ombudsman?" p. 19.
② K. C. Wheare, "The Redress of Grievances", pp. 125 – 128.
③ Frank Stacey, *The British Ombudsman*, p. 47.

报告》提出"限制"理论为止,英国监察专员的调查范围并未成为问题。

《怀亚特报告》开启了英国议会监察专员调查范围之争。1964年10月工党政府上台之后,内阁内政事务委员会成立了一个小组委员会,由霍顿担任主席并开始起草《议案》的计划。而小组委员会制定《议案》主要讨论三个文件,他们分别是《怀亚特报告》、"司法界"的竞选宣言(关于议会监察专员)与法律和司法小组的备忘录。小组委员会最终在10月份向议会提交了题为"议会监察专员"的《白皮书》。《白皮书》基本上反映了《怀亚特报告》以及法律和司法小组备忘录的建议。其中提到议会监察专员应当通过下院议员间接向议会监察专员递交申诉,同时对议会监察专员的管辖范围提出限制规定,医院、地方政府、警察、文官和军队的人事事务、国有公司或商业交往以及中央政府部分领域不在议会监察专员调查范围之内。《白皮书》提交议会之后,保守党对于《白皮书》提到的间接受理和限制调查的规定提出了反对意见,但议会最终同意了《白皮书》提出的设想。之后,在麦克德莫特的主持下,《议案》开始通过立法的各个阶段。

《议案》在二读阶段,委员会将近一半时间都花在议会监察专员管辖范围的讨论上。其中医院、地方政府、警察、文官与军队的人事事务、国有公司和商业往来以及中央政府部分领域是讨论的重点。麦克德莫特代表政府在工党议员支持下使《议案》大部分保留了《白皮书》的原貌。但在政府排除的这些领域内,关于医院应当由议会监察专员管辖的《修正案》获得通过。然而,麦克德莫特在下院报告阶段利用议会多数仍将这条《修正案》推翻,最终下院三读通过的《议案》中将议会监察专员的调查范围限制在《白皮书》规定的范围之内。《议案》交由上院审议后,韦德爵士在上院二读阶段和报告阶段强烈要求设立地方监察专员,但最终以支持率不高被否决。

二 议会监察专员制度发展的现实问题

工党政府通过《法案》后,原以为议会监察专员会收到大量申诉,这是他们限制议会监察专员调查范围的主要原因,但实际上议会监察专员并没有收到堆积如山的申诉,更没有陷入申诉的汪洋大海之中。康普

第三章 英国议会监察专员制度的改革与发展时期（1971—2017）

顿在 1967 年 4 月估计他一年能收到 6000—7000 件申诉，然而真实收到的申诉比他预期的要少得多。① 据统计，1967—1970 年②议会监察专员收到下院议员转交的申诉分别为：1069 件、1120 件、761 件、645 件；因超出管辖权而被驳回的申诉为：561 件、727 件、445 件、362 件，驳回申诉占收到下院议员转交申诉的比例为：52.5%、64.9%、58.5%、56.1%；而受理案件分别为：188 件、374 件、302 件、259 件；调查并支持的案件为：19 件、38 件、48 件、59 件，占调查案件的比例为：10.1%、10.2%、15.9%、22.8%。③

由于《法案》限制议会监察专员调查范围致使他能够受理的申诉大大低于预期，而能够调查的案件更是少之又少。从以上数据来看，下院议员转交给议会监察专员的申诉超过 50% 都被驳回。因此，议会监察专员受理的申诉数量并不多，被他拒绝的案件基本上都是《法案》规定范围之内的，至于之外的案件则更多。"据估计下院议员每年要收到各种各样申诉 250000 到 300000 件。"④ 而另一种估计认为，"下院议员与大臣之间涉及公民申诉的信件有 50000 件"⑤。1988 年议会监察专员收到下院议员转交的申诉 701 件，而仅仅英格兰地方监察专员在 1987—1988 年度就收到申诉 4914 件，1991 年议会监察专员收到的申诉为 945 件，英格兰地方监察专员在 1991—1992 年度收到的申诉为 12123 件。⑥ 卫生监察专员在 1991—1992 年度收到的申诉为 1142 件。⑦ 由此看来，议会监察专员收到的申诉数量少是它最主要的缺陷之一。"艾德蒙·康普顿在就职的第一年收到了 61 件关于地方当局的投诉。当然，他认为地方当局不

---

① Frank Stacey, *Ombudsmen Compared*, pp. 177 - 178.
② 数据来源：议会监察专员年度报告。
③ Roy Gregory and Jane Pearson, "The Parliamentary Ombudsman after Twenty—Five Years", pp. 472 - 473.
④ Roy Gregory and Jane Pearson, "The Parliamentary Ombudsman after Twenty—Five Years", pp. 472 - 473.
⑤ D. N. Chester & Nona Bowring, *Questions in Parliament*, Oxford University Press, 1962, p. 104; William B. Gwyn, "The British PCA: 'Ombudsman or Ombudsmouse?'" *The Journal of Politics*, Vol. 35, No. 1, 1973, pp. 47 - 48.
⑥ Philip Giddings, "Regulators and Ombudsman: Access and Visiblity", *Journal of Financial Regulation and Compliance*, Vol. 2, No. 1, 1993, p. 61.
⑦ Philip Giddings, "Regulators and Ombudsman: Access and Visiblity", p. 62.

在他的管辖范围之内拒绝受理这些申诉。"① 根据《法案》，议会监察专员需要拒绝大量的申诉，而下院议员作为选民的第一申诉人，当选民的申诉被拒绝后，他将对下院议员、议会监察专员乃至政府产生不信任感，尤其是对新设立的议会监察专员产生不信任感，甚至产生不佳的印象。下院议员在议会监察专员受理案件中起着过滤和中转桥梁的作用。如果下院议员对议会监察专员产生质疑甚至很少转交申诉，那么议会监察专员审理的申诉将大打折扣。

  选民申诉中很大一部分是对医院和地方政府的申诉，因为英国的福利国家制度、国民医疗保健体制以及选民常住地在地方，所以与地方政府打交道的机会更多，但医院与地方的申诉却被排除在议会监察专员调查范围之外。肖克罗斯勋爵（Lord Shawcross）在《怀亚特报告》的序言中写到："在这个福利国家的时代，每年都有成千上万的行政决定，其中许多是由小官员决定的，这些决定影响着公民的生活。如果其中一些决定是武断的或不合理的，那么普通公民就没有办法获得赔偿。"② 因此，议会监察专员实际上受到来自公民的无形压力，客观上需要扩大调查范围，解决更多的申诉问题。这是特别委员会强烈要求扩大议会监察专员权力、壮大他的力量的重要原因。特别委员会的这种要求通过年度报告的形式传递给议会，得到了议会中来自不同党派议员的响应，他们共同督促政府改革议会监察专员制度，给政府以巨大的压力。政府本来限制议会监察专员权限的理由就不充分，在受到来自各方要求改革议会监察专员制度的压力后，不得不考虑解决未被纳入议会监察专员调查范围的申诉的要求。

  英国议会监察专员刚刚设立时，北爱尔兰地区除中央政府部门如国防部之外都不在议会监察专员的调查范围之内，这也是《议案》中争论的地方。北爱尔兰地区作为英国的组成部分，却实行异于英国的法律，这是英国政府必须面对的另一现实问题。英国政府之所以将北爱尔兰地区排除出议会监察专员管辖范围之外，是鉴于北爱尔兰地区特殊的情况。

---

① C. M. Chinkin & R. J. Bailey, "The Local Ombudsman", *Public Administration*, Vol. 54, No. 3, 1976, p. 268.

② Donald C. Rowat, "The Parliamentary Ombudsman: Should the Scandinavian Scheme be Transplanted?" p. 402.

英国自1921年承认爱尔兰自由邦开始，爱尔兰半岛开始分为南北两部分，南部26郡成立爱尔兰自由邦，北部6郡成立北爱尔兰自治政府。1949年爱尔兰自由邦宣布成立共和国，成为独立国家，北部6郡则继续留在联合王国之内。正在英国政府面对将地方政府和医院纳入议会监察专员调查范围的问题时，1968年北爱尔兰政府呼吁设立监察专员。英国议会经过反复协商之后于1969年通过《1969年（北爱尔兰）议会监察专员法案》［The Parliamentary Commissioner (Northern Ireland) Act, 1969］，设立了北爱尔兰议会监察专员，康普顿成为北爱尔兰议会监察专员，他在北爱尔兰设立公署，公署共8名工作人员，主要负责通过下院议员受理北爱尔兰政府部门的申诉。同年12月北爱尔兰议会通过《1969年申诉专员（北爱尔兰）法案》［Commissioner for Complaints Act (Northern Ireland), 1969］设立申诉专员，他主要调查北爱尔兰地方政府和其他公共机构包括医院、卫生局等部门的申诉，但不包括北爱尔兰议会监察专员负责调查的部门。

英国议会监察专员开始管辖北爱尔地区的申诉是议会监察专员制度变化的开始，而北爱尔兰申诉专员的设立更对英国监察专员体系产生了重要影响。因为英国政府此时正在考虑应当如何处理议会监察专员对于地方政府和医院管辖权的问题，而北爱尔兰申诉专员的设立则表明英国将采取通过设立其他监察专员的措施来解决除中央政府部门之外的不良申诉问题。

三　议会监察专员制度发展的理论问题

自1957年劳森教授提出"行政检察总长"概念起就强调英国监察专员不同于其他国家，直至1961年《怀亚特报告》发表，英国议会监察专员的基本原则开始出现。在《法案》制定其间，英国人为议会监察专员的各种规定进行了反复的辩论。其中最为突出的是间接受理机制、不良行政概念和限制调查等方面。间接受理机制是英国议会监察专员制度不同于其他国家监察专员制度的最为明显的特征之一。它由《怀亚特报告》首先提出。怀亚特委员会建议公民只能通过议员向监察专员转交申诉，而且他们建议只在最初几年内实行，这个时间可能是五年。① 怀亚特委员会之所以提出这个建议是因为他们担心麦克米伦的保守党政府会拒绝报告，这个建议也并非是原则性的，而是为了通过报告采取的权宜之计。"这个建议似乎是出于谨慎考虑而不是出于原则。"② "司法界"执行委员会主席福斯特告诉下院说："怀亚特委员会之所以建议所有投诉都应该通过下院议员，只是因为他们觉得如果没有这样的规定，议会是不会通过议会监察专员法案的。"③ 他们还建议，"当议会监察专员的管辖权得到确立和充分理解后，应当直接受理公民的申诉"④。看来提出这个组织的人都认为，间接受理机制就是策略性的建议，但这个建议却成了威尔逊政府设立议会监察专员职位的重要特征之一。

《怀亚特报告》建议转交申诉的议员是议会上下两院的议员，而威尔逊政府的议会监察专员计划则只保留下院议员这一唯一的转交渠道。如果说怀亚特委员会在麦克米伦政府时期提出间接受理机制是出于担心被拒绝而采取的策略性措施，那么威尔逊政府是支持议会监察专员计划的，但他们却将这个权宜之计作为议会监察专员职位的重要特征之一，从而引起了长期的争论。如果说间接受理机制在最初的五年试验其间实行还说得通，那么五年之后就没有人认为间接受理机制具有必要性了，提出这种建议的"司法界"，在麦克米伦政府之后就一直致力于废除间接受理机制的运动。这是威尔逊政府的议会监察专员方案面临改革的压力来源之一。间接受理机制的理由是如果采取直接受理公民申诉，议会监察专员将陷入申诉的汪洋大海之中，⑤ 但实际上并没有出现他们预测的那么多的申诉。康普顿在 1967 年 4 月估计一年能收到 6000—7000 件申诉⑥，但实际上他收到的申诉远没有这么多，终其任期⑦也不超过 7000 件。而 1968 年卫生部常任秘书阿诺德·弗朗斯（Sir Arnold France）说，

---

① Justice, *The Citizen and the Adminstration*: *The Redress of Grievances*, Stevens, 1961, p. 68; Frank Stacey, *Ombudsmen Compared*, p. 23, p. 312.
② Roy Gregory & Alan Alexander, "Our Parliamentary Ombudsman Part I: Integration and Metamorphosis", *Public Administration*, Vol. 50, No. 3, 1972, p. 317.
③ Roy Gregory & Alan Alexander, "Our Parliamentary Ombudsman Part I: Integration and Metamorphosis", p. 317.
④ Justice, *The Citizen and the Adminstration*: *The Redress of Grievances*, p. 68.
⑤ Frank Stacey, *The British Ombudsman*, p. 312.
⑥ Frank Stacey, *The British Ombudsman*, pp. 177-178, 312.
⑦ 艾德蒙·康普顿自 1967 年 4 月 1 日至 1971 年 3 月 31 日担任议会监察专员。

在英格兰和威尔士卫生局一年能收到关于医院的申诉有8000件。① 因此，间接受理机制是各界批评议会监察专员的主要原因之一，也是要求改革议会监察专员制度的原因之一。但间接受理机制却得到了议会监察专员、特别委员会和下院议员的支持，尤其是下院议员的支持使得间接受理机制得以长期保留而未能废除。

限制调查范围是议会监察专员在理论上另一个突出的特点。英国政府为了防止议会监察专员陷于申诉的汪洋大海之中，将医院、地方政府、警察、文官与军队的人事事务、国有公司和商业往来以及中央政府部分领域排除在外。首先，将议会监察专员调查的申诉局限在不良行政范围，即申诉必须是行政领域。议会监察专员处理的是"政府与被管理者之间关系"的申诉。② 因此，不断有人建议将关于国有公司和商业往来的申诉纳入议会监察专员的调查范围，但政府总是以议会监察专员处理的是"政府与被管理者之间关系，而非作为雇主的国家与雇员之间的关系"予以拒绝。政府认为，国有公司和商业往来是公司或企业之间的关系，并不符合议会监察专员管辖原则，所以这样的建议不断提出，但总是被政府拒绝。

关于警察的申诉，政府认为这类申诉由内政部管辖。《1964年警察法案》（*Police Act* 1964）对此有规定，都市警察厅也强烈反对将警察的申诉纳入议会监察专员管辖范围，所以将警察纳入议会监察专员管辖范围的建议也被拒绝。关于文官人事事务由于惠特利委员会能够有效地处理受害人的补偿问题，③ 政府将其排除在议会监察专员的管辖范围之外。关于军队的人事事务，特别委员会认为确定军队的人事事务与军队的关系存在困难，④ 因此议会监察专员不应介入。而医院和地方政府则成为争论最多的话题。如果根据议会监察专员处理的是"政府与被管理者之间关系"的申诉，那么医院和地方政府都不应被排除在外，但政府的解释是议会监察专员只调查中央政府的不良行政，这样地方政府又被排除在调查范围之外。然而，建议将地方政府纳入调查范围之内的人认为，

---

① Frank Stacey, *The British Ombudsman*, p. 292.
② Frank Stacey, *The British Ombudsman*, p. 296.
③ Frank Stacey, *The British Ombudsman*, p. 296.
④ Frank Stacey, *The British Ombudsman*, pp. 301–302.

如果地方政府不能包括在内就应当建立地方监察专员。因为政府将议会监察专员界定在处理关于"政府与被管理者之间关系"的申诉，那么地方政府属于这个范围。但政府又将其排除在调查范围之外是说不通的。政府的理由是，等议会监察专员运行一段时间获得经验后，再考虑是否将地方政府纳入议会监察专员的调查范围，或者单独设立地方监察专员。因此，《法案》通过后，呼吁将地方政府纳入议会监察专员的调查范围或单独设立地方监察专员的建议一直没有间断过。韦德爵士就是主张设立地方监察专员的代表之一，而他还是怀亚特委员会成员之一。

关于将医院纳入议会监察专员调查范围的争论更是非常激烈。早在《议案》还在下院委员会阶段，这条《修正案》就获得通过，但政府在报告阶段利用下院多数将这条《修正案》否决。1968年6月12日，特别委员会成员听取了卫生部常任秘书阿诺德·弗朗斯和苏格兰内政与卫生大臣 R.E.C. 约翰（R.E.C. John）关于医院的听证报告。他们二人将医院排除出议会监察专员调查范围的理由遭到了特别委员会成员莱昂的反驳。莱昂认为，应当将医院纳入议会监察专员的管辖范围，[①] 这与他在《议案》下院辩论阶段的观点是一致的。就在当月特别委员会关于这次听证的报告发表。一直反对将医院纳入议会监察专员管辖范围的卫生大臣肯尼斯·罗宾逊7月发表绿皮书，建议将卫生部门中的卫生局、全科医生和地方当局三个机构合并，并建议将卫生局纳入议会监察专员管辖范围之内，或者设立类似议会监察专员的卫生监察专员管辖卫生局。[②] 罗宾逊的建议对政府关于议会监察专员排除医院的观点造成冲击。1970年2月，卫生与社会[③]大臣克罗斯曼发表绿皮书批评罗宾逊的合并方案。6月英国大选，工党败选，希思带领保守党上台执政。

威尔逊的工党政府时期英国虽然设立了议会监察专员职位，但关于议会监察专员面临的扩大管辖范围问题并没有解决。之所以如此，既有历史原因也有现实原因。议会监察专员面临的问题则源于历史、现实和理论三个方面。要想解决这些问题需要历史的机遇，即卫生部门和地方政府的改革，而这项任务则由保守党来完成。

[①] Frank Stacey, *The British Ombudsman*, p. 292.
[②] Frank Stacey, *The British Ombudsman*, pp. 294–295.
[③] 1968年社会部与卫生部合并。

第二节　议会监察专员制度的改革与契机

议会监察专员一职从《议案》到《法案》的通过，对它的质疑就从来没有间断过。在1967年4月1日之前的几个月，《议案》被新闻界冠以毫无意义的（pointless）、可笑的（joke）、被荒唐阉割的（ludicrously emasculated）立法。议会监察专员本人也被描绘成捂着嘴的（muzzled）、半生不熟的（half-baked）、无能为力的（hamstrung）、折翼的（clipped wings）人。媒体也给议会监察专员贴上瘸腿的狗（lame dog）、无牙的老虎（toothless tiger）、无剑的十字军（swordless crusader）、监察笨蛋（ombudsboob）、诈骗专员（swizzbudsman）和监察老鼠（ombudsmouse）的标签。[1] 1967年4月1日之后，媒体界对于议会监察专员的批评和讽刺还在继续。1967年11月10日《每日电讯报》（*Daily Telegraph*）发文将议会监察专员称为"捂着嘴的评论家（muzzled critic）"；11月12日《周日镜报》（*Sunday Mirror*）将其称为"监察失败（ombudsflop）"；1968年8月18日《周日快讯》（*Sunday Express*）将其称为"纸老虎（paper tiger）"；同日《每日电讯报》也将其称为"无牙的老虎（toothless tiger）"；1969年4月18日《每日电讯报》再将其称为"无能为力的骑士（hamstrung knight）"；11月16日《周日快讯》将其称为"花招（gimmick）"；1970年12月16日《太阳报》（*The Sun*）将其称为"带链子的看门狗（watchdog in chains）"。[2] 罗伊·格雷戈尔等人指出，1967年4月1日英国议会监察专员开始办公，可"开局不顺"[3]。威廉·B.格温（William B. Gwyn）指出，"很少有新的政府机构能够比议会监察专员（公署）在更加负面宣传的阴影下开始运作"[4]。因此，要求改革议

---

[1] William B. Gwyn, "The Ombudsman in Britain: A Qualified Success in Government Reform", *Public Administration*, Vol. 60, No. 2, 1982, p. 177; Roy Gregory and Jane Pearson, "The Parliamentary Ombudsman after Twenty-Five Years", p. 469.

[2] William B. Gwyn, "The British PCA: Ombudsman or Ombudsmouse?" p. 47.

[3] Roy Gregory and Jane Pearson, "The Parliamentary Ombudsman after Twenty—Five Years", p. 469.

[4] William B. Gwyn, "The Ombudsman in Britain: A Qualified Success in Government Reform", p. 177; Roy Gregory and Jane Pearson, "The Parliamentary Ombudsman after Twenty-Five Years", p. 469；[英] 约翰·格林伍德、戴维·威尔逊：《英国行政管理》，汪淑钧译，商务印书馆1991年版，第274页。

会监察专员制度的呼声一直存在。

然而，议会监察专员扩大调查范围问题解决的机遇出现在20世纪70年代保守党执政时期。因为议会监察专员不能调查地方政府和医院的申诉，所以要求解决这些申诉的呼声很高。解决议会监察专员调查范围问题势在必行，但应当如何解决这个问题？是应当将其纳入议会监察专员管辖范围之内还是设立新的监察专员？关于这个问题，自由党副党鞭韦德勋爵早在1966年5月4日就提出设立地方监察专员，但他的《修正案》并没有通过，不过之后韦德勋爵一直为设立地方监察专员而努力。关于将医院纳入议会监察专员的《修正案》在下院辩论阶段就已通过，但在报告阶段被否决。特别委员会成立以后继续为将医院纳入议会监察专员管辖范围而努力，就连一直反对将医院纳入议会监察专员管辖范围的卫生大臣罗宾逊也提出合并卫生部门的机构，建议将卫生局纳入议会监察专员管辖范围，或者设立卫生监察专员受理卫生局的申诉。① 因此，地方政府和医院的申诉必须解决，只是将其纳入议会监察专员管辖范围还是单独设立专门监察专员解决这类问题而已。

一 议会监察专员制度改革的阻力和契机

（一）医院的阻力和契机

英国政府之所以没有将地方政府和医院纳入议会监察专员的管辖范围是有多方面考虑的。工业革命之前英国基本处于农业社会，各种环境污染和卫生健康问题并不严重，但自从工业革命开始以后至19世纪中期英国的环境污染和卫生健康问题变得越来越严重。虽然当时政府提倡自由放任政策，但严重的问题迫使自由党政府不得不采取措施，于是颁布了《1848年公共卫生法案》（Public Health Act 1848），之后又相继颁布《1866年公共卫生法案》（Sanitary Act 1866），1919年成立卫生部（department of public health），直至《1946年全民卫生服务法案》（National Health Service Act 1946）和《1947年全民（苏格兰）卫生服务法案》[The National Health Service (Scotland) Act 1947]的颁布，英国逐渐建立了全民健康服务体系。为此，健康问题尤其是医院成为公民生活中的重

---

① Frank Stacey, *Ombudsman Compared*, pp. 176-177.

要组成部分，但英国卫生和健康事业朝着两个方向发展，一是中央成立卫生部加强对卫生和健康事业的管理，卫生部成为机构众多事务日益繁忙的部门。"卫生部——在新设最重要各部中，厥惟卫生部，该部系成立于一九一九年，即以代替一八七一年所设立之地方政治部，在事实上，该部所应负责之事务，如全国卫生保险，救贫法，居住法令，略举数端，即可以指示该部事务繁重之意，故该部之代表于国会中自应由该部部长大臣充任之较为合宜，以其居于崇高之地位也。至该部任何之价值，有关于全国卫生事宜者日益增加，因全国人民均知卫生之重要，故卫生部得于合理推测中其效用之范围，必日形宽广，将来必视为日益趋于尊重之境矣。"①

地方政府在卫生和健康事业方面起着重要作用，而且由来已久，特别是以《1858年地方政府法案》为代表，地方政府成为执行卫生和健康职能的重要力量。"地方政府所该管之事项，并非限于地方上之利益，较之其他地方上或各州之全部有多少绝对不同之处，此事项只关于卫生及救贫事宜而已。"② 1946年英国开始建立全民健康服务体系作为福利国家的重要组成部分，医院的数量越来越多，已经远远超出了卫生部的管辖范围，于是很多医院属于地方政府管辖。虽然这些机构属于卫生体系，但其并不对卫生大臣负责。政府制定《议案》时将其排除在议会监察专员的调查范围之外。1967年《法案》附件3中规定，"地区医院管理委员会、教学医院董事会、医院管理委员会或管理局、公共卫生实验室服务委员会以卫生大臣或国务大臣名义采取行为"③的申诉不属于议会监察专员的管辖范围。所以制定《议案》时医院就是争论的主要《修正案》之一。《法案》通过后，将医院纳入议会监察专员管辖范围的建议不绝于耳。政府之所以反对将医院纳入议会监察专员管辖范围是因为医院体系复杂、专业性强。如临床治疗，政府认为议会监察专员没有专业知识，不足以处理这类申诉。不过1968年卫生大臣罗宾逊主张将卫生部

---

① ［英］S. 李德·布德勒：《英国宪政史谭》，陈世第译，中国政法大学出版社2003年版，第87页。
② ［英］S. 李德·布德勒：《英国宪政史谭》，陈世第译，中国政法大学出版社2003年版，第195页。
③ Parliamentary Commissioner Act 1967: Chapter 13, p. 14.

门机构进行合并时提出，卫生局可以纳入议会监察专员的调查范围，或仿效议会监察专员设立独立的卫生监察专员。而继罗宾逊之后任卫生与社会大臣的克罗斯曼于1970年发表绿皮书，他虽然批评罗宾逊的合并方案，但也继续推动卫生监察专员计划。

（二）地方政府的阻力和契机

从中央政府与地方政府之间关系来看，英国有着悠久的地方自治传统，由于英国是个岛国，四面环海为阻隔外来侵略提供了天然屏障。从历史上来看，外敌入侵的可能性并不大，但这不是说英国（英格兰）没有遭受过外来侵略。历史上，英国大致有五次外敌入侵，它们分别是罗马的凯撒、斯堪的那维亚海盗、诺曼底的威廉、拿破仑和希特勒。其中前三次都曾在英国滞留过，而后两种入侵都没有成功。除此之外，英国处于相对安全的地位。较为稳定的环境使得英国中央政府没有太多的常备军，而地方自治也获得了较大的发展。伴随着资产阶级革命以及工业革命的发展，英国形成较为复杂的行政区划体系。其中中央与地方之间形成监督与控制的关系，但这种关系远不如以中国为代表的东方和以法国为代表的西方的中央集权制关系。因此，英国中央政府对地方政府的监督与控制是局部的、有限的，而作为地方政府，英国又分为四个地区，即英格兰、威尔士、苏格兰和北爱尔兰。四个地区中英格兰和威尔士情况较为一致，苏格兰和北爱尔兰情况与之差别较大。英格兰和威尔士往往作为一个整体谈论。英格兰和威尔士地区政权机构最早分为郡、百人邑（乡）、村三级，之后在《1835年市镇自治机关法案》《1888年地方政府法案》《1894年地方政府法案》和《1899年伦敦政府条例》下形成新的三级政权机构，即郡级、区级和村级。

郡级是地方一级行政单位，分别包括郡、郡级市和大伦敦郡。1974年之前英格兰和威尔士有郡58个（英格兰有郡45个、威尔士有郡13个），郡级市（county borough）82个，大伦敦郡（Greater-London）1个。区（District）级是地方二级行政单位，它是郡、郡级市和大伦敦郡的下辖单位。区级包括自治市（Municipality）、市（City）和乡区（Rural），其中郡和郡级市有自治市259个、市522个和乡区469个，大伦敦郡下辖自治市32个和伦敦市1个。村（Civil Parish）级是地方三级行政单位，是乡区的下辖行政单位。村级分为有教区议会（Parish Council）的村和无教区议会（Diocesan Synod）的村两种，其中设议会的村7500个，不设议会的村3300个。① 1974年之前北爱尔兰地区有6个郡，苏格兰地区在1975年之前根据《1889年地方政府法案》和《1900年地方政府法案》共有32个郡和2个岛区。

英国这样的行政区划，各级政府都有民选的议会，他们对选区的选民负责。所以英国中央政府不便直接管辖地方，地方政府也不便直接管理下一级政府，而且各级政府在面积、人口、地区等方面差异很大。英国政府深感行政区划混乱，便在1958年成立了地方政府委员会企图调查英格兰各级政府的区划，1966年又任命以雷德克利夫－莫德爵士（Lord Redcliff-Maud）和惠特利爵士（Lord Whitley）为首的两个皇家委员会调查英格兰和苏格兰地方政府的行政区划情况。这也是英国政府在《议案》时期将地方政府排除出议会监察专员管辖范围的重要原因之一。"地方政府在宪法上是独立的。地方当局不受整个中央权力的监督，而将议会监察专员的权力直接强加给地方当局则是与传统宪法原则相背离的。"② 威尔逊政府发言人在回应排除地方政府的原因时说："我们并不拒绝地方监察专员的概念，但通过单独的立法将监察专员的概念引入地方政府会更好。"③ 1969年6月雷德克利夫－莫德皇家委员会报告赞成在英格兰地区彻底实行新的地方行政区划改革。几个月之后，威尔逊在下院宣布引入法案设立地方监察专员。

二 议会监察专员调查范围问题的解决

议会监察专员制度的改革虽然在威尔逊政府时期已经开始讨论，但工党在1970年6月大选中败选，爱德华·希斯带领保守党在选举中获胜，这样工党提出的改革计划难以实现。威尔逊政府虽然同意设立地方监察专员，他的两任卫生与社会大臣肯尼斯·罗宾逊和理查德·克罗斯曼分别在1968年和1970年的绿皮书中提出改革卫生部门的建议，支持

---

① ［英］约翰·格林伍德、戴维·威尔逊：《英国行政管理》，汪淑钧译，商务印书馆1991年版，第122—128页。
② C. M. Chinkin & R. J. Bailey, "The Local Ombudsman", p. 268.
③ Frank Stacey, *The British Ombudsman*, p. 43, p. 328; Frank Stacey, *Ombudsmen Compared*, p. 195.

设立卫生监察专员，但没等他们来得及实施，工党就下台了。

（一）议会监察专员关于医院申诉问题的解决——卫生监察专员的设立

议会监察专员不能调查医院的申诉自《怀亚特报告》就已开始，在《议案》阶段进行了激烈的争论，而《法案》最终将医院排除在议会监察专员调查范围之外，但医院的申诉问题并没有终止，终于在1968年迎来转机。特别委员会报告指出，卫生部关于医院的申诉排除在议会监察专员调查之外的理由不能成立，并对其提出批评，建议议会监察专员能够调查关于医院的申诉。长期以来反对议会监察专员调查医院申诉的罗宾逊也开始改变态度，并于7月提出改革卫生部门的绿皮书。罗宾逊的绿皮书建议将卫生部门的医院、全科医生和卫生局合并，在英格兰和威尔士设立40—50个区域委员会（area boards）进行统一管理。① 绿皮书也提出一些可供公民选择的投诉地区委员会的可行性办法。第一种办法是"区域委员会的行为应当归议会监察专员管辖"，第二种办法是"设立类似于议会监察专员的卫生监察专员，但他的功能仅限于调查卫生当局"②。绿皮书提出统一的卫生服务应该由指定的委员会管理，这与现有的医院委员会的很多规定相抵触而遭到严厉批评。

克罗斯曼在1970年2月的绿皮书中批评了罗宾逊绿皮书的观点。它指出应设立90个区域委员会而非40—50个，区域委员会的成员1/3由国务委员任命，1/3由地方当局任命，1/3由当地卫生专家遴选，区域委员会也应当任命地区委员会使卫生服务的管理再次接近患者。③ 而在申诉机制上，克罗斯曼早在1969年3月3日下院评论罗宾逊绿皮书时就讲道："我正在接受关于该建议（绿皮书）的一系列意见，即应该有独立的卫生监察专员来调查来自病人的投诉。"④ 他在回答其他下院议员询问关于罗宾逊绿皮书的两个可行性方案时说："我不确定我们是否应该让

---

① Frank Stacey, *The British Ombudsman*, pp. 294 - 295.
② Frank Stacey, *The British Ombudsman*, p. 295; *Hansard*, HL Deb 23 July 1968 vol 295 cc852.
③ Frank Stacey, *The British Ombudsman*, p. 295.
④ Frank Stacey, *The British Ombudsman*, p. 295; *Hansard*, HC Deb 3 March 1969 vol 779 cc1 - 3.

议会监察专员来做这项工作（调查关于医院的申诉），但我非常肯定我们应该有某种形式的卫生监察专员或监察专员。"① 工党两任卫生大臣的绿皮书在提出改革卫生部门和关于卫生监察专员方面都进行了探索，罗宾逊更是提出了相关建议。一些社团或支持卫生监察专员计划的个人也自愿为这一计划出谋划策。如罗布·巴巴拉（Robb Barbara）在1967年出版的名为《无所不能：案件的解决》（Sans Everything: A Case to Answer）一书结尾就强烈呼吁设立卫生监察专员。②

虽然工党没有解决关于医院申诉的问题，但他们下台时要求卫生改革，而且形成三种要求解决医院申诉问题的力量，他们是政党、卫生部门和社会舆论。在《议案》通过时，下院在辩论阶段已经通过将医院申诉纳入议会监察专员调查范围的《修正案》，这说明工党和保守党中支持医院的《修正案》大有人在，只是在下院报告阶段工党通过多数强行推翻了《修正案》。卫生大臣罗宾逊在《议案》阶段是反对将医院纳入议会监察专员管辖范围的主要代表，但在1968年他却支持卫生改革，并提出将区域委员会的行为纳入议会监察专员管辖范围或者建立卫生监察专员两个可行性方案。继任的卫生与社会大臣克罗斯曼也提出改革卫生部门的建议，同样提出研究卫生监察专员的计划。看来卫生改革势在必行。

1970年保守党上台之后，虽然不完全同意工党的改革计划，但同样需要推动卫生改革。1970年7月14日，卫生与社会大臣基思·约瑟夫爵士（Sir Keith Joseph）在回答下院议员戈尔丁先生（Mr. Golding）询问他是否会采取措施设立卫生监察专员时说："我正在考虑卫生监察专员的建议及有关机构的意见，但须在作出决定前进一步研究和磋商。"③在卫生部门改革前，医院不全属于卫生部管辖，地方政府也管理部分医院。因此，议会监察专员公署作为管辖中央部门的机构，不便直接调查属于地方政府管辖的医院。但医院以及相关卫生和健康部门随着英国福利国家和全民卫生保健体系建设又与民众有着莫大关系，影响人数之多，范围之广是其他各部难以望其项背的。正是如此，才有众多的人为解决

---

① *Hansard*, HC Deb 3 March 1969 vol 779 cc1-3.
② Barbara Robb, *Sans Everything: A Case to Answer*, Nelson, 1967, pp. 128-135.
③ *Hansard*, HC Deb 14 July 1970 vol 803 c199W.

医院申诉的问题出谋划策，奔走呼号。保守党上台后考虑到要求卫生部门改革的呼声很高，同时全民卫生保健体系又自成一体，很多学者和机构也对设置卫生监察专员进行了理论论证。况且卫生部门又能完全与地方政府相分离，而议会监察专员的定位在中央政府部门。所以，希思政府决定单独设立卫生监察专员。

1971年4月7日，议会在讨论一项关于医院的调查报告中显示医院情况异常重要和紧迫。调查报告呼吁有关当局采取紧急行动，特别是不要延误卫生监察专员的任命。① 1972年1月25日，里德比特先生（Mr. Leadbitter）询问首相希思准备何时宣布任命监察专员处理地方政府和卫生方面的事宜。希思回答说："政府建议引入地方政府重组法案时设立地方监察专员，卫生与社会大臣希望在不久的将来就卫生监察专员的问题发表声明。"② 1972年2月22日，卫生与社会大臣约瑟夫宣布："政府准备设立卫生监察专员处理全民服务体系的投诉，将为英格兰、威尔士和苏格兰各设立一位卫生监察专员，但至少刚开始这三位卫生监察专员由同一个人担任。这是已经被证实行之有效的议会监察专员这一独立调查机构的一次重要扩展。……政府认为，卫生监察专员和议会监察专员的工作应密切相关。……卫生监察专员将由国（女）王任命，在他任职其间，他将遵循议会监察专员设立的先例，并在执行职务时享有同样的独立性。卫生当局将继续负责调查向他们提出的、作为其一般管理职责的一部分。卫生监察专员将只受理那些已向相关当局提出或代表病人提出没有获得满意解决的申诉。投诉人或代表他们的人将在所有案件中直接与（卫生监察）专员交涉。"③

1972年英国议会通过《1972年全民健康服务（苏格兰）法案》[*National Health Service（Scotland）Act, 1972*]，设立了苏格兰卫生监察专员。1973年议会通过《全民健康服务重组法案》（*National Health Service Reorganisation Act, 1973*），分别为英格兰和威尔士设立卫生监察专员。《1972年全民健康服务（苏格兰）法案》规定，苏格兰卫生监察专员由国（女）王任命，任期直至65岁退休，除非经议会两院建议，经

---

① *Hansard*, HC Deb 7 April 1971 vol 815 cc462.
② *Hansard*, HC Deb 25 January 1972 vol 829 c416W.
③ *Hansard*, HC Deb 22 February 1972 vol 831 cc1104-1105.

国（女）王同意不得免职。卫生监察专员调查申诉的案件性质为不良行政；调查范围为区域医院委员会、管理委员会、执行委员会、卫生局和卫生机构。同时也规定了调查程序等内容，各项仿照议会监察专员。① 苏格兰卫生监察专员从1973年4月1日开始工作，第二任议会监察专员艾伦·马尔同时也是苏格兰卫生监察专员。苏格兰卫生监察专员设立之后，1973年英国议会通过《全民健康服务重组法案》设立英格兰卫生监察专员和威尔士卫生监察专员，他们的设立标准、任命、调查范围和调查性质与议会监察专员和苏格兰卫生监察专员基本相同。马尔同时也是英格兰卫生监察专员和威尔士卫生监察专员，10月1日开始工作。卫生监察专员与议会监察专员的不同之处表现在公民的申诉不需要通过下院议员转交这一过滤机制，② 但需要向投诉的卫生部门提出申诉，如果没有得到满意答复，可以直接向卫生监察专员提交申诉。

卫生监察专员的设立，对于饱受诟病的议会监察专员乃至整个英国监察专员体系都有着重要意义。如同基思·约瑟夫所言，卫生监察专员是议会监察专员这一独立调查机构的一次重要扩展。卫生监察专员的设立解决了议会监察专员不能调查医院申诉的重要问题，同时对议会监察专员制度本身也是一次重要的考验，它是对处理自成体系部门申诉的一次重要尝试。卫生监察专员的设立经历了从要求议会监察专员管辖医院到设立独立的卫生监察专员的重要变化，这对于议会监察专员管辖范围狭小不能调查医院申诉的问题有着重要意义。

（二）议会监察专员关于地方政府申诉问题的解决——地方监察专员的设立

英国在卫生改革的同时地方政府的改革也在进行。英国地方政府自1832年议会改革以来经历了1835年、1888年、1894年和1899年四次较大的改革，至20世纪50年代地方政府已经出现了结构过时、规模悬殊、管理混乱和责任分散等弊端。地方政府本身的弊端也不利于提高效率，加强管理。20世纪50年代以后，保守党和工党政府都企图对地方政府进行改革。1958年，麦克米伦政府成立了地方政府委员

---

① National Health Service (Scotland) Act 1972: Chapter 58, pp. 24 – 29.
② Oonagh Gay, *The Ombudsman—the Developing Role in the UK*, Commons Briefing papers, 20 November 2012, p. 3.

会企图调查英格兰各级政府的区划。1966年威尔逊政府任命以雷德克利夫－莫德和惠特利为首的两个皇家委员会调查英格兰和苏格兰地方政府的行政区划情况。而1966年的两个皇家委员会更是成为威尔逊政府推迟将地方政府的申诉纳入议会监察专员调查范围的重要原因之一。

1969年雷德克利夫－莫德皇家委员会建议在英格兰（伦敦除外）地区的地方政府中废除旧体制完全实行新的体制。在英格兰地区除几个大城市外废除现存的两级政府体制，建立58个新的一级制地方政府。同时，惠特利皇家委员会建议在苏格兰地区采取二级制地方政府的方案。工党政府基本接受了雷德克利夫－莫德皇家委员会的建议。几个月后，工党政府在下院宣布准备引入法律设立地方监察专员。实际上，关于设立地方监察专员，早在1966年11月8日下院议员诺尔曼·哈兹尔丁就曾问首相威尔逊，"是否会要求地方政府委员会调查设立地方监察专员或地区监察专员。威尔逊说，没有。我认为，我们应该先等等看议会监察专员的运行能给我们提供什么经验教训再考虑是否设立地方监察专员或地区监察专员"[①]。但1970年6月保守党上台后，否定了雷德克利夫－莫德皇家委员会的二级制地方政府建议，而基本上采纳了惠特利皇家委员会的二级制地方政府建议。1972年英国议会通过《地方政府法案》（1974年4月1日开始执行），将英格兰和威尔士的一级行政单位58个郡、82个郡级市重新划分为47个非都市郡（Non-Metropolitan County）和6个都市郡（Metropolitan County），其中39个郡在英格兰，8个郡在威尔士。6个城市郡为大曼彻斯特、默西塞德、西米德兰、泰恩与威尔、南约克郡和西南约克郡。二级行政单位为区，47个郡原下辖1250个自治市、市和乡区，重新划分为333区，6个城市郡则下辖36个区。三级行政村未做大的变动。以上两个皇家委员会都没有将村级包含在内，如包含村级，他们的建议则为二级制和三级制。大伦敦郡的建制未做变动。北爱尔兰地区6个郡则重新划分为36个区。1973年英国议会通过《地方政府（苏格兰）法案》（1975年5月1日开始执行）将苏格兰地区原32郡和2个岛区重新划分为9个行政区和3个岛区。9个行政区下

---

① *Hansard*, HC Deb 8 November 1966 vol 735 cc264－5W.

辖53个区。① 英国通过这两部法律对地方政府进行了重大改革,使得原来政权机构层次混乱、面积大小不一、人口多寡不均的现象变得更为清楚、责任更为分明、管理更为合理有效。改革最为突出的是开始设立地方监察专员,从而使得议会监察专员不能调查地方政府申诉的问题得到了有效解决。

早在《法案》通过其间,威尔逊政府就曾提出关于地方政府的申诉可能在议会监察专员运行一段时间取得经验后考虑设立,但当工党政府宣布准备制定法律设立地方监察专员时,1970年6月大选,工党被保守党击败。保守党提出了不同于工党的地方政府改革方案。保守党的地方监察专员方案与工党的方案也有所不同。关于地方监察专员的概念早在《议案》通过其间就有议员提出,他们提出设立地区监察专员,如设立苏格兰监察专员和爱尔兰监察专员,也有反对设立议会监察专员而设立地方监察专员的,韦德爵士就是代表。但对工党的地方监察专员概念有影响的还是"司法界"的理论。"司法界"在1968年成立一个以J.F.加纳(J.F. Garner)教授为主席的委员会,他们在1969年12月发表了题名为《公民与议会;地方监察专员?》(The Citizen and His Council; Ombudsman for Local Government?)的报告。报告提到为地方设立一个首席监察专员和5个或6个普通监察专员,他们建议这些监察专员应当为中央部门而非为地方当局工作。因为设想之初这些单位是中央政府的分支机构,诸如教育、规划、住房等这些既涉及中央政府又涉及地方政府且有大量申诉的领域。如果地方监察专员在中央有公署,那么议会监察专员与地方监察专员之间的联络人员工作更加容易,他们建议地方监察专员调查地方当局且直接受理公民申诉。② 由此可见,"司法界"的地方监察专员建议是在议会监察专员领导下受理那些既涉及中央政府又涉及地方政府即中央在地方分支机构的申诉,而且直接受理申诉更是针对议会监察专员间接受理机制而设计的。

1970年初威尔逊政府发表了改革英格兰地方政府的白皮书,地方监

---

① [英]约翰·格林伍德、戴维·威尔逊:《英国行政管理》,汪淑钧译,商务印书馆1991年版,第122—128页;[英]奈杰尔·福尔曼、道格拉斯·鲍德温:《英国政治通论》,苏淑民译,中国社会科学出版社2015年版,第365—367页。

② Frank Stacey, Ombudsmen Compared, p.196.

察专员就是改革的一部分。白皮书提出以国家的不同地区而非"司法界"提出的中央部门为依据设立10个乃至更多的监察专员,这些监察专员类似于议会监察专员通过地方议员(local councillors)间接受理地方当局不良行政的申诉,而非"司法界"建议的直接受理公民的申诉。威尔逊政府白皮书中的地方监察专员与"司法界"的建议相比,更加偏向于地方监察专员。这主要体现在他们的设立标准不是以中央部门为依据,而是以国家不同地区为依据。他们的调查对象不同,前者以中央部门在地方的分支机构为调查对象,后者则是以地方政府为调查对象。前者调查公民对于中央部门在地方分支机构的申诉,后者以地方政府的不良行政为调查对象。前者采取直接受理形式,后者采取通过地方议员间接受理的形式。前者与议会监察专员直接相关,后者与议会监察专员没有直接联系。前者在本质上更像议会监察专员,后者在形式上更像议会监察专员。威尔逊的地方监察专员建议是与议会监察专员实践的分水岭,之后地方监察专员朝着独立方向发展。

　　1970年保守党上台,他们提出不同于工党的地方政府改革方案,但地方监察专员的方案保留下来。只是他们的监察专员方案与"司法界"和工党的方案又有所不同。1972年5月,保守党政府通过《地方政府法案》,建议在英格兰和威尔士设立10个监察专员,其中英格兰9个,威尔士1个。监察专员调查地方政府的不良行政申诉,通过地方议员间接受理。不同的是,如果两位地方议员都拒绝转交申诉,则监察专员可直接受理。监察专员的特别报告向地方当局和水务局的代理机构提交,且地方当局为他们的运行提供财政支持。保守党政府的地方监察专员草案提出后收到了来自地方政府和中央环境部的建议,对草案进行了修改,将间接受理由两位地方议员改为一位,如果他拒绝转交则监察专员直接受理申诉。

　　英格兰将有一个代理机构为地方政府委员会,在威尔士有两个或多于两个。议会监察专员是这些地方政府委员会的成员,协助联络人员处理涉及中央政府与地方政府的申诉。英格兰的地方监察专员由环境大臣推荐,女(国)王任命,威尔士的地方监察专员经咨询地方当局代理机构后再经威尔士国务委员推荐,由女(国)王任命。1972年《地方政府法案》在1974年4月1日生效时,实际将英格兰分区域任命了三个监察专员,他们分别是塞罗塔夫人(Lady Serota)、丹尼斯·哈里森(Denis

Harrison）和帕特里克·库克（Patric Cook）。[①] 威尔士的监察专员为戴维兹·琼斯·威廉斯（Dafydd Jones-Williams），威尔士地方委员会包括议会监察专员和威廉斯。1975年生效的《地方政府（苏格兰）法案》也设立了苏格兰监察专员，罗伯特·莫尔（Robert Moore）为第一任监察专员。苏格兰监察专员明显不同于英格兰监察专员和威尔士监察专员，没有地方委员会，他与议会监察专员也没有特殊关系。至此，英国地方监察专员制度建立起来。地方监察专员的设立满足了公民对地方政府的申诉，同时也缓解了社会对议会监察专员不能调查地方政府申诉的不满。英国监察专员体制也得到了进一步完善，原来仅有中央层面上的监察专员扩展到地方政府层面上，这为英国监察专员体制的多样化奠定了基础。地方监察专员的设立更多是为公民提供了申诉渠道，是否能解决他们的申诉，则是另一码事。

1967年议会监察专员公署开始运行，由于它只能调查部分中央政府部门的不良行政申诉，而且还需要下院议员转交才能受理，结果议会监察专员能够受理的案件非常有限，远远不能满足公民对于申诉的需求，尤其是医院和地方政府等申诉量非常大的领域。因此，社会各界广泛要求解决这些申诉问题，最终促使保守党政府通过立法设立了卫生监察专员和地方监察专员，他们的设立解决了议会监察专员调查范围狭小的问题。

第三节 议会监察专员制度的运行状况

1971—2017年是英国议会监察专员制度的改革与发展时期，这一时期议会监察专员制度的运行状况又可以分为改革时期运行状况和发展时期运行状况，其中前者又称为第二阶段，后者则称为第三阶段。下面分阶段分析它们的运行状况。

一 议会监察专员制度改革时期的运行状况（1971—1990）

议会监察专员制度在此阶段最为重要的特征是调查范围问题的解决，

---

① Frank Stacey, *Ombudsmen Compared*, p.198.

卫生监察专员和地方监察专员的设立既满足了社会各界要求解决医院和地方政府申诉的问题，又没有增加议会监察专员自身负担。除此之外，议会监察专员自身也有一些变化。1971年3月31日，康普顿在他就任议会监察专员整四年后退休，由艾伦·马尔继任。马尔任期内议会监察专员发生了一些变化，其中最为突出的是卫生监察专员和地方监察专员的设立。因此，自1973年10月1日起，马尔同时担任英格兰、威尔士和苏格兰的卫生监察专员，但这并非是他们合署办公，而是三地的卫生监察专员同样有自己的公署，马尔只是担任卫生监察专员而已。第二章在介绍议会监察专员公署时曾提到在康普顿任议会监察专员时，他的工作人员都是从政府各部门中挑选的文官，而且他也没有自己的法律顾问，他"主要接受财政部律师的建议，至于其他的建议，则从相关被投诉部门的律师和皇家法官那里获得"①。这样的情况从第四任议会监察专员塞西尔·克洛希尔爵士（Sir Cecil Montacute）起发生了一些变化。

克洛希尔是位法官，他自1979年1月3日起任议会监察专员，从而打破了议会监察专员从文官中选任的惯例。由于前三任议会监察专员都是文官，所以议会监察专员公署有着明显的文官特征，即工作人员从文官中选任，没有自己的法律顾问，而克洛希尔本人就是法官，他的就任也给公署带来了新的变化。克洛希尔开始有了自己的法律顾问和团队，不再依赖财政部律师以及投诉部门的律师和皇家法官，这使得议会监察专员更加独立于政府之外，从而使得调查更加公正。议会监察专员公署在人员配置上因为前三位监察专员都是文官出身，所以他们的工作人员也都是文官，而克洛希尔本人是法官，所以他的工作人员开始从文官之外选任，并不局限于文官。

议会监察专员制度除了这些变化，要想了解它的运行情况还需了解受理申诉的情况及其特点。关于议会监察专员发展的历史有不同的分期方法。第一种以1970年作为第一和第二阶段的分界点，理由是1970年6月保守党在大选中取胜，英国议会监察专员制度进入了改革时期。虽然威尔逊工党政府自设立议会监察专员职位以来就开始探索关于受理医院和地方政府申诉的问题，并宣布要设立地方监察专员和卫生监察专员

---

① Frank Stacey, *The British Ombudsman*, p. 273.

的方案，但具体如何设立则是由保守党来实施的。第二种以1971年3月31日为标志，这种分界的理由是以康普顿的退休和马尔继任英国议会监察专员为第二阶段的标志。在马尔任内，议会监察专员不能调查医院和地方政府申诉的问题得到了解决，不过它们的解决不是通过扩大议会监察专员的调查范围而是通过设立卫生监察专员和地方监察专员来实现的。第三种是以1973年10月1日卫生监察专员的设立为标志，这样的划分理由是在卫生监察专员设立的情况下议会监察专员的发展是否有所不同为标志的。第四种是以1974年4月1日为分期界限，这种划分方法的理由是以地方监察专员的设立为标志的。实际上，以这四个时间点作为分界标志各有各的道理，也各有各的缺陷。之所以划分阶段不过是为了研究方便而已，并没有其他原因。本书采取1971年1月1日作为议会监察专员第二阶段开始的标志，以1989年12月31日作为第二阶段结束的标志。

（一）下院议员对于申诉的过滤

议会监察专员制度运行情况如何有几个维度是考察的标准，它们是受理、调查、建议等。受理申诉的情况是考量英国议会监察专员制度的一个重要指标，因为英国议会监察专员制度有独特的特征，那便是对议会监察专员受理申诉进行了种种限制。设置议会监察专员职位的威尔逊政府认为，如果按照瑞典、丹麦和新西兰那样直接受理申诉，英国议会监察专员将陷入申诉的汪洋大海之中。因此，英国议会监察专员受理的申诉必须通过下院议员转交机制。由于英国政府对议会监察专员进行了种种限制，致使他受理的申诉数量与其他国家相比明显偏少，但英国的人口却是这些国家的数倍甚至数十倍。正因为如此，关注议会监察专员受理申诉的数量变得非常重要。

公民的申诉从提交阶段到议会监察专员调查阶段需要经历下院议员转交和议会监察专员审查两个阶段，通常将前者称为"过滤"，后者称为"筛选"。其实过滤和筛选为相同的单词"filtering or screen"，只是称谓不同而已。下院议员过滤机制对于议会监察专员收到申诉的数量有着重要意义。议会监察专员收到申诉的来源方式有两种：一种是公民直接申诉，另一种是下院议员转交。对于公民直接申诉，议会监察专员将会分类处理，对于不属于自己管辖范围的，他将告知申诉人应通过其他途径处理申诉，对于属于自己管理范围的，他将告知申诉人应先向下院议员书面提出，再由下院议员转交。至于由下院议员直接转交的申诉，议会监察专员将会对其进行筛选后再决定是否进行调查。下院议员每年收到大量申诉，其中有些他们自己能够处理，有些提交大臣，只有少量申诉才会转交议会监察专员。

1966年《法案》通过其间，估计每年下院议员收到的申诉为300000件，① 英国政府为了防止议会监察专员陷入申诉的汪洋大海，故意设置下院议员过滤机制来限制申诉的数量。这种限制措施是成功的，康普顿在上任的第一年（1967年）曾预测他每年将收到申诉6000—7000件，具有讽刺性的是在他任期四年内② 直接收到的公民申诉3010件，下院议员转交的申诉3595件，二者之和为6605件。③ 这其中还包括康普顿直接收到的公民申诉，再由公民将申诉提交下院议员后最终回到自己手中的相同申诉，就是这样的两种申诉之和才达到他预期一年的申诉数量。而1966年《法案》通过其间，估计每年下院议员收到300000件申诉的数据与议会监察专员收到的直接申诉、间接申诉乃至二者之和相比有着巨大的差距。单就下院议员与大臣之间的通信，在20世纪60年代早期也超过50000封，这就能解释政府认为，如果不为议会监察专员设置限制，他将陷入申诉泥淖之中的原因。"1976年卫生与社会部就处理了25000封来自下院议员的来信。1978年当时的议会监察专员估计每年下院议员和主要部门之间有200000次联系，其中有10万次涉及信件。当然，不是所有的信件都是处理申诉，下院议员递给大臣的申诉也不是所有都需要由议会监察专员进行调查。然而，下院议员收到的申诉数量和他们转交的申诉数量之间的差额仍然非常巨大。"④

下院议员过滤机制是"英国议会监察专员制度最为显著的特征，也是最有争议的问题之一"⑤。从表3-1中可以看出议会监察专员直接收

---

① Roy Gregory & Jane Pearson, "The Parliamentary Ombudsman after Twenty—Five Years", p. 474.
② 数据不包含1971年前三个月，下同。
③ 数据来源于表2-1、表2-2。
④ Roy Gregory & Jane Pearson, "The Parliamentary Ombudsman after Twenty—Five Years", p. 474.
⑤ William B. Gwyn, "The British PCA: 'Ombudsman or Ombudsmouse?'" pp. 183-184.

到公民的申诉数量,艾伦·马尔在五年内每年平均直接收到申诉为727件,伊德沃尔·皮尤在近三年内为1176件,塞西尔·克洛希尔在六年内为957件,安东尼·巴罗克拉夫在五年内为1003件。四任议会监察专员平均每年直接收到公民的申诉为943件,而同时期下院议员转交的申诉分别为665件、992件、855件、707件,1971—1989年间四任议会监察专员平均每年收到下院议员转交的申诉约为788件。相比康普顿的四年,[①]平均每年收到公民直接申诉为753件、下院议员转交的申诉约899件。通过这些数据对比可以看出,议会监察专员在1971—1989年间比1967—1970年间平均每年收到的公民直接申诉多25.23%,而下院议员转交的申诉则少12.35%,这说明公民更愿意直接向议会监察专员申诉,下院议员过滤机制是"不受公民欢迎的"[②]。"司法界"在1977年发表的《我们受束缚的监察专员》(*Ourfettered ombudsman*)报告中指出,公民直接申诉是议会监察专员制度的一项基本改革。[③]

表3-1　　　　　　　　1971—1989年提交议会监察专员的案件

年份	直接提交的申诉（件）	下院议员（人）	转交的申诉（件）	驳回的申诉（件）	驳回案件（%）
1971	505	305	548	295	53.8
1972	661	306	573	318	55.5
1973	676	306	571	285	49.9
1974	724	359	704	374	53.1
1975	1068	381	928	576	62.1
1976	882	375	815	492	60.4
1977	868	401	901	504	55.9
1978	1777	461	1259	927	73.6

---

① 康普顿从1967年4月1日上任至1971年3月31日退休,为了便于统计分析,他任内数据截止到1970年12月31日,1971年前三个月数据归第二任议会监察专员艾伦·马尔。马尔从1971年4月1日上任,因此当年数据包含康普顿前三个月在任的数据,马尔1976年3月31日退休,故将1976年前三个月的数据算入下一位监察专员任内。

② Roy Gregory & Jane Pearson, "The Parliamentary Ombudsman after Twenty—Five Fears", p. 470.

③ Justice, *Our Fettered Ombudsman*, Justice, 1977, p. 1.

续表

年份	直接提交的申诉（件）	下院议员（人）	转交的申诉（件）	驳回的申诉（件）	驳回案件（%）
1979	822	368	758	541	71.4
1980	1194	401	1031	686	66.5
1981	870	387	917	694	75.7
1982	1002	389	838	574	68.5
1983	952	462	751	605	80.6
1984	901	386	837	658	78.6
1985	935	373	759	606	79.8
1986	838	387	719	549	76.4
1987	1097	379	677	509	75.2
1988	1132	359	701	529	75.5
1989	1012	361	677	502	74.2

数据来源：英国议会监察专员年度报告。[1]

在1971—1989年间，从表3-2可以看出，下院议员共有7146人次向议会监察专员转交过申诉，每年约有376人次，这与英国下院议员639名（数据为六次大选下院议员的平均数）[2]相比，约占58.84%，这意味着每年有超过40%的下院议员没有向议会监察专员转交申诉。若从每年未转交申诉的下院议员占当年下院议员总数来看，这19年平均未转交申诉的下院议员比率为41.21%。"在1976—1980年间，平均每年有37%的下院议员没有向议会监察专员转交过申诉。"[3] 在这些年份中，下院议员未向议会监察专员转交申诉的情况分布并不均衡，其中有13个年

---

[1] Roy Gregory & Jane Pearson, "The Parliamentary Ombudsman after Twenty-Five Years", p. 473.

[2] 沈汉、刘新成：《英国议会》，南京大学出版社1991年版，第396页。从1966年至1989年英国共举行过七次大选，分别是：1970年、1974年、1974年、1979年、1983年、1987年，分别产生下院议员：630名、635名、635名、635名、650名、650名。*UK Election Statistics*: 1918—2012, p. 7. http://researchbriefings.parliament.uk/ResearchBriefing/Summary/RP12 - 43. 访问时间：2018年2月9日。

[3] William B. Gwyn, "The Ombudsman in Britain: A Qualified Success in Government Reform", p. 184.

份未转交申诉的下院议员比率超过40%,超过50%则有3个年份,低于40%的有6个年份,低于30%的有2个年份,其中最高为1971年达到51.59%,最低为1978年,低至27.40%。

每一位议会监察专员任内下院议员平均未转交申诉的情况也各不相同,它们分别为:47.56%、35.07%、37.68%、43.11%。第二任艾伦·马尔任内下院议员未转交比例最高,高达47.56%,第三任伊德沃尔·皮尤任内下院议员未转交比例最低,低至35.07%,两者相差超过10%。就是同一任内未转交的情况也差别很大,它们分别为:11.59%、13.54%、13.13%、3.08%。在这19年中,只有第五任安东尼·巴罗克拉夫在五年内每年下院议员未转交申诉的比率相差最小,最高为1988年,高达44.77%,最低为1987年,低至41.69%。虽然不同的议会监察专员收到下院议员转交申诉的情况各有不同,甚至同一任议会监察专员在不同年份收到的下院议员转交申诉的情况也有很大差异,但不可否认下院议员过滤机制使得平均41.21%的下院议员未发挥转交申诉的功能。下院议员对于转交申诉出现两种截然不同的倾向就说明这个问题。一种倾向认为自己只是起到传递的功能,当公民将申诉提交给下院议员时,他们会将申诉转交议会监察专员,另一种则几乎不转交申诉。"一些下院议员视自己为'法定邮筒',而其他下院议员则行使独立裁量权并拒绝转交申诉。"[1]

表3-2　　　　下院议员向议会监察专员转交案件的情况[2]

年份	下院议员总数	转交申诉的下院议员(人)	未转交申诉的下院议员(人)	未转下院议员占总数(%)
1971	630	305	325	51.59
1972	630	306	324	51.43
1973	630	306	324	51.43
1974	635	359	276	43.46
1975	635	381	254	40.0

---

[1] Carol Harlow & Richard Rawlings, *Law and Administration*, p. 538.
[2] Parliamentary Commissioner: Annual Reports, in Roy Gregory & Jane Pearson, "The Parliamentary Ombudsman after Twenty—Five Years", p. 473.

续表

年份	下院议员总数	转交申诉的下院议员（人）	未转交申诉的下院议员（人）	未转下院议员占总数（%）
1976	635	375	260	40.94
1977	635	401	234	36.85
1978	635	461	174	27.40
1979	635	368	267	42.05
1980	635	401	234	36.85
1981	635	387	248	39.06
1982	635	389	246	38.74
1983	650	462	188	28.92
1984	650	386	264	40.62
1985	650	373	277	42.62
1986	650	387	273	42.0
1987	650	379	271	41.69
1988	650	359	291	44.77
1989	650	361	289	44.46

数据来源：英国议会监察专员年度报告。

有学者在1970年一份关于下院议员的调查中得到这样的结果："100%的下院议员说，他们经常、很经常或总是给大臣写信，超过90%的下院议员表示，他们很少、极少或从不求助于议会监察专员。"[①]以1986年为例，从表3-3可以看出，六百五十名下院议员向议会监察专员转交的申诉情况为：二百六十三人从没有转交过；两百人转交过1件；一百零二人转交过2件；四十三人转交过3件；三十人转交过4件；七人转交过5件；四人转交过6件；一人转交过7件。当年共有三百八十七名下院议员转交过719件申诉，每人平均不足2件，占总数87%的下院议员转交了申诉总量的56.19%，而13.1%（由于四舍五入多出0.01%）的下院议员转交了申诉总量的43.81%。这再次说明下院议员过滤机制极大地制约了申诉的转交，从而造成议会监察专员收到申诉数

---

① Roy Gregory & Jane Pearson, "The Parliamentary Ombudsman after Twenty—Five Years", p.477.

量过少。

表 3-3　　1986 年下院议员向议会监察专员转交案件的情况

下院议员（人）	申诉（件）	共有申诉（件）	下院议员占总人数（%）	下院议员占总人数（%）
263	0	0	40.5	40.5
200	1	200	51.7	30.8
102	2	204	26.4	15.7
43	3	129	11.1	6.6
30	4	120	7.8	4.6
7	5	35	1.8	1.1
4	6	24	（本列疑有误）	0.6
1	7	7		0.2

数据来源：英国议会监察专员年度报告①

如果将英国议会监察专员制度与国外相同或相似制度相比这种差别更为明显。以 1976—1978 年为例，"法国 774 名国民议会议员和参议员平均每年向调解专员转交申诉 3478 件。而在同一时期，英国 635 名下院议员平均每年向议会监察专员转交申诉 992 件，不到法国的 1/3，尽管法国人口比英国略少。"② 若以 1975 年为例，英国议会监察专员收到下院议员转交申诉 928 件，而瑞典则为 3202 件，是英国的 3.5 倍，当时英国人口 5300 万，而瑞典仅 800 万，英国人口是瑞典的 6.6 倍。③ 如果瑞典有英国同样多的人口则瑞典议会监察专员将收到申诉 21213 件，将是

---

① Drewry and Harlow 1990, in Roy Gregory and Jane Pearson, "The Parliamentary Ombudsman after Twenty—Five Years", p.475. 根据原表制作，其中原表并没有"共有申诉"列，下院议员占总人数百分比疑似有误，故另列纠正。

② William B. Gwyn, "The Ombudsman in Britain: A Qualified Success in Government Reform", pp.184-185. 法国调解专员制度（The French Mediuteur）设立于 1973 年，它是除英国议会监察专员制度之外少有的通过议员转交申诉的监察专员制度，不过法国的议员不似英国仅限于下院议员，而是包括法国的国民议会议员（类似于英国的下院议员和美国的众议员）和参议员。

③ Frank Stacey, Ombudsmen Compared, pp.7-12. 关于英国议会监察专员完成调查数量另一种记载为 244 件。参见 Roy Gregory & Jane Pearson, "The Parliamentary Ombudsman after Twenty—Five Years", p.472.

英国的 22.9 倍。这同样说明实行下院议员过滤机制的英国议会监察专员制度在收到申诉数量方面存在明显的缺陷。

由此可见，下院议员过滤机制对于议会监察专员收到申诉起着至关重要的作用，它直接影响着议会监察专员调查案件的数量。这也说明公民对于议会监察专员的运作流程不熟悉，而下院议员过滤机制是造成这种现象的重要原因。如果说在《法案》颁布五年后公民对于议会监察专员的运作流程不熟悉还情有可原，那么在《法案》颁布一二十年后公民向议会监察专员直接提交申诉的数量不仅不降反而有上升的趋势，则不太正常。这说明通过下院议员转交申诉的过滤机制实际上大大阻碍了公民向议会监察专员提交申诉。

（二）议会监察专员对于申诉的筛选

议会监察专员收到公民的申诉后将进行筛选，筛选对于申诉是否进行调查有着重要作用，因为并非所有申诉都会进行调查，而英国议会监察专员对收到的申诉进行调查的比例更低。前面讲到，未经下院议员转交的申诉是不会进行调查的，只有经过下院议员过滤之后转交给议会监察专员的申诉才有可能进行调查。通过表 3-1 可以看出，在 1971—1989 年间议会监察专员共收到公民直接申诉 17916 件，而下院议员转交的申诉则为 14964 件。前者是后者的 1.20 倍，议会监察专员平均每年直接收到申诉 943 件，而收到转交的申诉为 788 件，在这 19 年间仅有 3 个年份转交的申诉多于直接申诉，它们分别是 1971 年、1977 年、1981 年，其余年份直接申诉均多于转交申诉。在 1971—1989 年间，各任议会监察专员直接申诉与间接申诉分别为：3634 件、3324 件；3527 件、2975 件；5741 件、5132 件；5014 件、3533 件。二者平均值分别为：727 件、665 件；1176 件、992 件；957 件、855 件；1003 件、707 件。二者之差分别为 62 件、184 件、102 件、296 件。由此可见，第二任直接申诉与间接申诉之差最小，而第五任最大。

在 19 年中除去三个直接申诉小于间接申诉年份外，二者差别最大的是 1978 年，高达 518 件，最低的年份是 1974 年，低至 20 件。虽然各任议会监察专员直接申诉与间接申诉之间存在差别，甚至同一任内二者差别也很大，但它们共同反映出议会监察专员收到的直接申诉多于下院议员转交的申诉。之所以出现这种现象的原因有两种：一种是公民更倾向

第三章 英国议会监察专员制度的改革与发展时期（1971—2017）

于直接向议会监察专员提交申诉；另一种是下院议员向议会监察专员转交申诉比较少。对于第一种原因，从《法案》制定过程中反对下院议员过滤机制就不难理解。对于后一种原因可能有两种情况。第一种情况，直接申诉不属于议会监察专员的管辖范围。议会监察专员在收到申诉后将会告知申诉人他的申诉不属于自己的管辖范围，他应向其他机构寻求解决，如法院或裁判所。在此情况下，直接申诉将不会转为下院议员的转交申诉。第二种情况，直接申诉属于议会监察专员的管辖范围。当议会监察专员认为申诉人的申诉属于自己管辖范围时，他将告知申诉人应当先向下院议员书面提出申诉，再由下院议员转交给自己，即通过下院议员过滤机制。在从议会监察专员再到下院议员转交的过程中，申诉人或因为某种原因如未能收到议会监察专员告知信件，或因为过程复杂放弃向下院议员提交申诉，或者向下院议员提交申诉之后被下院议员拒绝转交而他又放弃向其他下院议员提交申诉直至转交成功为止。这两种情况都会导致下院议员转交申诉少于申诉人直接申诉。

当议会监察专员确认申诉来自下院议员后，他将筛查这些申诉是否受理或者将其驳回。这是议会监察专员筛选最为重要的部分。议会监察专员对于直接申诉和转交申诉的筛选侧重点不同。对于公民直接申诉，议会监察专员的筛选主要在于确定是否属于自己的管辖范围，而且不论筛选结果如何，他都不会受理这些申诉，所以这种筛选可以称为初级筛选。议会监察专员对于下院议员转交的申诉的筛选的目的则是确定是否受理这些申诉，它们将成为案件调查的对象。因此，议会监察专员对于下院议员转交的申诉更为慎重，如果将其驳回，他将需要说明理由，而且驳回的比例很高。从表3-1中可以看出，在1971—1989年间，议会监察专员共收到下院议员转交的申诉14964件，驳回的申诉10224件，占转交申诉总量的68.32%，这意味着下院议员转交的申诉仅有30%左右被受理或调查。议会监察专员平均每年收到申诉788件，而驳回的申诉为538件。驳回比例最高的年份是1983年，高达80.6%，最低年份为1973年，低至49.9%。各位议会监察专员收到下院议员转交的申诉与他驳回的申诉分别为：3324件、1848件；2975件、1923件；5132件、3758件；3533件、2695件。二者平均值分别为：665件、370件；

992件、641件；855件、626件；707件、539件。二者之差分别为295件、351件、229件、168件。驳回案件与收到案件之比为：55.60%、64.64%、73.23%、76.28%。通过数据可知，第二任驳回比率最低，第五任驳回率最高。

各位议会监察专员任内每年平均驳回申诉占转交申诉的比率也差别很大，驳回比率最高年份与最低年份之差分别为：12.2%、13.2%、14.1%、5.6%。这表明第四任每年驳回申诉的波动最大，而第五任最小。虽然各位议会监察专员驳回申诉的比率和数量各不相同，任内每年差别也很大，但它们基本反映出议会监察专员驳回下院议员转交申诉的比率很高，他们受理的申诉和调查的案件很少。议会监察专员驳回下院议员转交申诉的理由很多，比如不属于中央政府部门、不属于不良行政等，而不属于管辖范围是最为常用的理由。"通过议员提出的申诉通常有三分之二没有被同意进行调查，多半是因为不属于特派员的管辖范围。"[①] 以1981年为例，当年下院议员转交了917件申诉，被议会监察专员驳回694件，占转交申诉的75.7%，在驳回申诉中，"被控诉的行政部门不归特派员管的占23%，提得不巧当或者与行政无关的占41%，还有10%涉及公务人员的问题。所以，由于管辖范围的限制，正当的申诉中有很多都不能进行调查"[②]。"下院议员在转交申诉的表现上相当不一致，其中许多下院议员根本不运用议会监察专员（功能）。"[③]

英国议会监察专员受理的申诉数量是偏少的，通过与其他国家相比这一特征则表现得更为明显。以1975年为例，英国议会监察专员受理申诉928件，而瑞典为2293件，是英国的2.47倍，当时英国人口5300万，而瑞典仅800万，是瑞典的6.63倍。[④] 如果瑞典有英国同样的人口，瑞典议会监察专员受理申诉将为15191件，将是当年英国议会监察专员

---

① [英] 约翰·格林伍德、戴维·威尔逊：《英国行政管理》，汪淑钧译，商务印书馆1991年版，第277页。

② [英] 约翰·格林伍德、戴维·威尔逊：《英国行政管理》，汪淑钧译，商务印书馆1991年版，第277页。

③ Leyland Peter & Gordon Anthony, *Textbook England Administrative Law*, pp. 128–129.

④ Frank Stacey, *Ombudsmen Compared*, pp. 7–12. 关于英国议会监察专员完成调查数量另一种记载为244件。参见 Roy Gregory & Jane Pearson, "The Parliamentary Ombudsman after Twenty—Five Years", p. 472.

第三章　英国议会监察专员制度的改革与发展时期（1971—2017）

受理申诉的16.37倍。1975年丹麦议会监察专员受理申诉1889件，是英国的2.04倍，丹麦当年人口500万，英国人口是丹麦的10.6倍。① 如果丹麦有英国同样的人口，丹麦议会监察专员受理申诉将为20023件，将是当年英国议会监察专员受理申诉的21.58倍。当然，1975年英国已设立卫生监察专员和地方监察专员，他们将分流部分公民的申诉。即便如此，通过与国外议会监察专员制度比较，将同样得出英国议会监察专员受理申诉的数量是相当少的。

英国议会监察专员制度通过下院议员过滤机制和议会监察专员的筛选使得能够受理的申诉非常少，从而直接影响到调查案件的数量。这是英国议会监察专员制度最为明显的特征，同时也是国内争议最多的问题。因此，如果从消极意义上说，英国议会监察专员受理申诉的数量是非常有限的。但如果从积极意义上说，英国议会监察专员制度虽然受理公民申诉的数量有限，但它毕竟为公民提供了一条申诉的渠道。"与其说是议会行政监察专员或议会监察专员篡夺了下议员的作用，还不如说是他为过去不存在的申诉调查开辟了一项全新的通道。"② "也许议会监察专员最大的优势在于他们能够为争议双方提供一种解决争议的渠道，而无需诉诸昂贵的法律救济途径。"③

议会监察专员的下院议员过滤机制使得他并不能主动调查申诉，只有当公民将申诉提交下院议员，再由下院议员转交议会监察专员后才能决定是否进行调查，而作为议会监察专员本身却不能主动发起调查，这使得议会监察专员在申诉上具有消极性、被动性和滞后性，难以充分发挥申诉和调查的作用。议会监察专员计划没有得到充分宣传，公民未能广泛地认识他，而他仅在少部分人中挑选工作人员，导致议会监察专员计划"未被充分利用"④。这体现出英国政治的务实性和保守性之间的矛盾。务实性表现在因为克利切尔高地事件设立议会监察专员解决不良行政问题，保守性表现在尊重历史和传统，重视下院议员的申诉功能，从

---

① Frank Stacey, *Ombudsmen Compared*, p.29. 丹麦数据为1975年6月至1975年5月。
② ［英］彼得·莱兰、戈登·安东尼：《英国行政法教科书》，杨伟东译，北京大学出版社2007年版，第184页。
③ Leyland Peter & Gordon Anthony, *Textbook England Administrative Law*, p.153.
④ Justice, *Our fettered Ombudsman*, pp.3-4.

而对议会监察专员设置种种限制,致使本来可以充分发挥申诉功能的机构未能充分发挥作用。

(三) 议会监察专员的调查

调查是考察议会监察专员制度运行的另一重要指标。议会监察专员收到下院议员转交的申诉后通过筛选以决定是否受理。在1971—1989年间,议会监察专员共收到下院议员转交的申诉14964件,驳回的申诉10224件,占转交申诉总量的68.32%,剩下的31.68%才是议会监察员受理的申诉,而这些受理的申诉才是他决定是否调查的对象。当议会监察专员决定受理申诉之后才能进入调查阶段。议会监察专员的调查分为局部调查和完全调查。弗兰克·斯泰西将其称为"部分调查或局部调查"(partial investigation)[①]和"终止调查"(investigation discontinued)[②]。当议会监察专员决定调查下院议员转交的申诉时,他需要将案件情况以及需要部门主官作出评论的信函一起寄给部门常务次官(文官)。当收到部门主官答复后,议会监察专员决定是否同意他的答复,并以此为基础提交一份报告。《法案》刚刚通过时,并没有规定议会监察专员可以建议赔偿,经过议会监察专员和特别委员会共同努力,在1973年议会监察专员获得了建议赔偿权。在部分案件中,当相关部门同意申诉合法性并给予完全赔偿时局部调查完成,接着议会监察专员提交一份报告给相关部门和有关下院议员,案件结束。从表3-4可以看出,1971—1975年,议会监察专员调查案件1476件(转交量与驳回量之差),局部调查案件114件,占调查案件总量的7.72%,平均每年23件。相比瑞典,1975年议会监察专员调查案件2293件,主动调查案件(cases initiated)400件,占当年申诉总量的17.44%。通过对比可知,瑞典议会监察专员一年主动调查案件占全年调查的比例虽然仅是英国的2.26倍,但在数量上却是英国的17.4倍,若以英国议会监察专员当年局部调查案件19件为参照标准,则是英国的21.1倍。这说明英国议会监察专员的局部调查远小于瑞典议会监察专员的主动调查。

---

① Frank Stacey, *The British Ombudsman*, p. 308.
② Frank Stacey, *Ombudsmen Compared*, p. 163.

表 3-4　　　1971—1975 年议会监察专员处理申诉的情况①

年份	直接申诉	转交申诉（件）	超出管辖的申诉（件）	局部调查（件）	全面调查（件）	不良行政（件）	不良行政（％）
1971	505	548	295	39	182	67	37
1972	661	573	318	17	261	79	30
1973	676	571	285	12	239	88	37
1974	724	704	374	27	252	94	37
1975	1068	928	576	19	244	90	37

当议会监察专员对部门主官答复不满意时，调查才真正开始，这意味着案件进入全面调查阶段。在全面调查阶段，议会监察专员公署工作人员将从申诉人那里收集证据，这些证据可能是口头的或是书面的，同时还需要从被投诉的部门获得档案和文件。当议会监察专员公署工作人员将收集的材料完成后会准备一份案件处理结果报告的草案。草案包括案件的全部事实、调查过程及对申诉所得出的结论和调查结果，如果支持申诉，草案还将载明具体赔偿要求。这个草案通常也成为讨论案件的主题。议会监察专员将草案寄给常务次官（文官）。部门主官通过草案将会知道案件调查的事实、议会监察专员提出的补偿措施和是否同意草案中披露的相关信息。通常部门主官会承认错误，同意赔偿。这时议会监察专员获得答复后将根据案件处理结果报告的草案向部门和相关下院议员提交案件处理的结果报告，这时完全调查案件结案。

在特殊情况下，部分部门主官不同意议会监察专员的调查结果和处理意见，这时议会监察专员需要向特别委员会提交报告，通过特别委员会向相关部门交涉。如果相关部门仍不承认错误并给予受害人赔偿，议会监察专员经特别委员会同意将相关案件写入年度报告或提交特别报告，而它们都需要议会两院审核。这时部门主官需要在议会回答议员的提问，部门主官和所在部门乃至政府都将面对巨大的压力，所以相关部门经过与议会监察专员和特别委员会几个回合的较量，绝大多数部门都会同意

---

① Parliamentary Commissioner' Reports 1971 to 1975, in Frank Stacey, *Ombudsmen Compared*, p. 163.

给予受害人赔偿。在1974年考特·莱恩航空公司（Court Line Aviation）案和1989年巴洛·克洛斯（Barlow Clowes）公司案中，相关部门都不同意议会监察专员的批评，拒绝他的赔偿方案。议会监察专员将相关案件提交特别委员会，经特别委员会同意写入当年年度报告，从而迫使相关部门对受害人进行了赔偿，这时这些特殊的全面调查最终结案。在1971—1989年，议会监察专员全面调查的案件中涉及人数众多、影响较大的典型案件有1974年考特·莱恩航空公司案和1989年巴洛·克洛斯公司案等。

在1971—1989年间，从表3-5中可以看出，英国议会监察专员共完成完全调查案件4146件，平均每年218件，而完全调查案件中获得支持案件（Complaints upheld）共1665件，平均每年88件，支持案件占完全调查案件的40.16%。相比英国，1975年瑞典议会监察专员共完成完全调查案件1893件，合理案件（foundjustified）440件，占完全调查案件的23.24%，虽然这个比例低于英国，但完全调查案件是英国（244件）该年的7.76倍，是1971—1989年间的45.66%。这个数据的前提人口是重要的因素，英国在该时期人口为5300万（1975年），而瑞典800万，是英国的15.1%。如果瑞典有英国同样的人口，则瑞典议会监察专员将完成完全调查案件12541件，英国议会监察专员自1967年至2017年为止50年尚难以达到这个数字。而1975年丹麦议会监察专员当年完成调查797件，完成量是英国的3.3倍，支持案件233件，是英国的2.6倍。丹麦人口500万，英国人口是丹麦的10.6倍。[①] 若丹麦有英国同样的人口，则丹麦议会监察专员将完成调查8448件，支持案件将达到2470件，是英国1971—1989年19年间的1.48倍。

通过比较可以看出，英国议会监察专员调查数量是很低的。不过英国议会监察专员在此其间也有明显的变化，那就是支持案件占完全调查案件的比率呈现上升趋势。如果以每一任议会监察专员为单位，第二任至第五任的支持案件、完全调查案件和二者之比分别为：418、1178、35.48%；381、973、39.16%；526、1259、41.78%；340、736、46.20%，而第一任的相关数据分别为：164、1123、14.60%。通过这些

---

① Frank Stacey, *Ombudsmen Compared*, p. 30.

数据可以看出，虽然从横向相比英国议会监察专员的调查案件与瑞典、丹麦不可同日而语，但从英国议会监察专员制度发展史来看还是有明显进步的。

英国议会监察专员制度虽然有着自己的优势，但存在明显的不足。英国议会监察专员制度与国内其他监察专员制度相比，它提供了一种更有保障的申诉渠道、救济方式和监督途径。但英国议会监察专员制度比起其他国家的监察专员制度则逊色不少。与其从消极层面来说英国议会监察专员制度存在种种缺陷，不如从积极层面来说这种制度仍有着不少优点。如果说英国议会监察专员更像个防火员而非灭火员或许更为妥当。因为英国议会监察专员的作用在于通过调查案件尤其是大型案件，从而对中央政府部门的工作人员形成震慑，促使他们更好地执行法律，但如果要求他处理众多具体案件，则差强人意。

表3-5　　　　1971—1989年议会监察专员受理申诉完全
调查与支持申诉比例①

年份	申诉数量（件）	支持申诉数量（件）	百分比（%）
1971	182	67	36.8
1972	261	79	30.3
1973	239	88	36.8
1974	252	94	37.3
1975	244	90	36.9
1976	320	139	43.4
1977	312	111	35.6
1978	341	131	38.4
1979	223	84	37.7
1980	225	107	47.6
1981	228	104	45.6
1982	202	67	33.2

① Roy Gregory & Jane Pearson, "The Parliamentary Ombudsman after Twenty—Five Years", p. 472.

续表

年份	申诉数量（件）	支持申诉数量（件）	百分比（%）
1983	198	83	41.9
1984	183	81	44.3
1985	177	75	42.4
1986	168	82	48.8
1987	145	63	43.5
1988	120	59	49.2
1989	126	61	48.4

数据来源：英国议会监察专员年度报告。

表3-6　　　　前五任议会监察专员及其案件调查情况

名字	任期	时间（年）	支持案件	调查案件	百分比（%）
艾德蒙·康普顿	第1任	1967—1970	164	1123	14.60
艾伦·马尔	第2任	1971—1975	418	1178	35.48
伊德沃尔·皮尤	第3任	1976—1978	381	973	39.16
塞西尔·克洛希尔	第4任	1979—1984	526	1259	41.78
安东尼·巴罗克拉夫	第5任	1985—1989	340	736	46.20

二　议会监察专员制度发展时期的运行状况（1990—2017）

英国议会监察专员制度进入20世纪90年代与之前的二十多年相比遇到了一些大的挑战，但本身没有发生根本性的变化。这表现在备受争论的下院议员过滤机制虽然一直要求被废除，但在20世纪90年代之前议会监察专员和特别委员会对此并不热心，下院议员的支持率也不高，但进入21世纪情况有了好转。英国内阁发布的《英国公共部门监察专员评论》建议废除下院议员过滤机制，甚至议会监察专员安·亚伯拉罕（Ann Abraham）也"呼吁废除下院议员过滤机制，并于2009年11月在到公共行政特别委员会（Public Administration Select Committee，PASC）出席会议前就强调了她的立场"[①]。除此之外，英国议会监察专员制度处

---

① Parliamentary and Health Service Ombudsman, *Annual Report* 2009–2010, 2010, p.23.

第三章　英国议会监察专员制度的改革与发展时期（1971—2017）

理申诉也有了一些变化，这表现在受理申诉的数量比之前的两个阶段有了较大的提升，处理方式也有了明显变化，这表现在引入"快速处理"（fast-tracking）和"事先筛选"（pre-investigation resolution）的程序上。[①] 同时，《公民宪章》的提出使得公民的申诉、救济和监察渠道有了更多的选择，英国也设立了一些新的监察专员如税务裁判员和信息监察专员，这使得议会监察专员不能管辖领域的申诉在一定程度上得到解决。从1990年至2017年是英国议会监察专员制度发展的第三个阶段，此时正值该制度设立50周年。虽然这个阶段是三个阶段中历时最长的一个，但英国议会监察专员制度本身并没有重大的制度变革，以下将分三个时段探讨英国议会监察专员制度的运行情况。为了便于分析将第三阶段以1990年、2000年、2010年为时间点分为三个时段。[②]

衡量英国议会监察专员制度运行情况如何需要从他收到申诉的数量、调查案件的数量等方面考察。1990年1月1日至2017年3月31日分别由威廉·里德爵士（Sir William Reid）担任英国第六任议会监察专员，迈克尔·安东尼·巴克利爵士（Sir Michael Buckley）担任第七任，安·亚伯拉罕担任第八任，朱莉·特里萨·梅勒女爵士（Julie Thérèse Mellor）担任第九任。值得注意的是，罗布·贝伦斯（Rob Behrens）已从2017年4月6日开始担任英国第十任议会监察专员，但本书数据截止到2017年3月31日。

表 3-7　　第 6—10 任议会监察专员在期时间

名字	任期	时间
威廉·里德	第 6 任	1990 年 1 月 1 日—1996 年 12 月 31 日
迈克尔·安东尼·巴克利	第 7 任	1997 年 1 月 1 日—2002 年 11 月 3 日
安·亚伯拉罕	第 8 任	2002 年 11 月 4 日—2011 年 12 月 31 日
朱莉·特里萨·梅勒	第 9 任	2012 年 1 月 1 日—2017 年 4 月 5 日
罗布·贝伦斯	第 10 任	2017 年 4 月 6 日至今

---

① Leyland Peter & Gordon Anthony, *Textbook England Administrative Law*, p. 141; Philip Giddings, "Whither the Ombudsman?" *Public Policy and Administration*, Vol. 16, No. 2, 2001, p. 5.

② 三个时段具体指：1990 年 1 月 1 日—2000 年 3 月 31 日；2000 年 4 月 1 日—2010 年 3 月 31 日；2010 年 4 月 1 日—2017 年 3 月 31 日。

关于从 1990 年到 2017 年议会监察专员运行情况，学者研究成果并不太多，而且衡量标准与之前也不完全一样。因为议会监察专员虽然从 1973 年开始又担任卫生监察专员，但二者的年度报告是分别向议会提交的，这为研究者提供了统计数据的便利，但从 1993 年开始议会监察专员与卫生监察专员合并，而且他们的年度报告也一起提交。这时议会监察专员制度与卫生监察专员制度运行情况的统计数据便融合在一起，有时在这些混合数据中很难将议会监察专员制度运行情况的统计数据分离。就是"议会监察专员"这个名称也很少使用，而是称为"议会和卫生监察专员"（Parliamentary and Health Service Ombudsman，简称 PHSO）。"议会监察专员的正式头衔今天很少使用，最近议会监察专员公署已更名为议会和卫生监察专员公署，这反映了同一个人一直担任英国议会监察专员和卫生监察专员职位的事实。"[1] 同时，这一阶段的报告方式也有所不同，之前往往从议会监察专员直接受理公民的申诉数量、下院议员转交申诉的数量、下院议员转交申诉的人数、议会监察专员驳回下院议员转交申诉的数量、议会监察专员调查案件的数量和支持案件的数量来考察议会监察专员的运行情况。但在第三阶段，议会监察专员直接受理公民的申诉数量和驳回下院议员转交申诉的数量不再单独出现，代之以议会监察专员收到询问的数量（enquiry）和评估情况（Assessment）。对于案件处理的方面，之前主要是通过驳回申诉的数量、调查申诉的数量和支持案件的数量来考察，可是在第三阶段处理的方式更加多样化，而且通过全面调查案件解决申诉的情况有了明显的变化，那就是全面调查案件的比例在下降。虽然在新阶段议会监察专员年度报告出现了新的变化，解决申诉的途径也开始变得多样化，但作为传统的衡量议会监察专员制度的一些维度仍然有着重要意义。

（一）第一个十年的运行状况

1990 年英国议会监察专员制度进入新的时期，从 1990 年至 1999—2000 年度是议会监察专员制度发展的第三阶段第一个十年，也是 20 世纪的最后十年。在这十年内，英国议会监察专员制度继续向前发展，虽然制度本身没有发生重大变革，诸如废除下院议员过滤机制这样的大事，

---

[1] Parliamentary and Health Service Ombudsman, *Withstanding the Test of Time*, 2007, p. 21.

但它在受理申诉、处理积案（申诉）等方面还是发生了明显的变化。

1. 受理申诉的情况

申诉受理情况是考察议会监察专员制度的重要指标，对于英国尤其重要，因为英国议会监察专员制度不同于典型的瑞典、丹麦和新西兰的议会监察专员制度，它采取下院议员过滤机制和监察专员筛选机制。英国议会监察专员受理的所有申诉数量要比其他国家的监察专员受理的申诉数量少得多，这在第一阶段和第二阶段已经作了说明。进入第三阶段第一个十年申诉受理情况仍是衡量议会监察专员的一个重要指标，这一时期议会监察专员受理申诉比之前的两个阶段相比有了明显的增多。从图3-1中可以看出，1990年至1999—2000年度，英国议会监察专员共收到申诉17768件，平均每年为1777件，这个数据比第一阶段和第二阶段的平均值都高。第一阶段1967—1970年四年间议会监察专员共收到下院议员转交的申诉3595件，平均每年899件；第二阶段1971—1989年19年间议会监察专员共收到下院议员转交的申诉14964件，平均每年788件。这一时期约是前两个阶段的2倍，这说明虽然从横向相比英国议会监察专员比国内其他监察专员以及其他国家的议会监察专员收到的申诉要少得多，但从纵向历史的发展来看，英国议会监察专员在收到申诉方面仍有很大的发展。

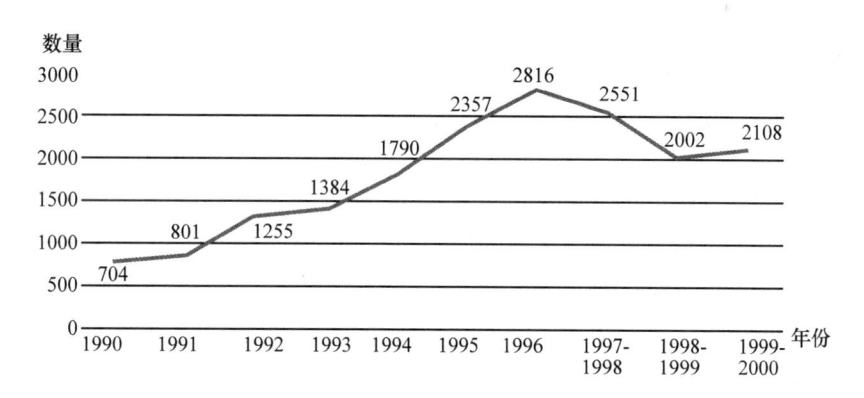

图3-1 第一个十年（1990—2000年度）议会监察专员受理申诉情况

在这一时期，议会监察专员在各年中收到的申诉也有着较大的差别，其中最高的年份为1996年，高达2816件，最低为1990年，低至704件。前者是后者4倍，基本呈现从低到高再到低的走势，大致呈现图3-1的走势。议会监察专员收到申诉的数量是关心此制度的人士非常看重的一个指标,事实上的确如此。以国外为例,瑞典监察专员在1992—1993年度(1992年7月1日至1993年6月30日)共收到申诉4277件,① 但瑞典人口仅有800万,英国则有5300万。法国的调解专员在1992年收到申诉35123件,在1994年则收到申诉44344件,法国的人口与英国相当。通过与瑞典和法国相比,英国议会监察专员收到的申诉是很少的,当然法国调解专员收到的申诉包括地方代表(地方参议员和众议员),而英国也有数种其他监察专员,英国地方监察专员在1995—1996年度收到申诉15266件。② 即便如此,英国议会监察专员收到的申诉仍是很少的。

英国之前的年度报告会列出议会监察专员自己收到公民申诉的数量。如在1990年议会监察专员收到公民的直接申诉1043件,而1991年则为1045件,同时会列出共有多少下院议员转交了申诉。如1990年有371人转交了申诉,而1991年则有432人,但之后这些信息则比较模糊,很少单独提到。随着社会的发展新的申诉或者询问方式也在发生变化,之前写信和电话是申诉和询问的主要途径,但新的传真和电子邮件(E-mail)也开始使用。随着时间的推移,传统的询问方式所占的比例开始下降,而新的信息工具的使用率在上升。1997—1998年度议会监察专员收到电话询问6950件,信件和传真1087件,而1998—1999年度电话询问7371件,信件和传真822件,电子邮件也开始使用,并收到71封电子邮件。随着新的交流手段的使用,询问数量有了很大的提高,而申诉的数量也受到了影响。议会监察专员的申诉要求必须是书面的,而且必须由下院议员转交才算正式申诉,而随着新的交流手段的使用,申诉人通过询问就能解决的问题就不必通过书面申诉这种繁琐的申诉途径。议会监察专员处理申诉也开始使用新的交流手段,这是处理申诉的新变化,它们的出现给议会监察专员处理申诉带来了新的机遇。

---

① [瑞典]本特·维斯兰德尔:《瑞典的议会监察专员》,程洁译,清华大学出版社2001年版,第33—34页。
② Richard Kirkham, "A Review of the Public Sector Ombudsmen, 2005 – 2006", *The Journal of Social Welfare & Family Law*, Vol. 28, No. 3 – 4, 2006, p. 350.

第三章 英国议会监察专员制度的改革与发展时期（1971—2017） 185

2. 积案（申诉）占受理申诉的情况

在1990—2000年10年内，从1992年至2000年数年间，议会监察专员共有积案（申诉）4784件，平均每年约为598件，下院议员转交的申诉11479件，平均每年约为1435件，积案（申诉）占8年全部申诉的（16263件）29.42%。

积案（申诉）是衡量议会监察专员运行情况的新指标，在之前的考察中并没有使用过，这不是说之前两个阶段没有积案（申诉），只是数据统计不便利而已。申诉从下院议员转交到议会监察专员是在不同的月份，在年初和年末转交的申诉成为积案的情况不同，而且议会监察专员筛选申诉需要一定时间，申诉在转化成为调查的申诉即案件也需要时间。"早年议会监察专员完成一项调查所需的时间为12个月，现在已降到1年之内（2000—2001年度时平均为45周）；而非通过全面调查（即通过简易调查）解决的案件，在议会监察专员积极介入的前提下，2000—2001年度的平均时间为27周。"① 因此，出现积案（申诉）从议会监察专员制度运行和发展角度来看是正常的，但如果出现积案（申诉）过多以及占全年申诉的比例过高则说明这个制度本身存在问题，事实正是如此。

从英国议会监察专员制度前两个阶段运行状况以及与国内外相同制度比较来看，存在受理申诉数量少、调查案件比例低、调查时间漫长的缺陷，所以无论是议会监察专员还是社会各界都对积案（申诉）非常重视。有人风趣地将完全调查所需要的漫长过程比喻为"劳斯莱斯（Rolls Royce method）款式"的调查。② 这可能是导致英国议会监察专员制度出现积案（申诉）的原因之一。而积案（申诉）过多和案件调查时间漫长也是下院议员转交申诉较少的原因之一。③ 不少下院议员认为，议会监察专员采取的漫长的调查程序对他们而言冗长而令人厌倦，向大臣写一封信经常就可以快速、成功地解决问题。④ 因此，议会监察专员在1997—1998年度报告中声明将对更多申诉采取"快速处理"和"事先筛

---

① ［英］彼得·莱兰、戈登·安东尼：《英国行政法教科书》，杨伟东译，北京大学出版社2007年版，第148页；Parliamentary Ombudsman, *Annual Report* 2001-2002, 2001, p.5.
② Leyland Peter & Gordon Anthony, *Textbook England Administrative Law*, p.141.
③ Leyland Peter & Gordon Anthony, *Textbook England Administrative Law*, p.141.
④ Leyland Peter & Gordon Anthony, *Textbook England Administrative Law*, p.141.

选"的程序。从 1992 年至 2000 年间积案（申诉）占当年（年度）申诉比例分别为 24.70%、28.76%、25.59%、27.62%、31.36%、42.81%、24.78%、23.53%。最高为 1997—1998 年度，竟达到 42.81%，最低为 1999—2000 年度，低至 23.53%。积案（申诉）占当年（年度）申诉的比例在 1992—2000 年间大致呈图 3-2 走向，经历了先低后高再低的过程。积案（申诉）在 1997—1998 年度达到这八年的最高值。正因为如此，议会监察专员在 1997—1998 年度报告中声明将对更多申诉案件采取"快速处理"和"事先筛选"的程序。自此之后，积案（申诉）占当年（年度）申诉的比例开始下降，并回到 1992 年的平均值。积案（申诉）的数量以及占当年申诉的比例在一定程度上影响到英国议会监察专员制度的效率，因为英国议会监察专员制度本来受理申诉就少，而积案（申诉）又基本占去当年申诉的 1/4，这使得议会监察专员能够调查的申诉（案件）更少，所以议会监察专员每个年度报告都要制订计划希望降低积案（申诉）的数量和比例。

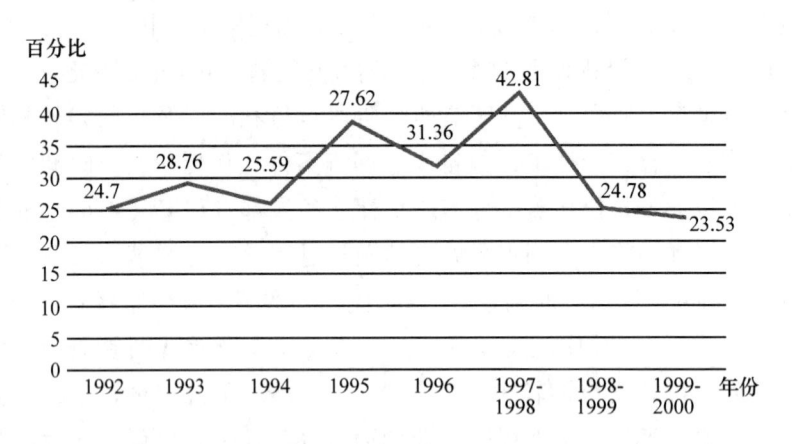

图 3-2 积案（申诉）占当年（年度）申诉的比例

3. 案件全部调查占申诉的比例

案件全部调查是衡量议会监察专员制度的又一重要指标，英国议会监察专员的全面调查是很彻底的。实际上，案件的全面调查是英国议会监察专员制度的主要优势之一，但与之相伴的是时间漫长，费用昂贵，将其比作"劳斯莱斯款式"的调查并非空穴来风。从 1990 年至 1999—

2000年度，议会监察专员全面调查的案件为2550件，除去1990年和1991年两年为2190件，这八年平均每年为274件，包括1990年和1991年两年的数据在内呈上升趋势，其中最高为1997—1998年度，达到376件，最低为1990年有177件，前者是后者的2.12倍。这说明单独从案件的全面调查来看，这一时期的数量与第二阶段的数量相比有了较大的提高。1971—1989年19年间共调查案件4146件，平均每年调查约218件。虽然与第一阶段1967—1970年四年间调查的1123件，平均每年调查281件相比还有些的差距，但他取得的成绩是值得肯定的。因为1997—1998年度采取了"快速处理"和"事先筛选"程序，所以很多申诉在未成为案件之前就已经解决了，能够成为案件的申诉往往是比较难以处理的。

然而，单独以案件的全部调查来衡量议会监察专员制度的运行状况是有其片面性的。如果与国外相同制度相比，英国议会监察专员调查案件的数量仍是非常少的，但这并不能否定此制度在第三阶段第一个十年中调查案件数量增多的事实。案件全面调查的数量占1992年至1999—2000年度（16263件）申诉的比例为13.47%，每一年全部调查的案件占当年（年份）申诉比例为：15.14%、15.03%、12.63%、10.39%、9.23%、14.74%、18.58%、14.85%。其中以1998—1999年度最高，达到18.58%，1996年最低，低至9.23%，前者是后者的2倍。这八年（年度）案件全面调查呈现出由高到低再高的走势，这与积案（申诉）占当年申诉比例的走势基本相反，大致呈图3-3的走势。这说明全面调查案件在第三阶段第一个十年出现较大的波动，案件全面调查呈现走低的趋势再到逐渐恢复的态势，但总体比例较低。

从案件全面调查的数量占1992年至1999—2000年度的申诉比例为13.47%来看这个数字并不高。第一阶段全面调查案件（1123件）占下院议员转交的案件（3595件）比例为31.24%，第二阶段全面调查案件（4146件）占下院议员转交的案件（14964件）比例为27.71%。之所以出现这种现象，主要原因是这八年收到的申诉增多了。以第二阶段为例，下院议员在19年间共转交了14964件申诉，而在这一时期，议会监察专员在八年里就收到了16263件申诉，申诉数量增多就可能导致案件调查的比例下降，而"快速处理"和"事先筛选"程序则将很多申诉在

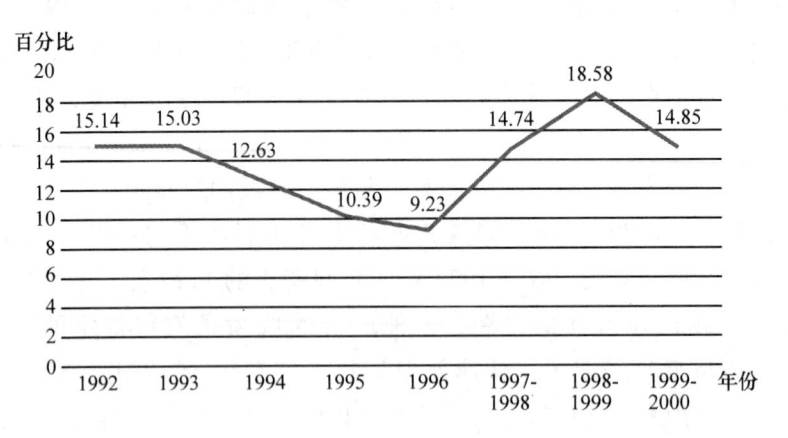

图 3-3 全面调查案件占当年（年度）申诉的比例

成为案件之前就解决了。因此，如果说单独从议会监察专员完全调查案件的数量来说，第三阶段第一个十年全面调查案件要比第二阶段高，甚至接近第一阶段。但如果从完全调查案件占当年申诉的比例来看，第三阶段第一个十年的比例就低得多了。如果单从这个比例来说，第三阶段第一个十年比前两个阶段运行状况要差得多，但由于议会监察专员采取了"快速处理"和"事先筛选"程序，实际上有的申诉是在成为调查案件之前就解决了。议会监察专员迈克尔·安东尼·巴克利"采取了更为灵活的政策，及时终止了那些申诉人明显有理或者似乎不会有什么积极的成果案件的进一步调查"[1]。因此，不能将这个比例作为衡量英国议会监察专员运行情况的唯一参照标准。

表 3-8　1990 年至 1999—2000 年度议会监察专员处理申诉的情况

年份	上年积案（申诉）（件）	下院议员转交的申诉（件）	案件全部调查（件）	支持的案件（件）	案件处理
1990	-	704	177	74	-
1991	-	801	183	87	-
1992	310	945	190	-	857

---

[1] 张越编：《英国行政法》，中国政法大学出版社 2004 年版，第 636 页。

第三章 英国议会监察专员制度的改革与发展时期（1971—2017）

续表

年份	上年积案（申诉）（件）	下院议员转交的申诉（件）	案件全部调查（件）	支持的案件（件）	案件处理
1993	398	986	208	-	926
1994	458	1332	226	-	1105
1995	651	1706	245	236	1474
1996	883	1933	260	246	1679
1997—1998①	1092	1459	376	-	2055
1998—1999	496	1506	372	-	1506
1999—2000	496	1612	313	-	1601

资料来源：英国议会和卫生监察专员2001—2002年度报告。[②]

英国议会监察专员第三阶段第一个十年在前两个阶段的基础上继续发展，虽然没有能够废除下院议员过滤机制实现根本的变革，但仍是有着明显的进步。从议会监察专员收到申诉的数量来看这十年明显增多，其平均值是前两个阶段的两倍。虽然议会监察专员只能受理中央部门的不良行政，但它的管辖范围还是有了明显变化，这表现在：

（1）关于不良行政概念的界定。在《议案》制定时根据《克罗斯曼目录》虽然对不良行政概念进行了界定，但1993年议会监察专员威廉·里德在当年年度报告中对不良行政的概念，具体列举为15种行为："粗暴；不愿将申诉人视为有权利之人；拒绝回答合理的问题；因为疏忽没有告知申诉人享有的权利或特权；故意给出误导或不足的建议；忽视了有效建议或否决了将对被否决者产生不良结果的因素；没有提供救济；或因肤色、性别，或因其他任何理由而表现出偏见；因遗漏通知申诉人而使其丧失上诉权；拒绝充分告知上诉的权利；程序错误；在管理上缺乏对于充分遵守程序的监管；傲慢无视旨在为了公平对待使用服务的人而遵循的指导；偏袒以及在产生明显不公平待遇的情况下未能减轻严格

---

① 统计数据从1997年开始使用年度报告，1997—1998年度报告的数据包括1997年4月1日至1998年3月31日，以此类推。

② Parliamentary Ombudsman, *Annual Report* 2001-2002, 2002, p.16. 1990年、1991年数据来自Roy Gregory and Jane Pearson, "The Parliamentary Ombudsman after Twenty—Five Years", p.473.

遵守法律条款的影响。"①

（2）管辖部门的增多。议会监察专员从 1967 年管辖的部门和机构不足 50 个，到 1987 年则扩展到 100 多个，而 1999 年又增加了 150 个新机构。②

（3）新的监察专员的设立。1993 年英国国内税务署建立裁判员制度，1995 年设立养老金监察专员；1996 年建立独立住房监察专员；1997 年儿童抚养局任命审查官。这些领域的申诉占议会监察专员收到的申诉比例很高。如在 1997—1998 年度，议会监察专员曾收到关于儿童抚养局的申诉为 578 件，占该年度申诉总量的 22.66%，而 1998—1999 年度则下降为 227 件。③

除此之外，1991 年梅杰政府提出《公民宪章》倡议，这使得公民的申诉渠道大大拓宽，公民可以根据各部门的宪章向所在部门提出申诉和要求救济和赔偿。尽管如此，议会监察专员在第三阶段第一个十年中收到的申诉总量仍然比之前两个阶段有了很大的增加，这是值得肯定的。在积案（申诉）的处理方面，英国议会监察专员也采取了"快速处理"和"事先筛选"程序，使得积案（申诉）得到了有效的解决。至于案件全面调查的比例虽然与之前相比没有明显的提高，甚至低于之前两个阶段，但案件的处理在全面调查之前得到有效解决的比例有了明显的提高。

（二）第二个十年的运行状况

2000—2001 年度至 2009—2010 年度是英国议会监察专员制度发展的第三阶段第二个十年，也是进入 21 世纪的第一个十年。在这一时期，英国议会监察专员制度继续向前发展，这一时期与之前时期一样制度本身并没有出现大的变化，诸如废除下院议员过滤机制等重大变革，但这并不是说这个问题就此停歇了。继 2000 年英国内阁发布《英国公共部门监察专员评论》建议废除下院议员过滤机制之后，在 2004—2005 年度议会监察专员已提出《议会监察专员（修正）〈议案〉》，要求修改 1967 年《法案》，允许直接向议会监察专员递交申诉。然而《议会监察专员（修

---

① Carol Harlow & Richard Rawlings, *Law and Administration*, pp. 534 – 535; Peter Leyland & Gordon Anthony, *Textbook England Administrative Law*, p. 130.
② Mary Seneviratne, "Ombudsman' Section", p. 90.
③ Mary Seneviratne, "Ombudsman' Section", p. 92.

正)〈议案〉》并未获得通过,但这是改革下院议员过滤机制的进步。安·亚伯拉罕自2002年11月4日至2011年12月31日担任英国第八任议会监察专员。在亚伯拉罕之前的几任议会监察专员几乎不赞成废除下院议员过滤机制,但亚伯拉罕则主张废除下院议员过滤机制,并为此进行努力。在议会监察专员2006—2007年度报告中,她指出,曾经有人认为废除下院议员过滤机制会威胁到下院议员的地位,今天看来这样的论点几乎不可信。[①]

公共行政特别委员会[②]之前的特别委员会也不赞同废除下院议员过滤机制。1993年11月特别委员会建议对1967年《法案》进行彻底改革,但并不要求废除下院议员过滤机制。[③] 之后特别委员会态度开始改变,进入2000年以后,公共行政特别委员会开始将废除下院议员过滤机制付出实践。2004年公共行政特别委员会与议会监察专员公署开展了一项联合调查,他们发现被调查的下院议员中有66%的人赞成废除下院议员过滤机制,[④] 但下院议员整体赞成废除下院议员过滤机制的比例不太高。虽然公共行政特别委员会和议会监察专员公署的努力都失败了,但可喜的是他们改变了多年来一直反对废除下院议员过滤机制的态度。

虽然在议会监察专员制度方面要求的改革没能成功,但在申诉方面这一时期还是有所变化。2000年英国出台了《信息公开法》,自2005年1月1日生效,同时设立的信息监察专员,开始受理公民关于信息方面的申诉。关于信息方面的申诉之前属于议会监察专员受理,自2005年开始由信息监察专员受理,议会监察专员将不再管辖这方面的申诉。议会监察专员管辖范围继续扩大。2002年时,受其管辖的部门、机构和其他机关达到250多个,[⑤] 而在2009—2010年度报告中则达近400个。[⑥] 第三阶段第二个十年主要由亚伯拉罕担任议会监察专员。为了更好地处理

---

① Parliamentary and Health Service Ombudsman, p. 12.
② 公共行政特别委员会(the Public Administration Select Committee)即之前的议会监察专员特别委员会(Select Committee),在1997年进行改组,后形成公共行政特别委员会。
③ Oonagh Gay, *The Ombudsman—the Developing Role in the UK*, p. 9.
④ Oonagh Gay, *The Ombudsman—the Developing Role in the UK*, p. 12.
⑤ [英]彼得·莱兰、戈登·安东尼:《英国行政法教科书》,杨伟东译,北京大学出版社2007年版,第155页。
⑥ Parliamentary and Health Service Ombudsman, *Annual Report* 2009-2010, 2010, p. 20.

申诉，议会监察专员公署"制定了一套干预措施（Intervention），即在议会监察专员无需充分调查的情况下寻求达成决议的一种解决办法，其基本原理是对投诉做出满意和更灵活的回应"①。

英国议会监察专员公署在2006—2007年度开始引入评估程序（Assessment Processes），这是针对询问（enquiry）的处理程序。询问途径可以是电话、电子邮件和信件，对于询问的回应也成为评价议会监察专员绩效的重要指标，而且对于询问（电子邮件和信件）的确认也有标准（1—2两天内100%的回复）。②对于询问的处理程序为：当收到询问之后进行初次评估，如果属于议会监察专员管辖，则进入评估程序，否则询问就此终结。进行评估程序，需要满足三个条件：1. 被投诉的机构是否有适当的机会来解决问题；2. 是否有证据显示不良行政导致的不公正未能解决；3. 调查是否有值得期待的合理结果。③

在有些情况下，英国议会监察专员公署需要与投诉有关各方合作，可能通过干预措施解决案件，议会监察专员将尽可能做到这一点。采取评估程序和干预措施更快更加灵活地解决询问与对申诉采取"快速处理"和"事前筛选"程序的目的是一致的，都是促使申诉得到最大限度的解决。前者重在询问阶段就将问题解决，从而减少案件调查和积案的数量，后者则重在对下院议员转交的书面申诉进行快速处理，从而减少案件调查和积案数量。因此，在第三阶段第二个十年中，议会监察专员收到下院议员转交的申诉数量和全面调查的数量并没有增加太多，这可能与在询问中采取评估程序、干预措施和在申诉中采取"快速处理"和"事前筛选"程序有着重要关系。而这些变化使得对于议会监察专员制度的运行情况进行直截了当的比较变得较为困难。④ 由于议会监察专员年度报告方式发生变化导致能够比较的数据并不一致，但根据已有的数据仍然可以看出议会监察专员受理申诉的情况。

议会监察专员收到下院议员转交的申诉数量是衡量英国议会监察专

---

① Oonagh Gay, *The Ombudsman-the Developing Role in the UK*, p. 8.
② Parliamentary and Health Service Ombudsman, *Resource Accounts* 2010 – 2011, 2011, p. 6.
③ Parliamentary and Health Service Ombudsman, *Resource Accounts* 2010 – 2011, p. 6; Parliamentary and Health Service Ombudsman, *Making an Impact Annual Report* 2009 – 2010, p. 11.
④ ［英］彼得·莱兰、戈登·安东尼：《英国行政法教科书》，杨伟东译，北京大学出版社2007年版，第149页。

第三章 英国议会监察专员制度的改革与发展时期(1971—2017) | 193

员制度运行的重要指标之一。从图3-4中可以看出,在第三阶段第二个十年内,议会监察专员共收到申诉15763件,平均每年1576件,其中最高的年度为2001—2002年度,高达2139件,最低为2007—2008年度,低至773件,低于第三阶段第一个十年的平均值。1990年至1999—2000年度,英国议会监察专员共收到申诉17768件,平均每年为1777件。议会监察专员收到下院议员转交申诉数量的走势也不同于第一个十年,前者呈现出由低到高再到低的趋势,而后者则是从高到低的趋势,大致呈图3-4的走势。第二个十年的前期下院议员转交的申诉数量相对来说较高,但之后逐渐走低,这可能与在询问中采取评估程序和干预措施有着重要关系。这从议会监察专员在年度报告中将询问作为重点和首要介绍可以看出。对于询问的处理程序前面已经介绍,在此不再重复。

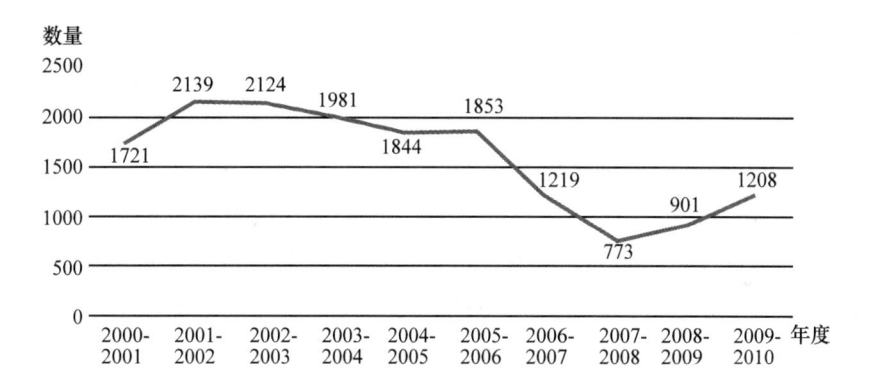

图3-4 第二个十年(2000—2010年度)议会监察专员受理申诉的情况

议会监察专员公署为了及时回应询问,规定对于信件和电子邮件的询问在1—2两天内100%回复。通过询问能够解决的问题,就不必通过下院议员再转交书面申诉这种复杂的程序,而且询问快速、简便、成本低。从表3-9可以看出,在2007—2008年度、2008—2009年度和2009—2010年度询问量分别为:6964件、7608件和8079件。2007—2008年度6964件询问中涉及的申诉达7341件;[①] 2008—2009年度7608件询问中涉及的申诉达7990件;[②] 2009—2010年度8079件询问中涉及

---

① Parliamentary and Health Service Ombudsman, *Annual Report* 2007-2008, 2008, p.7.
② Parliamentary and Health Service Ombudsman, *Annual Report* 2008-2009, 2009, p.24.

的申诉达8543件。① 2008—2009年度共收到询问（包含卫生）16317件，其中电话8039件、电子邮件2447件、信件5831件，分别占全部询问的49.3%、15.0%和35.7%。② 因此，第三阶段第二个十年议会监察专员收到下院议员转交的申诉总体上呈现由高到低的趋势，出现这种现象的原因可能是申诉通过其他途径得到了解决。但这还是反映出英国议会监察专员一贯的特征，那就是收到的申诉数量少。

积案（申诉）占当年申诉的比例是衡量议会监察专员运行的另一重要指标。议会监察专员在第三阶段第二个十年除个别年度之外（2008—2009年度）九个年度共有积案（申诉）3217件，平均每年357件，与第一个十年平均598件相比减少了40.30%。这九个年度共收到下院议员转交申诉14862件，平均每年1651件，积案（申诉）占转交申诉的21.65%，与第一个十年的29.42%相比有了明显的下降。第二个十年中，通过表3-9可以看出，每年共收到申诉分别为：2217件、2646件、2567件、2319件、2286件、2211件、1515件、872件、1446件。每年积案（申诉）占当年申诉的比例为：22.37%、19.16%、17.26%、14.58%、19.34%、16.19%、19.54%、11.35%、16.46%。大致呈现如图3-5的走势。通过图3-5可以清楚地看出，积案（申诉）占当年申诉的比例，不论是数值还是下降趋势是很明显的，可见议会监察专员通过在询问中采取评估程序和干预措施起到了较为良好的效果。

表3-9　2000—2001至2009—2010年度议会监察专员处理申诉的情况

年度	上年积案（件）	转交的案件（件）	全部调查案件	支持的申诉	问询
2000—2001	496	1721	247	—	—
2001—2002	507	2139	195	—	—
2002—2003	443	2124	—	—	—
2003—2004	338	1981	—	—	—
2004—2005	442	1844	—	—	—
2005—2006	358	1853	—	—	—

① Parliamentary and Health Service Ombudsman, *Annual Report* 2009 - 2010, p. 20.
② Parliamentary and Health Service Ombudsman, *Annual Report* 2008 - 2009, p. 7.

第三章 英国议会监察专员制度的改革与发展时期（1971—2017） | 195

续表

年度	上年积案（件）	转交的案件（件）	全部调查案件	支持的申诉	问询
2006—2007	296	1219	—	—	—
2007—2008	99	773	248	169	6964
2008—2009	—	901	257	154	7608
2009—2010	238	1208	191	153	8079

资料来源：英国议会和卫生监察专员年度报告。

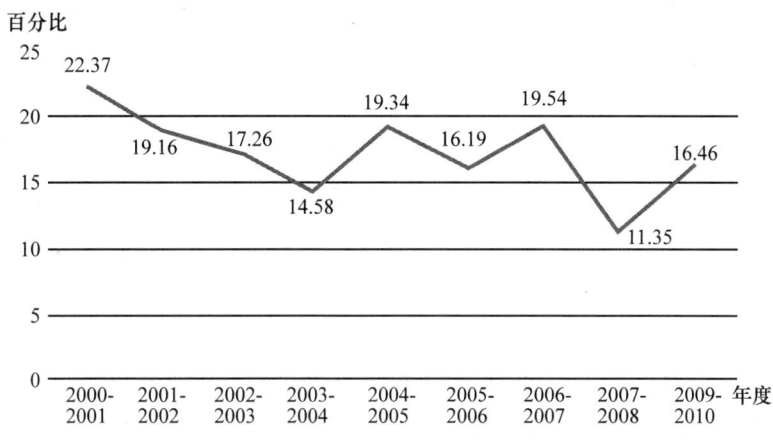

图3-5 第二个十年（2000—2010年度）积件（申诉）占当年申诉的比例

案件全面调查占申诉的比例也是传统的衡量议会监察专员运行的重要指标，但因为数据不全，不能反映出第二个十年的全貌，但通过对已知的四组数据（表3-9）的分析可以看出这一时期的部分轮廓。2000—2001年度、2001—2002年度、2007—2008年度、2009—2010年度全部调查案件占当年案件的比例为：11.14%、7.37%、28.44%、13.21%。通过这几个数据显示案件全面调查占当年申诉的比例依然保持较低的水平，这是因为议会监察专员采取了其他途径解决申诉，尽量减少全面调查的数量，增加申诉解决的数量和效率。案件获得完全支持和部分支持占案件全面调查的比例也是一种衡量议会监察专员制度的重要指标，但同样因为数据不全不能充分了解这一时期的全部情况，不过通过对这一时期最后三个年度的数据分析，可以看出它们的部分发展情况。这三个年度分别为：68.15%、59.92%、80.10%。这些数据比前两个时期明显要高,可以看出进入第三阶段第二个十年案件获得部分或全部支持的比例在提高。"近年来,在这些案件中,被认定为不良行政的案件日益上升——从早年的10%—15%上升到现在的75%(2003—2004年度)。"[1]

通过对议会监察专员制度第二个十年的分析可以看出进入21世纪的最初10年,英国议会监察专员制度虽然没有发生根本的变革,但还是在缓慢地向前发展。关于废除下院议员过滤机制,之前议会监察专员和公共行政特别委员会都持反对态度,但在这一时期,他们开始改变态度支持废除下院议员过滤机制,并为之付出努力。议会监察专员处理案件的优点是全面调查非常彻底,但缺点是时间漫长。随着第一个十年议会监察专员收到的申诉增多,议会监察专员在询问中采取评估程序和干预措施,从而使得进入调查程序的申诉明显减少,尤其是全面调查的案件,但案件处理的数量和效率得到提高。全面调查案件的全部支持和部分支持的比例也有了明显的提高,议会监察专员的管辖范围也有了进一步扩大,已增至近400个部门、单位和公共机构。

(三)最新运行状况

2010—2011年度至2016—2017年度是英国议会监察专员制度进入21世纪的最新发展时期,2017年也是英国议会监察专员职位设立50周年之时。在这七年其间英国议会监察专员制度继续向前发展,在最新的发展时期,英国议会监察专员开始实行新的年度报告形式,即按照三个步骤处理申诉,首先审查,其次评价,最后调查。这种方式与之前考察议会监察专员收到下院议员转交的申诉数量从而衡量他们处理申诉的情况不同,这种新的报告形式将下院议员转交申诉的数据包含在申诉处理之中。因此,不能通过下院议员转交申诉数量来考量英国议会监察专员制度的运行状况,但议会监察专员实行的审查、评价、调查三个阶段处理申诉的方式也为评价英国议会监察专员制度运行状况提供了新的评价指标。新时期,英国议会监察专员制度在2013年处理申诉的方式发生了根本改变,导致调查案件大幅度增加,但案件调查的支持率则大幅度下降。下面从审查、评价和调查三个方面具体分析英国议会监察专员制度

---

[1] [英]彼得·莱兰、戈登·安东尼:《英国行政法教科书》,杨伟东译,北京大学出版社2007年版,第150页。

第三章 英国议会监察专员制度的改革与发展时期（1971—2017）

在这一时期运行的状况。

审查是新时期评价英国议会监察专员制度运行状况的新的重要指标。评价议会监察专员制度非常看重处理申诉的数量问题，因为如果将议会监察专员制度看作一种申诉制度，申诉数量则是关系这个制度成败的关键。英国议会监察专员制度之所以备受诟病一个重要原因就是处理申诉数量少，而下院议员过滤机制是导致议会监察专员处理申诉少的重要原因之一。因此，下院议员过滤机制成为50年来争论不休的重要问题。

在新时期，审查是处理申诉的开始，申诉途径除了之前的电话、电子邮件和信件之外，随着互联网的发展又加入一种新的申诉方式，那就是在线申诉（online）。此处需要注意的是，这里的申诉是指广义的申诉，也包括询问。实际上，询问构成了申诉非常重要的组成部分。每年议会监察专员公署都会收到大量的询问，而这些询问部分将进入评价阶段和调查阶段，但在此处为了研究方便将其归为申诉。并非每一个询问都会构成调查，但议会监察专员公署会回复每一个询问。①

当议会监察专员公署收到申诉之后，首先审查是否属于自己的管辖范围，如果不属于，则告诉申诉人应到哪个部门申诉。"如果我们的审查显示出我们无能为力，我们就会解释原因，并让人们知道还有谁能帮忙处理投诉。"② 如果申诉是以询问形式提出，则告诉询问人应该到哪个部门询问。审查阶段会处理大量的询问，这些询问很多对于议会监察专员来说很简单，但对于询问人来说却不那么简单。比如有些询问人会问到哪里申诉或者如何申诉等比较简单的问题。如在2012—2013年度，议会监察专员公署在当年收到的26358件询问（包括卫生部门）中有3285件是询问到哪里申诉这样的问题，5562件询问不属于他们管辖，但他们告诉询问人正确的申诉部门，12622件是告诉询问人如何向他们申诉，仅有4889件询问需要进一步评价。③

对于询问形式的申诉是否能够进入评价阶段和调查阶段，主要根据它们是否属于议会监察专员的管辖范围来决定。审查在议会监察专员处

---

① Parliamentary and Health Service Ombudsman，*Resource Accounts* 2010 – 2011，p. 6.
② Parliamentary and Health Service Ombudsman，*Annual Report and Accounts* 2016 – 2017，p. 7.
③ Parliamentary and Health Service Ombudsman，*Annual Report and Accounts* 2012 – 2013，2013，p. 18.

理申诉中起着重要作用，因而成为衡量英国议会监察专员制度运行的新指标。在2010—2011年度至2016—2017年度中英国议会监察专员共审查申诉48401件，平均每年6914件，最高为2012—2013年度，高达7672件，最低为2011—2012年度，低至6447件。单从数字来看，议会监察专员在审查阶段处理的申诉数量比之前收到下院议员转交的申诉数量要大得多，但这并不是说审查就不需要下院议员转交了。申诉要想成为调查案件必须通过下院议员转交，至少议会监察专员要征得下院议员同意，这就是先受理后通报下院议员的方式，是一种先斩后奏的方式，这只是一种途径。

议会监察专员驳回的申诉中不乏没有通过正常途径提交的申诉。这里没有通过正常途径之一就是指没有通过下院议员转交的方式。除此之外，要想成为调查的案件，必须以书面形式提出，这是议会监察专员驳回申诉中没有通过正确途径的另一种形式。因此，审查是议会监察专员在新形势下快速处理申诉的一种手段，审查并不意味着下院议员过滤机制的废除，但它的使用有着非常积极的意义，它加快了处理申诉的数量，提高了处理申诉的速度，缩短了处理申诉的时间，避免了不必要的全面调查。"我们在这一阶段所做的重要工作有时可以让事情重新开始，并帮助人们得到他们抱怨的答案，而不需要我们进行调查。"[1] 从这一时期来看，通过审查处理的申诉数量相对较为稳定，前后波动较小，呈现出稳定的态势，从图3-6中能够较为直观地看出它的变化情况。

评价是衡量英国议会监察专员制度在新时期的又一种新的指标。评价居于审查和调查中间，起着承上启下的作用，申诉能否进入评价阶段需要满足三个标准之一：投诉机构是否有适当的机会来解决它；是否有证据表明不良行政导致了未获补偿的不公正；调查是否有合理的结果值得期待。[2] 如果申诉不满足这三个标准之一，申诉将到此终止。"在此阶段，我们有很多理由能够终结申诉……我们还将决定法律行动是否为一种选择，考虑到其潜在成本，或是否有其他机构更适合处理申诉。"[3]

在评价阶段，申诉大致有三种处理结果：驳回、解决和进入调查。

---

[1] Parliamentary and Health Service Ombudsman, *Annual Report and Accounts* 2016 - 2017, p. 7.
[2] Parliamentary and Health Service Ombudsman, *Resource Accounts* 2010 - 2011, p. 6.
[3] Parliamentary and Health Service Ombudsman, *Annual Report and Accounts* 2016 - 2017, p. 9.

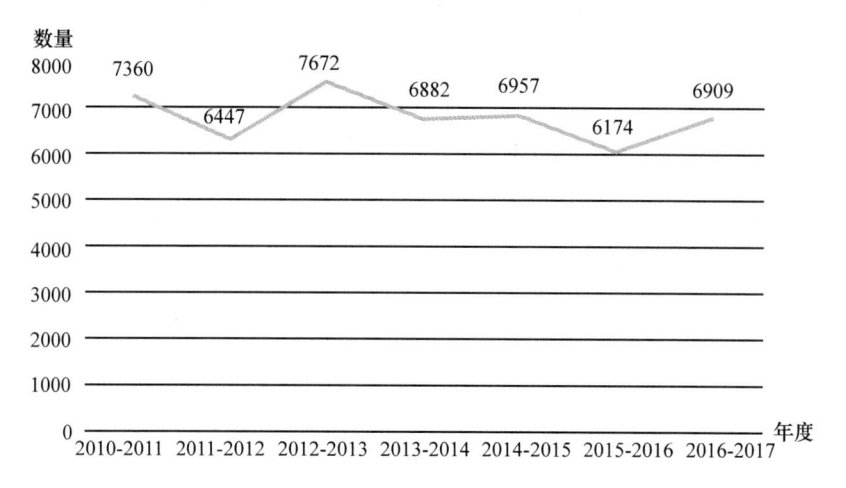

第三章 英国议会监察专员制度的改革与发展时期（1971—2017） 199

图 3-6 最新时期（2010—2017 年度）议会监察专员申诉初步审查的情况

议会监察专员在评价阶段将大量的申诉驳回，这是英国议会监察专员最为明显的特征，也是它备受诟病的原因之一。部分申诉在评价阶段经过议会监察专员的干预，申诉人与投诉机构达成和解也是常事。和解是议会监察专员、申诉人和投诉机构都希望的。部分机构在收到议会监察专员送来申诉人的投诉后积极解决问题，而非等待调查后再被动地解决问题。"在某些情况下，我们发现更多被投诉的机构能够采取措施来回应投诉。在我们的干预下，许多机构经常会对投诉给予更多的关注，而申诉人通常会对此感到满意。"

只有少部分难以解决的申诉最终进入调查阶段。申诉从审查阶段到评价阶段数量已大大减少，经过评价这一环很多申诉已经被处理。因此，申诉评价的数量与审查的比例成为继下院议员转交申诉后又一受人关注的评价新指标。这一时期议会监察专员共处理了申诉评价 9518 件，平均每年 1360 件，最高为 2013—2014 年度，高达 1658 件，最低为 2012—2013 年度，低至 1119 件，两者相差不太大。申诉的评价与审查之比为 19.66%。这七个年度的申诉评价与审查的比例分别为：17.34%、19.08%、14.59%、24.09%、17.49%、25.38%、21.00%。最高为 2015—2016 年度，高达 25.38%，最低为 2010—2011 年度，低至 17.34%，大致呈图 3-7 的走势，波动相对不大，但与审查的走势并不一致。由此可见，经过评价之后能够进入调查阶段的申诉数量已大大减少，多数申诉在评价阶段就已解决，从而实现了加快处理申诉处理的数量，提高速度，缩短时间，避免不必要全面调查的目标，这也是英国议会监察专员制度在没有发生重大制度变革方面快慰人心的地方。

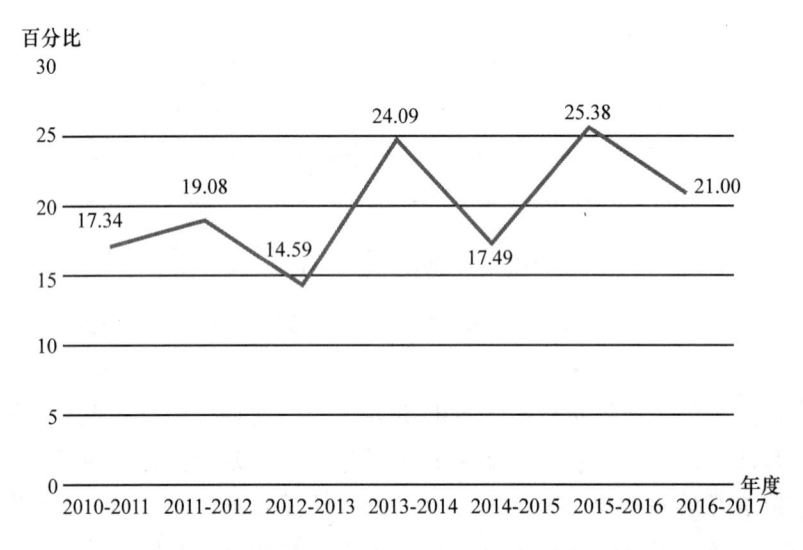

图3-7 最新发展时期（2010—2017年度）申诉评价占申诉初步审查的比例

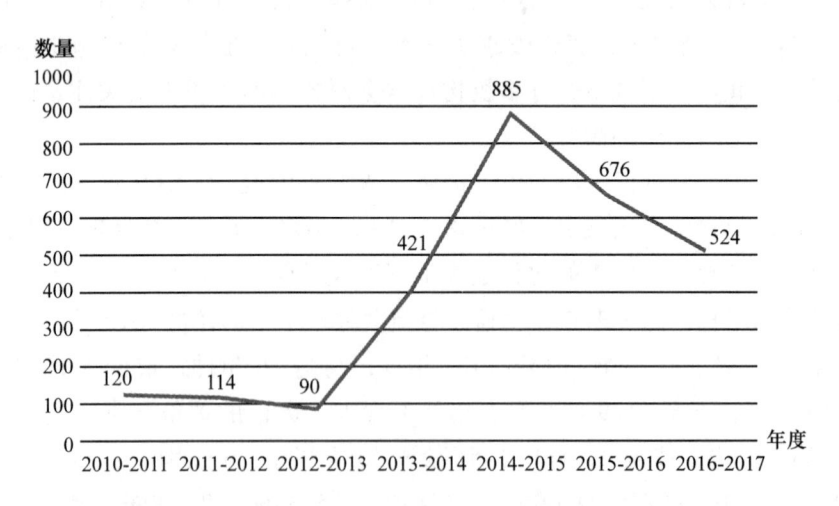

图3-8 最新时期（2010—2017年度）议会监察专员调查案件的情况

第三章　英国议会监察专员制度的改革与发展时期（1971—2017）

调查阶段是一种传统的衡量议会监察专员制度运行情况的重要指标。英国议会监察专员制度在案件调查上有两个特点，第一个特点是案件调查数量少，第二个特点是调查全面彻底。为了提速增效，英国议会监察专员在调查案件之前采取审查和评价两个阶段，通过采用这种措施基本实现了将申诉解决在这两个阶段的目标，但案件调查又决定了最后是否能够获得支持。因此，案件调查的数量对于评价议会监察专员制度的运行有着重要意义。在这七个年度中，英国议会监察专员共处理案件调查2830件，平均每年404件，最高为2014—2015年度，高达885件，最低为2012—2013年度，低至90件，两者相差悬殊，通过图3-8可以看出它的发展趋势，大致呈现出直线上升的趋势。在起初三年中案件调查的数量保持相对低的水平，这是案件全面调查的情况。以2012—2013年度为例，当年年度报告中明确指出90件是针对政府部门的正式调查（formal investigation）。① 而2013—2014年度报告中提到，接受政府部门调查825件，完成421件，这里并没有提到正式调查。因此，这里的调查包括之前提到的部分调查在内。即便如此，也反映出案件调查的数量有了明显增多的事实。去年（2013年），我们从根本上改变了处理申诉的方式，从而使案件调查从数百件上升到数千件。② 这里所说的案件包括卫生部门的案件在内，当年共调查了案件2199件，而2012—2013年度只调查了384件。③

案件调查完成之后，它们获得支持的比例也是人们关心的问题。英国议会监察专员处理的案件调查获得支持的比例自设立这个职位以来一直处在上升的趋势。在这一时期前三年继续稳步提高。从表3-10中可以看出，2010—2011年度、2011—2012年度和2012—2013年度分别为：78%、85%、86%。然而，随着2013年处理申诉方式的根本改变，案件调查的数量有了大幅度上涨。如2012—2013年度获得支持的案件的数量为324件（包括卫生部门），而2013—2014年度则为854件，后者是前者的2.64倍。④ 但随着案件调查数量大幅度上升，案件获得支持的比例

---

① Parliamentary and Health Service Ombudsman, *Annual Report and Accounts* 2012-2013, p. 18.
② Parliamentary and Health Service Ombudsman, *Annual Report* 2013-2014, 2014, p. 12.
③ Parliamentary and Health Service Ombudsman, *Annual Report* 2013-2014, p. 15.
④ Parliamentary and Health Service Ombudsman, *Annual Report and Accounts* 2016-2017, p. 11.

则大幅度下降,由 2012—2013 年度的 86%,下降到 2013—2014 年度的 42%,[①] 已是腰斩。当然,这只是全部调查情况(含卫生部门),但议会监察专员处理的调查案件获得支持的比例下降也是不可避免的。增加申诉调查的数量、减少不必要调查、提高案件调查的支持率将是英国议会监察专员制度将来所面临的新问题。它们的解决情况如何让我们拭目以待。

表 3-10　　　　英国议会和卫生监察专员处理申诉情况

年度	问询（件）	申诉初步审查（件）	申诉评价（件）	案件调查（件）	支持申诉（件）	百分比
2010—2011	6990	7360	1276	120	94	78%
2011—2012	6818	6447	1230	114	97	85%
2012—2013	7811	7672	1119	90	-	86%
2013—2014	6844	6882	1658	421	-	-
2014—2015	-	6957	1217	885	-	-
2015—2016	-	6174	1567	676	-	-
2016—2017	-	6909	1451	524	-	-

资料来源：英国议会和卫生监察专员年度报告。

纵观英国议会监察专员制度在第三个阶段近 30 年的运行情况,可以看出它并没有发生重大的制度变革,最令人诟病的下院议员过滤机制即使在其设立 50 周年时依然保留,这不免令人失望,但在其他方面它还是进行着有益的探索。为了扩大处理申诉的数量、减少不必要的调查,先是采取"快速处理"和"事先筛选"程序,之后又采取审查、评价和调查三个阶段处理方式。为了提高案件调查数量且改变处理申诉方式,凡此种种改变,英国议会监察专员公署进行了多次尝试,但这些改变终究是小修小补,不能从根本上扭转英国议会监察专员制度根深蒂固的处理申诉数量少、申诉过程复杂、案件调查数量少等弊端。除非英国解除套在议会监察专员身上的种种枷锁,否则他将不能充分发挥应有的功能。

[①] Parliamentary and Health Service Ombudsman, *Annual Report* 2013-2014, p.12.

第四章　英国议会监察专员制度的优点和缺点及其作用

英国议会监察专员制度不同于瑞典、丹麦等国的监察专员制度，它有着自己独特的特点，同时也起到了申诉、救济和监察的作用。通过前面两章的分析可知它在不同的发展阶段呈现出不同的具体特征。本章主要从宏观上分析英国议会监察专员制度具体的优点和缺点以及它所起到的具体作用。

第一节　英国议会监察专员制度的优点和缺点

英国议会监察专员制度自开始建立就争议不断，直到50年后的今日仍是众说纷纭，莫衷一是。本来建立议会监察专员制度是一种进步，但英国又为这种制度设立了种种限制，导致它在发挥积极作用时又有着许多弊端。英国议会监察专员制度既有一般监察专员制度的特点又有着英国特色。为了客观评价英国议会监察专员制度，有必要对其优点和缺点进行详细的分析。

一　制度的优点

（一）擅长大型案件的调查

议会监察专员主要的工作是处理申诉，然而英国议会监察专员调查的申诉数量并不多，大部分申诉被排除在管辖范围之外。属于调查的申诉，部分通过初步协调已经解决，只有部分疑难申诉才会成为调查案件。一旦成为调查案件，议会监察专员将会彻底调查。这些申诉很多属于重大案件，它们往往产生巨大影响。"议会监察专员处理的大多数案件涉及相对低级的管理或行政失败（或所谓的失败）。然而，自1967年以来，许多备受瞩目的案件都引发了重大的政治问题。"① "只有有争议的案件才需要全面调查。"②

萨克森豪森俘虏事件是议会监察专员刚刚设立时期调查的第一个重大案件。在这之前许多人并不看好议会监察专员康普顿，《每日电讯报》在1967年11月10日将议会监察专员称为"捂着嘴的评论家"③。《周日镜报》在当年的11月12日称其为"监察失败"④。但康普顿调查萨克森豪森俘虏事件之后，社会对他的看法发生了改变。保守党议员阿瑟·沃尔·哈维说："我承认政府制定《法案》想要引入议会监察专员时曾怀疑过，但现在如果有什么能证明他的存在，那就是萨克森豪森俘虏事件的调查。"⑤ 特别委员会成员沃德女爵士说："起初，我并不特别赞成设立议会监察专员，但在这次（指萨克森豪森俘虏事件）成功之后，我看到了扩大他的权力的各种可能性。……这证明即使在我们这个伟大的议会民主制度下，有时也可以改善我们的宪法，使之为公民服务。"⑥ G. K. 弗赖伊曾说过，不论议会监察专员取得什么成就，萨克森豪森俘虏事件都是他"关键性的突破"⑦。萨克森豪森俘虏案成功的解决使得议会监察专员公署的影响得以扩大，知名度迅速提高，社会对其的质疑也开始消除。议会监察专员大型调查的优势得到了充分发挥。

1974年考特·莱恩航空公司案。考特·莱恩航空公司是一家假日旅游公司。20世纪70年代初一位大臣曾保证这家公司财务没有问题，于是许多旅客在这家公司预定了旅游项目。然而这家公司却在1974年8月15日宣布破产，使数千人遭到了巨大损失，为此下院议员将这件案件转交议会监察专员艾伦·马尔，马尔受理这件申诉并进行调查。在1974—

---

① John Greenwood (ed.), *New Public Administration in Britain*, Routledge, 2002, p. 247.
② Richard Clements & Jane Kay, *Constitutional and Administrative Law*, p. 144.
③ Sunday Mirror, Nov. 10, 1967, in William B. Gwyn, "The British PCA: ' Ombudsman or Ombudsmouse？ ' ", p. 47.
④ Daily Telegraph, Nov. 12, 1967, in William B. Gwyn, "The British PCA: ' Ombudsman or Ombudsmouse？ ' ", pp. 46-47.
⑤ Hansard, HC Deb 5 February 1968 vol 758 cc130.
⑥ Hansard, HC Deb 5 February 1968 vol 758 cc161-162.
⑦ G. K. Fry, *The Administrative "Revolution" in Whitehall: A Study of the Politics of Administrative Change in British Central Government Since the 1950s*, p. 173.

1975年度报告中,马尔对大臣进行了批评,建议赔偿旅客损失,然而大臣却认为,马尔超越了自己的权限,事件属于政治判断,涉及政治问题,而非程序问题。但最后旅客还是获得了道义上的赔偿。考特·莱恩航空公司的破产也促使了英国旅行社协会宣布成立。①

1989年巴洛·克洛斯公司案是另一起影响巨大的案件。巴洛·克洛斯公司成立于20世纪70年代,商业与工业部根据1958年《反欺诈(投资)法》在巴洛·克洛斯公司无许可证的情况下,授予他们经营10年之权。巴洛·克洛斯公司合伙人泽西岛人对这家公司在10年内的欺诈行为负有重要责任,然而商业与工业部对此并不知情。民众在这种情况下购买了该公司的债券,结果公司在1988年宣布破产,从而使大量民众遭受损失。当时下院有近1/4的下院议员共收到了18000份关于巴洛·克洛斯公司的申诉,最终12名下院议员向议会监察专员安东尼·巴罗克拉夫转交了申诉。巴罗克拉夫决定受理这些申诉并进行调查,调查历时13个月。最后巴罗克拉夫指出,涉案的政府部门商业与工业部在五个方面存在不良行政。但政府拒绝接受巴罗克拉夫的批评和建议。于是巴罗克拉夫经特别委员会同意在1989—1990年度报告中用12万字的篇幅详述该案,指出商业与工业部的不良行政问题。虽然政府拒绝接受巴罗克拉夫的批评,但商业与工业部鉴于受害人数量众多,造成损失巨大还是同意支付1.5亿英镑的道义赔偿,而这些赔偿抵偿了受害人90%的损失。②巴洛·克洛斯公司案创下议会监察专员调查案件的许多之最。它是涉案受害人数最多的案件,多达18000人;赔付金额最多,多达1.5亿英镑;提交报告最为详细,字数达12万字。它充分体现了英国议会监察专员擅长大型调查的特点。除此之外,大型或典型的案件还有1996年海底隧道铁路连接案等。

英国议会监察专员擅长调查大型案件,他的调查有时并非涉及个人而是一类人或一批人。萨克森豪森俘虏案中除了支付受害人的赔偿外,还将类似未获补偿的受害人纳入赔偿范围。考特·莱恩航空公司案和巴

---

① [英]彼得·莱兰、戈登·安东尼:《英国行政法教科书》,杨伟东译,北京大学出版社2007年版,第167—169页。

② Leyland Peter & Gordon Anthony, *Textbook England Administrative Law*, pp. 143 – 144; Richard Clements & Jane Kay, *Constitutional and Administrative Law*, pp. 144 – 145.

洛·克洛斯公司案都涉及数千人乃至上万人，赔偿金额更是巨大。正是有了英国议会监察专员的调查才使许多通过其他途径未能获得赔偿的人受益。监察专员的调查能够产生"涟漪效应"，他的调查发现可能会影响到许多其他类似案件的人。①"特派员的调查……促使管理的办法与程序都有了改进，从而帮助了成千上万纳税的、领取社会福利金的、有财产的、领取执照的，以及其他各种各样的人。"②但英国议会监察专员对于小型或影响不大的案件调查的优势并不明显。"该理论可以最好地处理具有某种明确政治影响的重大投诉。但在一些小的和非政治性的投诉中，除了几个特殊场合外，它无法很好地应对。"③

（二）具有查阅档案和文件的巨大权力

议会监察专员在调查案件获得证据方面拥有巨大的权力。议会监察专员公署工作人员将从申诉人那里收集证据，这些证据可能是口头的或是书面的，同时还需要从被投诉的部门获得档案和文件。这种权力是非常重要的，《怀亚特报告》建议只对议会监察专员开放部分档案和文件，但《法案》最终规定除内阁、内阁委员会以及部分涉及国家秘密和公共安全的文件与档案外全部对议会监察专员开放。这使得议会监察专员获得了接触部门文件和档案的机会，为他取得证据、提出批评和建议提供了极大的便利。议会监察专员在证据获得上与法院几乎拥有相同的权力。《法案》第8条2款规定："议会监察专员在任何以此类为目的的调查中，他在出席、审查证人（包括宣誓或确认和审查海外证人）和有关文件制作方面与法院具有相同的权力。"④而故意阻挠议会监察专员进行调查的人可以处以藐视法庭罪。《法案》第9条1款规定："如果任何人没有合法理由而妨碍议会监察专员或工作人员履行其职能，或者根据本法进行调查时有任何作为或不作为的行为，如果调查是在法院进行的，那么他将构成藐视法庭罪，议会监察专员可以向法院证明这一罪行。"⑤

---

① John Greenwood (ed.), *New Public Administration in Britain*, p. 248.
② ［英］约翰·格林伍德、戴维·威尔逊：《英国行政管理》，汪淑钧译，商务印书馆1991年版，第280页.
③ H. W. R. Wade & Franklin M. Schultz, "The British Ombudsman: A Lawyer's View", p. 141.
④ Parliamentary Commissioner Act 1967: Chapter 13, p. 6.
⑤ Parliamentary Commissioner Act 1967: Chapter 13, pp. 6 – 7.

中央政府各部大臣对议会监察专员的调查不具有否决权,他们和他们部内的官员也无权以公共利益为借口拒绝接受调查。"大臣不能否决调查,他们或他们的官员也不能以公共利益为借口豁免调查。"① 当然,内阁、内阁委员会以及部分涉及国家秘密和公共安全的文件与档案除外。"议会监察专员有权查阅所有政府文件。除了内阁文件之外,内阁大臣可能会在首相的批准下保留这些文件。"② "事实上,议会监察专员有权要求包括大臣在内的任何人提供信息和文件,除非经首相批准与内阁或其委员会的有关会议记录。"③ "特派员有广泛进行调查的权力,包括有权审查大臣和文官,有权查阅部门档案。涉及内阁或内阁委员会的活动的材料与文件可以不让查阅,但这很少成为障碍,只有一次——关于法院的界线问题(考特·莱恩航空公司案)——曾引起激烈的争论。"④

议会监察专员设立之前的克利切尔高地事件和之后的萨克森豪森俘房案、考特·莱恩航空公司案、巴洛·克洛斯公司等案件中涉案部门大臣无不为他们部内官员辩护。但议会监察专员设立之后,通过调查相关部门内部文件和档案,迫使他们给予受害人赔偿。正是由于议会监察专员在取得证据和获取信息上享有与法院几乎同等的权力,而且能够查阅部门的内部档案和文件使得有关部门难以对案件进行隐瞒和包庇,这对中央政府部门及其大臣和其他工作人员形成了震慑和监督,从而迫使他们接受议会监察专员的批评和建议。

(三) 批评和建议权

议会监察专员调查的案件如果获得支持往往会提出解决方案和处理建议。这些方案和建议多半包括赔偿或道歉,而它们被相关部门采纳的比例很高。"特派员的建议通常都会被部门接受,因为不这样做就会受到议会的批评。"⑤ 议会监察专员不仅可以向特别委员会提交报

---

① Leyland Peter & Gordon Anthony, *Textbook England Administrative Law*, p. 135.
② Richard Clements & Jane Kay, *Constitutional and Administrative Law*, Oxford University Press Inc. 2004, p. 144.
③ Leyland Peter & Gordon Anthony, *Textbook England Administrative Law*, p. 135.
④ [英] 约翰·格林伍德、戴维·威尔逊:《英国行政管理》,汪淑钧译,商务印书馆1991年版,第278页。
⑤ [英] 约翰·格林伍德、戴维·威尔逊:《英国行政管理》,汪淑钧译,商务印书馆1991年版,第279页。

告，还可以向议会两院提交特别报告、年度报告和季度报告（1972年以后），通过议员向部门施加压力。而报告的发表则使公民和媒体等社会力量对于有关部门形成无形压力，迫使他们接受议会监察专员的建议。

萨克森豪森俘虏房案、考特·莱恩航空公司案和巴洛·克洛斯公司案等调查的建议都是通过向特别委员会提交报告和向议会提交年度报告的形式迫使有关部门接受议会监察专员的建议。"顽固的部门可能会在收到下院的书面声明、面临议会质询和发现他们最高官员被专门委员会交叉询问之后，面对来自议会的强大压力而不得不作出让步。"①"议会监察专员的报告和建议几乎总是被政府完全接受，并且提出适当的补救措施。"②"议会监察专员有权提出建议，但无权迫使政府接受它们。但一般来说，政府即使不情愿也会遵守建议。"③"议会监察专员如果说服政府接受建议出现困难，那么特别委员会可以负责处理这个问题。特别委员会监督议会监察专员的活动和政府对他们的回应。它的存在加强了议会监察专员的有效性，确保不遵循这些建议的后续跟进。涉事部门的大臣或该部的常任主官很可能被要求出席委员会解释和证明错误的原因，而且委员会将毫不犹豫地发布不利报告。"④"在正常情况下，特派员对某起申诉案无法处理时，可以向专门委员会（特别委员会）报告，因为后者可以审查部门的常务次官。这样做有时会产生显著效果。例如，1979年一些被强制征购了土地的人最初由于环境事务部宣传不够而得不到补偿，后来通过专门委员会才解决了问题。"⑤"议会监察专员有可能深入政府决策的过程中并揭露公民面前背后的原因。单个下院议员根本无法做到这一点。一个明显的例子就是议会监察专员对巴洛·克洛斯公司事件的调查，即商业和工业部未能恰当地行使其监管权力。这项复杂的调查结果产生了一份12万字的报告，详细记录了长达13年的不良行

---

① ［英］卡罗尔·哈洛、理查德·罗林斯：《法律与行政》（下），杨伟东等译，商务印书馆2004年版，第817页。
② Richard Clements & Jane Kay, *Constitutional and Administrative Law*, p. 85.
③ Richard Clements & Jane Kay, *Constitutional and Administrative Law*, p. 144.
④ Richard Clements & Jane Kay, *Constitutional and Administrative Law*, p. 144.
⑤ ［英］约翰·格林伍德、戴维·威尔逊：《英国行政管理》，汪淑钧译，商务印书馆1991年版，第279页。

政史。"①

"虽然大多数国家的监察专员的决定没有约束力，但他们有相当大的权威。"② "尽管监察专员的建议没有约束力，但遵守监察专员的建议仍是普遍的。"③ 虽然英国议会监察专员的批评和建议不具有强制执行力，但他在公共行政特别委员会和议会的支持下，绝大多数批评和建议都被接受，这是卫生监察专员和地方监察专员等难以望其项背的。

(四) 议会监察专员的独立性

独立性是监察专员制度的重要特征，这表现在它能独立调查，不受政府部门和立法部门的限制，这样才能保证它的公平性。与其他国家的监察专员相似，英国议会监察专员也具有相对的独立性。英国议会监察专员是根据《法案》设立，经首相推荐，获议会上下两院同意，由英王任命的议会官员，要想罢免他也需议会上下两院同意，由英王批准。"作为议会官员的地位的确能够使议会监察专员具有独立性。"④ 英国议会监察专员虽然是议会的官员，但他不得担任议员或北爱尔兰地区的众议员和参议员。他的薪俸由统一基金发放，任期直至退休。

议会监察专员对特别委员会负责，受它监督，向它提交报告，并经它同意向议会两院提交年度报告和特别报告。"他每年都会向议会报告，如有需要，还会另行报告。"⑤ 议会监察专员对议会负责，保证了他工作的独立性，议会很少过问议会监察专员的具体工作。而特别委员会通常都支持议会监察专员的行动。当他的建议遭到相关部门拒绝后，特别委员会将审查相关部门的常务次官，并支持议会监察专员向议会提交报告，迫使相关部门接纳他的建议。

大臣对于议会监察专员的调查不具有否决权。《怀亚特报告》建议大臣对议会监察专员的调查具有否决权，但《法案》没有采纳这条建

---

① Richard Clements & Jane Kay, *Constitutional and Administrative Law*, p. 144.
② David Beetham, *Parliament and democracy in Twenty—First Century: A Guide to Good Practice*, Inter-Parliamentary Union, 2006, p. 75.
③ Oonagh Gay, *The Ombudsman-the Developing Role in the UK*, p. 8.
④ [英] 卡罗尔·哈洛、理查德·罗林斯：《法律与行政》（下），杨伟东等译，商务印书馆2004年版，第829页。
⑤ Roy Gregory & Alan Alexander, "'Our Parliamentary Ombudsman' Part I: Development and the Problem of Identity", *Public Administration*, Vol. 51, No. 3, 1973, p. 323.

议。议会监察专员调查案件不受大臣的干涉，他独立进行调查，自己决定调查的方式。由于议会监察专员是经首相推荐，获议会同意，由英王任命的官员，而且罢免也需议会同意，所以他的任职稳定，不受政府和议会的无端干涉。议会监察专员这种独立性使得他在调查中提出的批评和建议，虽然相关部门并不总是情愿，但几乎都会接受他的建议。萨克森豪森俘虏等案件就体现了监察专员制度的独立性。

然而，英国议会监察专员制度的独立性有它的局限性。这体现在议会监察专员是由首相任命而非选举产生。新西兰议会监察专员也是总督根据（一院制）议会的建议任命。[1] 不过瑞典和丹麦等国的议会监察专员则是由选举产生。由首相任命容易使人产生怀疑，为此英国首相在后来任命议会监察专员时往往还要征询特别委员会的建议。特别委员会的主席是由反对党党员担任的，这相对来说更加有利于议会监察专员的独立性。"司法界"曾发起过任命律师或公务员之外的人员担任议会监察专员的运动。[2]

议会监察专员从文官中选任也使他的独立性遭到质疑。英国前三任议会监察专员都是从前的文官，这与瑞典、丹麦等国不同，甚至不同于新西兰。这些国家的监察专员都是律师，或者有司法经历。英国议会监察专员则不是，不过第四任议会监察专员是位律师。英国至今十任议会监察专员多是从文官中产生的，这增添了英国议会监察专员的文官色彩。对于英国议会监察专员制度独立性的质疑，还表现在他的工作人员也多是从文官中选任。这在前三届议会监察专员任内最为明显。但从第四任开始，公署的工作人员开始从文官之外选任。除此之外，有着浓重文官色彩的议会监察专员公署，在行使职权过程中也存在偏向维护部门决定的倾向。如在一起残疾人补助金案件中就体现了这种倾向。

英国一位残疾人每年收到100英镑的补助金，之后他的车不适合行驶，尽管有他所在选区的下院议员、社会工作者和慈善机构提供的陈述，但卫生和保障部却拒绝为他提供一辆新车。申诉人通过下院议员向议会

---

[1] Geoffrey Sawer, "The Ombudsman and Related Institutions in Australia and New Zealand", *Annals of the American Academy of Political & Social Science*, Vol. 377, No. 1, 1968, p. 64.

[2] ［英］卡罗尔·哈洛、理查德·罗林斯：《法律与行政》（下），杨伟东等译，商务印书馆2004年版，第829页。

监察专员提交申诉,但议会监察专员在年度报告中说卫生和保障部不存在不良行政,并拒绝审查决定所依据的规则。[①] 当然,这样的例子并非绝无仅有。尽管英国议会监察专员制度在独立性上存在着一些不够周全的地方,但它仍然具有较强的独立性,因为政府部门与立法机关都不会干涉他的工作。"我们将会发现议会监察专员比大臣指派的律师在调查上更独立、更有效地采取行动。"[②]

(五) 申诉人投诉成本低廉

英国议会监察专员处理申诉是免费的,这是非法律救济的重要特征。"值得注意的是,无论议会监察专员是否支持申诉,他的服务都是免费的。"[③] 司法申诉是需要成本的,申诉能否成功尚未可知,但费用肯定是较高的。当申诉人对自己的申诉没有把握时,他们会考虑是否诉诸法律途径,如果不能胜诉成本又高,如果能胜获得的赔偿能否抵消申诉成本。除非案情重大,当成本较高时,申诉人往往会放弃诉诸法律途径。"法院的审理却是缓慢的、昂贵的、公开的、而且对于投诉人来说是一种不友好的选择。"[④] 对申诉人而言,免费或许是监察专员程序最为明显的区别。[⑤]

当申诉属于不良行政时,申诉人更是不愿诉诸法律途径,在多一事不如少一事的心理下,申诉人往往会放弃不良侵害。"各地的法院都在纠正政府滥用职权方面扮演着重要的角色,但诉讼费用昂贵,制造紧张,拖延和行动缓慢。在很多情况下,公民或因负担不起,或因不希望诉讼而遭受到了不公正的待遇。"[⑥] 相比法院,公民向议会监察专员申诉是不需要成本的。虽然裁判所比法院更为迅速、经济和便捷,但比起议会监察专员制度来说还是逊色许多。没有申诉成本是议会监察专员制度的优

[①] [英]卡罗尔·哈洛、理查德·罗林斯:《法律与行政》(下),杨伟东等译,商务印书馆2004年版,第829—830页。

[②] Carol Harlow & Richard Rawlings, *Law and Administration*, p. 531.

[③] Richard Clements & Jane Kay, *Constitutional and Administrative Law*, p. 143.

[④] [新西兰]杰瑞米·波普:《制约腐败——建立国家廉政体系》,清华大学公共管理学院廉政办公室译,中国方正出版社2002年版,第122页。

[⑤] [英]卡罗尔·哈洛、理查德·罗林斯:《法律与行政》(下),杨伟东等译,商务印书馆2004年版,第805页。

[⑥] Bernard Frank, "The Ombudsman and Human Rights", *Administrative Law Review*, Vol. 22, No. 3, 1970, p. 479.

势。"在议会行政监察专员制度刚刚建立时,在一些人看来,如果公共机构的不良行政侵犯公民权益,那么议会行政监察专员至少是公民可以利用的救济手段的潜在的重要补充,而且成本低廉。"①

公民如果遇到中央政府部门或公共机构的不良侵害时,可以通过下院议员将申诉转交给议会监察专员。如果议会监察专员认为属于自己的管辖范围,调查可能需要向申诉人询问相关情况,这个过程申诉人不需要花费任何费用。因此,议会监察专员制度对于公民来说是一种廉价、便捷的申诉途径。有的国家的公民向监察专员申诉需要缴纳少量的费用。在新西兰,向议会监察专员申诉需要书面形式,且需缴纳1英镑的费用。在美国,向监察专员申诉需要缴纳2.77美元。② 英国议会监察专员制度的免费申诉是其优势,它体现了社会服务的特征,为公民申诉提供了便利,节约了成本。

二 制度的缺点

(一)下院议员过滤机制

英国议会监察专员制度有一个明显的特征就是采取下院议员过滤机制。议会监察专员不能直接接触申诉人,而是采取下院议员转交申诉的方式。"一直以来对于议会监察专员的权力引发争议最多的是他不能直接受理公民的申诉。相反它们必须由下院议员转交。这几乎不同于世界上所有国家的监察专员。"③ 世界上其他建立议会监察专员制度的国家,几乎都实行直接受理申诉的形式。④ 在英国设立议会监察专员之前的瑞典、芬兰、挪威、丹麦、新西兰等国是如此,英国设立议会监察专员之后的西班牙、德国、俄罗斯等国也是如此。只有法国的调解专员效仿英国通过议员间接受理申诉。

从议会监察专员制度的运行实践来看,下院议员在转交申诉方面存在着严重问题。前面已谈到平均40%的下院议员并不转交或很少转交公

---

① [英]彼得·莱兰、戈登·安东尼:《英国行政法教科书》,杨伟东译,北京大学出版社2007年版,第182页。
② Geoffrey Sawer, "The Ombudsman and Related Institutions in Australia and New Zealand", p. 68.
③ Richard Clements & Jane Kay, *Constitutional and Administrative Law*, p. 143.
④ Hilaire Barnett, *Constitutional & Administrative Law*, Cavendish Publishing Limited, 2002, pp. 926 - 927.

第四章 英国议会监察专员制度的优点和缺点及其作用

民的申诉。所以"许多批评人士主张废除下院议员过滤机制"①。"投诉的间接方式以及缺乏直接接触,一直是监察专员负面评论的主题。"② "很少有人听说过议会监察专员,更很少有人会向他们的下院议员建议使用议会监察专员(服务)。"③ 议会监察专员直接接触公民的过程也是自我宣传的过程。公民在与议会监察专员接触的过程中将加深对其认识和了解,但下院议员过滤机制堵塞了公民认识和了解议会监察专员制度的渠道。"缺乏直接接触造成了一系列问题。议会监察专员进行任何大规模的宣传活动都没有什么意义。当涉及任何直接申诉时,她(议会监察专员安·亚伯拉罕)都必须驳回。申诉人被建议联系他们的下院议员。"④ 就议会监察专员制度而言,能否直接向他提出申诉一直是一个重要的问题……过滤机制的存在有导致这一制度使用效率不高以及把申诉转移到其他纠纷解决途径或者使申诉没有解决途径的倾向。⑤ 因此,下院议员过滤机制是英国议会监察专员制度的严重缺点。

"令人感到失望的是,议会监察专员作为管辖最为重要领域的最高级的监察专员并非更加有效。"⑥ "可能有受害人知道议会监察专员的存在,并会为能得到他的协助而感到高兴,但出于某种原因,他们不愿为了把案件提交给他而接近下院议员。"⑦ 下院议员过滤机制"是为了减少在这样一个大国的监察专员的负担,也很可能使该计划更适合下院议员,他们可能害怕失去与选民的联系。然而,许多人包括作者,认为这是对(监察专员)计划的一个不可取的限制。因为许多申诉人不希望把他们的案件交给一个党派政客(下院议员),而他将是他们和政府之间的一个额外的筛选。此外,申诉人有权在自己的案件中成为直接当事人。这后一点将在某种程度上得到满足,如果在一个案件提交监察专员之后,

---

① Richard Clements & Jane Kay, *Constitutional and Administrative Law*, p. 143.
② Glen O'Hara, "Parties, People, and Parliament: Britain's 'Ombudsman' and the Politics of the 1960s", p. 708.
③ Richard Clements & Jane Kay, *Constitutional and Administrative Law*, p. 143.
④ Richard Clements & Jane Kay, *Constitutional and Administrative Law*, p. 143.
⑤ [英] 彼得·莱兰、戈登·安东尼:《英国行政法教科书》,杨伟东译,北京大学出版社 2007 年版,第 182—183 页。
⑥ Richard Clements & Jane Kay, *Constitutional and Administrative Law*, p. 142.
⑦ Roy Gregory & Alan Alexander, "'Our Parliamentary Ombudsman' Part II: Development and the Problem of Identity", *Public Administration*, Vol. 51, No. 1, p. 44.

他可以直接与投诉人交涉。"① "该机构与议会联系的特征一直是有争议的。因为'下院议员过滤机制'的运作方式是任性的。有些下院议员很少或从不向议会监察专员提出申诉，而另一些下院议员则经常这样做——这对普通公民来说是一种阻碍，因为他们需要一种明确而简单的方法来解决对政府的不满。"②

下院议员过滤机制是英国议会监察专员制度最为突出的特征，也是它最大的缺点之一。它的采用产生了一系列问题，议会监察专员受理申诉数量的减少，公民申诉程序的增加，社会对其认识不够，从而使英国议会监察专员制度不能充分发挥作用。

（二）管辖范围有限

英国议会监察专员制度最为明显的特征之一是管辖范围十分有限。虽然《法案》规定议会监察专员几乎可以调查全部的中央政府部门，但又将许多领域排除在外。关于议会监察专员的调查范围一直是争论不休的问题。1967年《法案》将地方政府和医院的申诉排除在外，但经过各界人士的不懈努力，英国终于设立了地方监察专员和卫生监察专员。《法案》刚刚通过时，议会监察专员管辖不超过50个部及公共机构，到1987年扩展到100个，2002年扩展到250个，2009—2010年度报告中达近400个。虽然英国议会监察专员能够管辖的领域不断扩大，但还是有很多机构不在管辖范围之内。

英国议会监察专员制度规定只能调查属于中央政府部门的不良行政申诉。与英国相比，瑞典议会监察专员不仅能调查中央政府部门的申诉，而且可以调查地方政府的申诉，不仅能够调查行政申诉还可以调查司法申诉。丹麦议会监察专员虽然不能管辖司法领域，但对于行政领域有着广泛的管辖权。议会监察专员的管辖权包括"所有大臣、文官和其他为国家服务的人，但从事司法行政工作的人除外"③。而英国议会监察专员的管辖范围则仅限于中央政府部门及公共机构的不良行政。就是这些领

---

① Donald C. Rowat, "Recent Developments in Ombudsmanship: A Review Article", *Canadian Public Administration*, Vol. 10, No. 1, 1967, p. 41.

② Colin Turpin & Adam Tomkins, *British Government and the Constitution*, Cambridge University Press, p. 624.

③ Henry J. Abraham, "The Danish Ombudsman", *The Annals of the American Academy of Political and Social Science*, Vol. 377, No. 1, 1968, p. 56.

域又在《法案》附表3中将许多情况排除在调查范围之外。因此，英国议会监察专员的调查范围是非常有限的。

新西兰议会监察专员的调查范围也比英国议会监察专员广泛。议会监察专员"调查任何有关管理问题的决定或建议（包括对官方部长提出的任何建议）或任何行为或疏忽的行为，并影响任何人或以个人身份参与的团体或由本法令附表中指定的任何部门或组织，或由任何官员，雇员或成员行使任何法律赋予他的权力或职能。"[1]《新西兰议会监察法》在附表列表中"列出了新西兰中央政府的所有部门和22个组织和法定公司。这些组织和公司有不同程度的自治权，但也有全国范围的权限。诸如国防和外交等领域以及包括铁路、电力和电信在内的许多公共事业。"[2]

新西兰议会监察专员与英国议会监察专员相似，也不受理地方政府的申诉。瑞典和丹麦议会监察专员刚成立时也不能调查关于地方政府的申诉，仅有芬兰监察专员有权管辖地方政府。然而，瑞典和丹麦议会监察专员分别从1957年和1961年将管辖权扩展到地方政府，挪威监察专员也紧随其后扩展到地方政府。英国议会监察专员管辖权不包括地方政府，而是单独设立地方监察专员。

英国政府订立的合同和商业往来也被排除在议会监察专员的调查范围之外。当"政府将合同作为政策工具时其管理不善可能很容易导致不公正"[3]。尽管军队和文官部门的人事问题可能敏感，但也被排除在议会监察专员的管辖范围之外。正是《法案》将很多领域排除在议会监察专员管辖范围之外，从而招致了公开的批评。[4] 而在许多其他国家，文官的投诉是监察专员工作的重要组成部分。[5] 英国议会监察专员调查申诉不仅局限在中央政府部门，而且局限于"不良行政产生的不公正"[6]。"毫无疑问，由于处理申诉的机会和管辖的范围都受到限制，公布材料

---

[1] Geoffrey Sawer, "The Ombudsman and Related Institutions in Australia and New Zealand", p. 65.
[2] Geoffrey Sawer, "The Ombudsman and Related Institutions in Australia and New Zealand", p. 65.
[3] Richard Clements & Jane Kay, *Constitutional and Administrative Law*, p. 142.
[4] Richard Clements & Jane Kay, *Constitutional and Administrative Law*, p. 142.
[5] Richard Clements & Jane Kay, *Constitutional and Administrative Law*, p. 142.
[6] Richard Clements & Jane Kay, *Constitutional and Administrative Law*, p. 144.

也要小心谨慎,特派员不能很好地发挥作用;几乎所有外国的监察员从每个公民接到的申诉都比他的多。"①调查范围的局限是英国议会监察专员受理申诉数量少的主要原因之一。

(三) 没有主动调查权

英国议会监察专员制度采取下院议员过滤机制,议会监察专员除了不能直接受理公民申诉之外,也不能主动调查申诉。议会监察专员调查申诉必须经下院议员转交,这和法院及裁判所等司法机构不告不理类似。这是英国议会监察专员制度不同于其他国家监察专员制度的明显特征,更是重要缺点之一。"议会行政监察专员或议会监察专员个人不能依职权主动调查申诉。"②

其他国家监察专员多数都可以主动调查申诉。"英国议会监察专员是世界范围内100多名国家监察专员中唯一依赖下院议员过滤机制没有任何主动权的监察专员。"③瑞典议会监察专员可以主动发起调查。"在议会监察专员产生之初,所有的案件均由监察专员本人根据他所发现的事实而主动提起,主要是在审查及对罪犯名单进行监察过程中。起初公民几乎从不投诉。"④之后,公民对监察专员熟悉之后开始投诉。瑞典议会监察专员调查的申诉可能没有申诉人,当他们发现问题属于自己的管辖范围时,他们将主动发起调查。"监察专员经常根据报章杂志上关于法院和行政官员的活动自行展开调查。"⑤

以1975年为例,瑞典议会监察专员当年共处理申诉3202件,其中主动调查则有400件。⑥瑞典议会监察专员是名副其实的监察专员,他

---

① [英]约翰·格林伍德、戴维·威尔逊:《英国行政管理》,汪淑钧译,商务印书馆1991年版,第279—280页。

② [英]彼得·莱兰、戈登·安东尼:《英国行政法教科书》,杨伟东译,北京大学出版社2007年版,第184页;Timothy Endicott, *Administrative Law*, Oxford University Press, 2011, p. 485.

③ Hilaire Barnett, *Constitutional & Administrative Law*, pp. 932 – 933.

④ [瑞典]本特·维斯兰德尔:《瑞典的议会监察专员》,程洁译,清华大学出版社2001年版,第31页。

⑤ Alfred Bexelius, "The Swedish Ombudsman", p. 172; Alfred Bexelius, "The Origin, Nature, and Functions of the Civil and Military Ombudsmen in Sweden", *The Annals of the American Academy of Political and Social Science*, Vol. 377, No. 5, 1968, pp. 13, 16.

⑥ Frank Stacey, *Ombudsmen Compared*, p. 7.

们更像中国古代的刺史,尤其是监察御史。中国古代监察御史有三个特点:1. 监察御史起到监察的作用;2. 监察御史是中央派出到地方的官员,他们代表中央、代表天子,也称代天巡狩;3. 监察御史能够主动调查。瑞典议会监察专员不仅调查申诉,而且可以视察国家机关单位。他们代表议会这个国家最高权力机构,更为重要的是他们能够主动调查。这是为什么中国学者将这种制度与中国历史上起着相似作用有着相似名称的监察御史相联系的原因。

丹麦议会监察专员虽然也可以主动调查,但却很少使用这种权力。"任何行政管理'不正当、错误或不可行'都属于监察专员的管辖范围。或者是向他的公署提出了申诉,或者是他主动采取行动。迄今为止,最大数量的'案件'属于前一类。事实上,监察专员很少采取主动行动(迄今为止,只占所有案件的0.01%)。"①"所有人(瑞典、芬兰、丹麦和挪威等国议会监察专员)都可以发起调查并进行检查,而不必事先收到具体的投诉。"②

新西兰议会监察专员也有主动调查权。"监察专员可自行展开调查,或就'任何人'向他提出的申诉进行调查。"③ 与瑞典、丹麦和新西兰相比,英国议会监察专员不仅没有主动调查权,而且连直接受理申诉权也没有。英国议会监察专员制度虽然借鉴了总审查长制,但并没有借鉴它的主动调查权。"总审查长只关心财务管理不善,他的调查是主动进行的,而不是由于公民向他提出投诉。"④ 英国议会监察专员制度采取下院议员过滤机制,议会监察专员不能主动调查。英国政府在建立议会监察专员制度时两个借鉴来源——斯堪的那维亚国家监察专员制度和本国的总审查长制——都可以主动调查。然而,英国议会监察专员却不能,甚至连调查申诉都需要下院议员转交。这说明英国议会监察专员制度与这两种制度相比要局限得多,狭隘得多,也落后得多。它直接影响了英国议会监察专员调查申诉的数量,也不利于知名度的提高和公民对其权威的认可。

---

① Henry J. Abraham, "The Danish Ombudsman", p. 57.
② Donald C. Rowat, "The Parliamentary Ombudsman: Should the Scandinavian Scheme be Transplanted?", p. 400.
③ Geoffrey Sawer, "The Ombudsman and Related Institutions in Australia and New Zealand", p. 68.
④ Roy Gregory & Alan Alexander, "Our Parliamentary Ombudsman Part I: Integration and Metamorphosis", p. 318.

(四) 没有强制执行权

执行权尤其是强制执行权对于衡量一部法律或者一种制度至关重要。执行权同样也是决定司法成败的关键,没有执行权的判决将是一纸空文。因此,对于监察专员制度来说,公民当然希望它能像司法程序一样拥有执行权。英国议会监察专员调查完成案件之后,如果支持则会提出解决方案和处理建议。虽然他的方案和建议最终被相关部门采纳的比例很高,但他没有强制执行权。"议会监察专员有权提出建议,但没有权力强制政府执行。"① "特派员虽然可以提出纠正的方案,却不能执行它们。"② 它不像法院和裁判所等机构具有强制执行权。正因为如此,议会监察专员被讽刺为"纸老虎""无牙的老虎""无能为力的骑士""带链子的看门狗"③ 等。

在一些大型且影响重大的案件中,受害人最终或多或少获得了相关部门的赔偿。在考特·莱恩航空公司案中,那些度假者从该部获得了道义补偿。④ 在巴洛·克洛斯公司案中,受害人获得的赔偿可以抵偿他们损失的90%。⑤ 虽然相关部门给予了申诉人赔偿,但他们对于议会监察专员的批评并不认同,对于他的赔偿建议也并未完全采纳,更多的是给予道义补偿。这暴露了议会监察专员制度没有强制执行权的弊端。正如彼得·莱兰等人在评价考特·莱恩航空公司案中指出的那样,"此案说明议会行政监察专员制度存在一个重要缺陷,即无权强制政府或行政机关给予救济"⑥。

"尽管议会监察专员有调查的权力,但却没有执行权力。"⑦ 英国议会监察专员有建议权却没有执行权,但这并非它独有的缺点,而是监察专员制度共有的缺点。绝大多数国家的监察专员都没有执行权。"在一

---

① Richard Clements & Jane Kay, *Constitutional and Administrative Law*, p. 144.
② [英] 约翰·格林伍德、戴维·威尔逊:《英国行政管理》,汪淑钧译,商务印书馆1991年版,第279页。
③ Daily Telegraph, Dec. 18, 1970, in William B. Gwyn, "The British PCA: 'Ombudsman or Ombudsmouse?'", p. 47.
④ Carol Harlow & Richard Rawlings, *Law and Administration*, p. 783.
⑤ Leyland Peter & Gordon Anthony, *Textbook England Administrative Law*, p. 143.
⑥ [英] 彼得·莱兰、戈登·安东尼:《英国行政法教科书》,杨伟东译,北京大学出版社2007年版,第167页。
⑦ A. W. Bradley & K. D. Ewing, *Constitutional and Administrative Law*, p. 719.

些国家，监察专员确实有权执行他们的决定，但这种权力很少使用。"①议会监察专员要想自己的建议被采纳更多的依靠提交报告。"议会监察专员没有直接法律权力迫使公共机构按照这些建议行事。他的报告可以非常有效地促成超出个人投诉的补救行动。"②"自从 1967 年以来，通过监察专员进行救济的想法已经在英国的公共部门和私营部门广泛传播开来，但令人感到失望的是，议会监察专员作为管辖最为重要领域的最高级监察专员并非更加有效。"③

新西兰议会监察专员也不具备执行权，他的权力仅限于提出建议。"如果有关部门或组织未能采取行动或充分采取行动遵守监察专员的建议，监察专员没有强制权力。例如他不能像一些斯堪的那维亚监察专员一样自己采取行动，或者调查法庭。"④ 没有强制执行权虽然是监察专员制度共有的特点，也是它们的共同缺点。但它使英国议会监察专员制度的缺陷更加明显，影响了它在公民心目中的权威和知名度，致使公民较少采取议会监察专员制度作为解决申诉的途径。

（五）案件调查数量少

英国议会监察专员制度最为显著的缺点之一是案件调查数量少。处理申诉和调查案件的数量是衡量监察专员制度运行效果的两个最为重要的指标。然而，不幸的是英国议会监察专员制度在此方面表现并不佳。"监察专员公署拒绝受理的大量投诉可能会让人对他（议会监察专员）的角色和职权感到困惑。"⑤

从 1967 年到 1970 年，第一任议会监察专员康普顿任职其间，共直接收到申诉 3010 件，平均每年约收到 753 件。收到下院议员转交的申诉 3595 件，平均每年约 899 件。驳回下院议员转交案件 2095 件，占转交申诉的 58.28%。调查案件 1123 件，平均每年约调查 281 件。支持案件 164 件，平均每年约支持 41 件。议会监察专员直接收到的申诉是要被拒绝的，因为英国议会监察专员制度实行下院议员过滤机制，这些申诉只

---

① Richard Clements & Jane Kay, *Constitutional and Administrative Law*, p. 145.
② ［英］彼得·莱兰、戈登·安东尼：《英国行政法教科书》，杨伟东译，北京大学出版社 2007 年版，第 154 页。
③ Richard Clements & Jane Kay, *Constitutional and Administrative Law*, p. 142.
④ Geoffrey Sawer, "The Ombudsman and Related Institutions in Australia and New Zealand", p. 67.
⑤ Oonagh Gay, *The Ombudsman—the Developing Role in the UK*, p. 7.

能交由下院议员后再转交议会监察专员才有可能被受理。从1967年到1970年，无论是从直接申诉和转交申诉、还是从调查案件和支持案件来说数量都不多。

英国议会监察专员从1971—1989年19年间共调查案件4146件，平均每年调查约218件，平均每个月调查约18件，而调查案件中获得议会监察专员支持的案件共1665件，平均每年支持约88件，平均每月支持约7件。而被拒绝调查的案件更多。议会监察专员1971—1989年19年间共收到下院议员转交的申诉14964件，驳回的申诉10224件，占收到下院议员转交申诉总量的约68.32%。通过下院议员转交的申诉通常有2/3没有被调查，多半是因为不属于议会监察专员的管辖范围。① 以1981年为例，有75.7%的申诉被驳回，首次超过3/4，被拒绝调查的申诉中有23%不属于议会监察专员管辖，申诉提得不够恰当或者与行政无关的占41%，涉及文官人事问题的申诉占10%，其余占1.7%。②

在1967—1989年23年间，下院议员转交申诉被驳回的比率超过75%的年份达到7个，超过70%的年份达到10个。所以，"由于管辖范围的限制，正当的申诉中有很多都不能进行调查"③。通过数据不难看出，英国议会监察专员不论是调查案件的数量还是支持案件的数量都比较少。

瑞典议会监察专员1975年调查案件2293件，合理案件为648件，是英国获得支持案件的约7倍，而瑞典当时有人口800万，英国则有人口5300万，是瑞典6.6倍。④ 1975年丹麦议会监察专员调查案件797件，是英国当年调查案件的3.3倍，丹麦人口500万，仅为英国人口的9.43%。⑤

---

① [英] 约翰·格林伍德、戴维·威尔逊：《英国行政管理》，汪淑钧译，商务印书馆1991年版，第277页。

② [英] 约翰·格林伍德、戴维·威尔逊：《英国行政管理》，汪淑钧译，商务印书馆1991年版，第277页。

③ [英] 约翰·格林伍德、戴维·威尔逊：《英国行政管理》，汪淑钧译，商务印书馆1991年版，第277页。

④ Frank Stacey, *Ombudsmen Compared*, pp. 7–12. 关于英国议会监察专员完成调查数量另一种记载为244件。参见 Roy Gregory & Jane Pearson, "The Parliamentary Ombudsman after Twenty-Five Years", p. 472.

⑤ Frank Stacey, *Ombudsmen Compared*, p. 24.

第四章　英国议会监察专员制度的优点和缺点及其作用　221

1990年至1999—2000年度，议会监察专员共调查案件2550件，平均每年调查约255件，平均每月约21件。2010—2011年度至2016—2017年度，议会监察专员共调查案件2830件，平均每年调查约404件，平均每月约34件。在2008—2009年度，英国议会和卫生监察专员共收到正式申诉9415件，同年新西兰为7615件，丹麦为4809件（数据为2008年1月1日—12月31日）。① 英国议会和卫生监察专员收到的申诉超过了这两个国家，但英国议会和卫生监察专员收到申诉的数据包括卫生部门，其中卫生部门申诉6780件，② 公共部门申诉2635件。英国议会监察专员收到的申诉是新西兰的34.60%，丹麦的54.79%。而英国人口5600万，丹麦人口570万，新西兰人口470万。若按同等人口计算，英国议会监察专员收到的申诉不及两个国家的零头。因此，英国议会监察专员收到的申诉仍是非常少的。受理申诉少、调查案件少是英国议会监察专员制度备受诟病的最主要原因之一。

（六）案件调查花费成本高、时间长

英国议会监察专员调查申诉尤其是完全调查案件非常彻底，然而与之相伴的是案件调查耗时费钱。在新西兰和美国，公民向监察专员申诉都会被收取少量的费用。英国议会监察专员制度对于公民是免费的，这是它的长处。"我们的服务对所有人都免费。"③ 但英国议会监察专员调查申诉在时间上是漫长的，在成本上则是高昂的。"议会监察专员完全调查唯一问题是缓慢，平均超过一年。"④ 议会监察专员1971—1989年共调查案件4146件，平均每年调查约218件，平均每月调查约18件。1990年至1999—2000年度，议会监察专员共调查案件2550件，平均每年调查约255件，平均每月调查约21件。2010—2011年度至2016—2017年度，议会监察专员共调查案件2830件，平均每年调查约404件，平均每月调查约34件。一般来说，议会监察专员调查耗时比较长，完全调查耗时更长，都在一年左右。⑤ 约翰·格林伍德等人指出，议会监察

---

① Glen O'Hara, "Parties, People, and Parliament: Britain's 'Ombudsman' and the Politics of the 1960s", p. 709.
② Parliamentary and Health Service Ombudsman, *Annual Report* 2008 – 2009, p. 58.
③ Parliamentary and Health Service Ombudsman, *Annual Report and Accounts* 2016 – 2017, p. 4.
④ Richard Clements & Jane Kay, *Constitutional and Administrative Law*, p. 144.
⑤ Richard Clements & Jane Kay, *Constitutional and Administrative Law*, p. 144.

专员调查决议迟缓,平均完成每件调查超过 70 周的时间。①

有人风趣地将完全调查所需要的漫长过程比喻为"劳斯莱斯款式"的调查。②"议会监察专员在这里的记录并不总是令人印象深刻。20 世纪 90 年代初,调查案件的平均时间超过 18 个月。经过特别委员会的批评,议会监察专员在 1999—2000 年度报告中,调查案件的平均时间减少到 44 周。"③

巴洛·克洛斯公司案调查耗时 13 个月。④ 就是萨克森豪森俘虏事件也耗时近 7 个月。⑤ 考特·莱恩航空公司案的调查也花费了几个月的时间。卡罗尔·哈洛等人也指出,虽然议会监察专员调查彻底,但"旷日持久"⑥。有些学者认为由于议会监察专员调查往往花费很长时间,所以成为下院议员较少转交申诉的重要原因之一。⑦ 在 2016—2017 年度报告中,议会监察专员指出:"我们继续监测并减少超过 12 个月案件的数量,完成后我们会向议会报告这些情况。这个数字持续减少,从 2016 年 4 月 1 日的 136 件降至 2017 年 4 月 1 日的 104 件,减少 24%。"⑧

英国议会监察专员调查的经济成本也很高。议会和卫生监察专员在 2016—2017 年度报告中制订出未来四年工资支出计划,分别为 2016—2017 年度 3199.3 万英镑,2017—2018 年度 3118.6 万英镑,2018—2019 年度 2800.4 万英镑,2019—2020 年度 2594.2 万英镑。⑨ 其中议会监察专员朱莉·特里萨·梅勒的收入总共高达 21—22 万英镑。单独从工资支出可以看出,议会监察专员公署的成本是很高的,这并不包括办公经费。在 2015—2016 年度报告中,仅网络成本就高达 30492000 英镑,而公署

---

① John Greenwood (ed.), *New Public Administration in Britain*, p. 249.
② Leyland Peter & Gordon Anthony, *Textbook England Administrative Law*, p. 141.
③ Alex Carroll, *Constitutional & Administrative Law*, Pearson Education Limited, 2007, p. 595.
④ Leyland Peter & Gordon Anthony, *Textbook England Administrative Law*, p. 144.
⑤ Frank Stacey, *The British Ombudsman*, pp. 248-258.
⑥ [英] 卡罗尔·哈洛、理查德·罗林斯:《法律与行政》(下),杨伟东等译,商务印书馆 2004 年版,第 801 页。
⑦ Leyland Peter & Gordon Anthony, *Textbook England Administrative Law*, p. 141.
⑧ Parliamentary and Health Service Ombudsman, *Annual Report and Accounts* 2016-2017, p. 19.
⑨ Parliamentary and Health Service Ombudsman, *Annual Report and Accounts* 2016-2017, p. 71.

提供的调查和决议为4085项。① 在2012—2013年度报告中，网络成本高达33375000英镑，而公署提供的调查和决议仅为892项。② 在2015—2016年度报告中有一位妇女被误诊为乳腺癌，议会监察专员调查后，信托局赔偿了这位妇女70000英镑。③ 而这样高的赔偿并不多。但当年全部支持的申诉为1543件，单以网络成本来算，每件完全调查的成本就高达21630英镑。④ 这还不算公署职工工资和办公经费，若加上这些费用，完全调查案件的成本就更高。

成本高的另一个表现是在公署人员的构成上，1969年公署有三十人，1979年有五十七人，2004年有二百人。英国议会监察专员是以调查案件少"著称的"，但它的成本却不低。因此，案件调查时间漫长、费用昂贵是英国议会监察专员制度的重要缺点之一。这是它在年度报告的规划中降低开支的原因，也是20世纪90年代加快调查程序的原因。

（七）公民认知度、关注度低

英国议会监察专员制度采取下院议员过滤机制，这种机制产生一系列问题，其中之一便是公民对其认知度和关注度低。由于公民不能直接接触议会监察专员，导致他们对这种申诉制度和救济制度认识不足。"很少有人听说过议会监察专员，更很少有人会向他们的下院议员建议使用议会监察专员（服务）。"⑤ 当英国议会监察专员设立八年后，"公民大多数似乎不知道他是谁，他做了什么。下院议员对他的帮助比预期要低。"⑥

英国议会监察专员制度除了采取下院议员过滤机制外，很长一段时间采取书面申诉的方式。这种方式对于那些生活层次较低、知识水平不高的弱势群体来说很难产生影响。这些人更需要议会监察专员的服务，

---

① Parliamentary and Health Service Ombudsman, *Annual Report and Accounts* 2015 – 2016, p. 44.
② Parliamentary and Health Service Ombudsman, *Annual Report and Accounts* 2015 – 2016, p. 44.
③ Parliamentary and Health Service Ombudsman, *Annual Report and Accounts* 2015 – 2016, p. 27.
④ Parliamentary and Health Service Ombudsman, *Annual Report and Accounts* 2015 –2016, p. 15.
⑤ Richard Clements & Jane Kay, *Constitutional and Administrative Law*, p. 143.
⑥ Adam Raphael, Watchdog chained, *The Guardian*, Jul 10, 1974.

但由于向议会监察专员申诉要经过下院议员转交，而且还需书面形式，从而使他们望而却步。这就是为什么有些人希望通过宣传将议会监察专员的影响"扩展到那些对自己的权利和权益知之甚少的人群"，"扩展到在社会上更加脆弱、可能需要更多帮助的社会底层和生活贫困的人群"[1]的原因。

"教育背景和社会阶层背景是影响议会行政监察专员或议会监察专员递交申诉的重要因素，正如 Widdicombe 委员会（Widdicombe Committee）所指出的，超过70%的申诉是从从事非体力劳动的家庭递交来的。"[2] A. 布拉德利批评议会监察专员没有"达到真正为公民所熟知的地位"[3]。

因为社会普遍对议会监察专员制度认识度不高，所以主张废除下院议员过滤机制的呼声一直存在，而且越来越强。"对于议会监察专员的不满集中在申诉的获取上。对管辖权和下院议员过滤的限制一直是持续和有力的批评主题，尽管（它们的）改革似乎不太可能。批评议会监察专员也许是不公平的，因为不是她（议会监察专员安·亚伯拉罕）所处理的申诉，而是申诉在通向她的途径上存在障碍。"[4] "特派员公署的性质，甚至它的存在都没有为公民所了解，所以许多申诉都没交给他处理，或者不属于他的管辖范围。"[5] "议会行政监察专员或议会监察专员不能宣传自己的作用，其结果是一般公民对议会行政监察专员制度知之甚少。"[6]

为了扩大公民对议会监察专员制度的认识，后来担任公民宪章小组成员的威尔克斯女士（Lady Wilcox）建议议会监察专员应当通过媒体帮助宣传他们的成果，通过听（观）众热线电话和在其他公开表态的电视

---

[1] Carol Harlow & Richard Rawlings, *Law and Administration*, p. 567.
[2] [英]彼得·莱兰、戈登·安东尼：《英国行政法教科书》，杨伟东译，北京大学出版社2007年版，第184页。
[3] [英]卡罗尔·哈洛、理查德·罗林斯：《法律与行政》（下），杨伟东等译，商务印书馆2004年版，第824页。
[4] Richard Clements & Jane Kay, *Constitutional and Administrative Law*, p. 145.
[5] [英]约翰·格林伍德、戴维·威尔逊：《英国行政管理》，汪淑钧译，商务印书馆1991年版，第280页。
[6] [英]彼得·莱兰、戈登·安东尼：《英国行政法教科书》，杨伟东译，北京大学出版社2007年版，第184页。

第四章　英国议会监察专员制度的优点和缺点及其作用　225

活动中露面的方式积极推广他们的服务。① 还有人建议议会监察专员应当接受电话申诉，在全国旅行，设立地方办事机构。但这些措施或者没有被采取，或者没有起到预想的效果。不过现在英国议会和卫生监察专员对于公民咨询采取多种措施。信件、电话、电子邮件、网络在线等都接受，并给予回复。至于案件调查仍需采取下院议员转交书面申诉的形式。

议会监察专员也试图扩大宣传。"议会监察专员确实试图确保所有下院议员知道她的服务并理解她的权力，但这似乎并不奏效。无论如何下院议员更愿意自己处理选民的申诉，因为他们会得到信任，并希望在下次选举中获得选票。"② "研究表明，除非选民向下院议员提出建议，否则下院议员很少向议会监察专员提出建议。"③ "可能只有少数人对议会监察专员计划及其工作方式足够了解，甚至考虑要求下院议员将他们的申诉交给公署。"④ "如果公民对（议会监察专员）公署及其职能的认识随着时间推移而增加，可能会有更多的受害人接近下院议员，并要求将他们的申诉提交给议会监察专员。但就目前而言，议会监察专员公署对于英国公民而言似乎太过遥远，而非一个熟悉的机构。"⑤

英国为议会监察专员制度设置的种种限制使得申诉程序复杂，造成它在公民中认知度和关注度低。这影响了它充分发挥作用，成为它的主要缺陷之一。"虽然有些监察专员比其他人做得更努力，但总的来说，这个制度并没有得到很好的宣传。"⑥

第二节　英国议会监察专员制度的意义

英国议会监察专员制度的建立为公民提供了一项新的申诉渠道和救济方式，同时也为议会增添了一项新的监察途径。它的建立对于完善英

---

① Carol Harlow & Richard Rawlings, *Law and Administration*, p. 567.
② Richard Clements & Jane Kay, *Constitutional and Administrative Law*, p. 143.
③ Richard Clements & Jane Kay, *Constitutional and Administrative Law*, p. 143.
④ Roy Gregory & Alan Alexander, "'Our Parliamentary Ombudsman' Part Ⅱ: Development and the Problem of Identity", *Public Administration*, Vol. 51, No. 1, 1973, p. 44.
⑤ Roy Gregory & Alan Alexander, "'Our Parliamentary Ombudsman' Part Ⅱ: Development and the Problem of Identity", p. 44.
⑥ John Greenwood (ed.), *New Public Administration in Britain*, p. 248.

国申诉制度、救济制度和监察制度有着重要意义。

一 有效的申诉制度

英国议会监察专员制度的建立有着重要的进步意义，它的建立可以追溯到发生在20世纪50年代的克利切尔高地事件，这是一起典型的不良行政事件。由于英国之前对于不良行政事件的处理没有制度性的保障，而这个事件暴露出政府部门工作人员存在滥用职权的现象，公民面对政府部门的滥用职权行为却没有合适的申诉渠道。

英国是公认的民主国家，但随着工业革命的深入发展，自由放任下的社会弊端日益显现。为了应对资本主义制度带来的局限性，政府加大了对于政治、经济、社会等方面的干预，但英国法律并不能解决所有问题。尽管英国社会被称为法治社会，然而它在很多地方仍存在缺陷和盲区。克利切尔高地事件就给英国法律带来了不小的冲击，从而导致了宪法性问题的出现。英国社会强调法律面前人人平等，虽然这未必能够实现，但在法律之外是否能够实现公平或许连英国人都很难回答。克利切尔高地事件就是一起说明法律存在缺陷和盲区的典型案例。因为它既涉及到不公平又是处在法律的边缘地带，而克利切尔高地事件的事主马顿夫妇经过几年艰难的争取才最终争回了原本属于自己的权利。之所以这样反复和曲折，就是因为这是一起不良行政的申诉案件。政府部门存在侵害公民权利的事实，但这样的不良行政又不在法律管辖范围之内。因此，英国现存法律不能保护公民的合法权益，而现存的司法机构（法院、裁判所等）又不能为公民伸张正义，这就暴露出英国申诉制度存在缺陷。

在英国虽然除了法院、裁判所等司法机构外，公民可以给下院议员、政府部门、议会乃至大臣写信申诉自己的冤屈，但这些申诉途径并没有强有力的法律保障。具有讽刺意味的是，克利切尔高地事件正是在下院议员的努力和事主给涉事的农业大臣写信的情况下，农业大臣仍在包庇本部门的官员。若不是通过克拉克调查和议会辩论，事主能否争回自己的权利都未可知。克利切尔高地事件促使英国政府认识到存在不良行政，而这个问题需要解决。英国政府经过反复比较最终选取了起源于瑞典的监察专员制度。因此，英国议会监察专员制度首先是一种申诉制度,① 而它的出现正是因为英国申诉制度存在缺陷所致。

然而,英国议会监察专员制度只是一种申诉制度,它的出现并不否定其他申诉制度的存在,更不是为了取代其他申诉制度,而是说它的出现使得英国申诉制度更加完善。英国议会监察专员制度建立之前,公民对于那种没有法律保障而又侵害公民权利的行为是无处申诉的,或者说他们的申诉是没有保证的,而英国议会监察专员制度的建立解决了公民因遭受政府部门不良行政而无处申诉的难题。因此,英国议会监察专员制度作为一项申诉制度是有着重要意义的。

英国申诉制度除了司法机构诸如法院和裁判所外,公民最为经常使用的途径是向下院议员申诉。议会监察专员公署新闻官兼外交发言人曼莉女士在回答中国监察官孔祥仁关于下院议员过滤机制时说:"传统上,英国议员作为民选代表,维护本选区选民利益,为'民伸张正义'。"② 英国政府《白皮书》在解释建立议会监察专员制度的目的时说:"这个制度不是为了和下院议员竞争,而是作为下院议员的补充。"③ 这就不难解释,为什么英国议会监察专员受理申诉必须通过下院议员转交的方式。

下院议员申诉途径是英国公民使用最多、历史最为悠久、知名度最高的一种申诉制度。"下院议员一直承担着处理申诉的任务,处理的案件远比监察专员多得多。"④ 据1966有关报道估计,每年下院议员收到的申诉为300000件⑤。卡罗尔·哈洛等人则认为,"下院议员每年处理选民来信达300万件之多"⑥。而英国议会监察专员每年收到的申诉少则数百多则数千,就是询问每年最多也不超过几万件。因此,英国下院议员在处理公民申诉方面起着十分重要的作用。

但下院议员这种申诉途径并非总是有效,诸如萨克森豪森俘虏案、考特·莱恩航空公司案、巴洛·克洛斯案、(1996年)海底隧道铁路连

---

① 这里的申诉(complaint)是指广义的申诉之意,即公民表达抱怨、委屈之意,而非特指对于法律判决所作的上诉(appeal)。
② 孔祥仁:《国际反腐随笔》,中国方正出版社2003年版,第29页。
③ Frank Stacey, *The British Ombudsman*, p. 59, p. 92.
④ Leyland Peter & Gordon Anthony, *Textbook England Administrative Law*, p. 128.
⑤ Roy Gregory & Jane Pearson, "The Parliamentary Ombudsman after Twenty—Five Years", p. 474.
⑥ Carol Harlow and Richard Rawlings, *Law and Administration*, p. 445.

接案①等重大疑难申诉，单个下院议员处理起来就显得束手无策，而议会监察专员在处理这些疑难案件上更为专业，掌握的资源更为丰富，人员更多，处理起来也更加得心应手。"他们承担着繁重的工作量，平均每年要处理数千案件，信息和资源匮乏，所有这些累加在一起损害了下院议员有效完成他们所承担任务的能力。"②"议员们除了要参与立法工作外，还有大量选区事务。因此，他们没有足够时间和精力去关注大量的、具体的不良行政。"③

下院议员处理了很多相对简单的申诉，但他们的存在并不否定议会监察专员所起的积极作用，而议会监察专员的存在也不能完全取代下院议员的申诉途径，这是英国政府所期待的。相比而言，议会监察专员处理的申诉要少得多，但他处理的申诉相对来说多是重大疑难申诉，意义更大，影响更加广泛，而且议会监察专员制度有着法律保障。下院议员虽然通过给大臣写信等途径也能解决许多申诉问题，但他们解决申诉的途径没有法律保障。公民向下院议员写信反映申诉问题，下院议员可以受理，也可以受理后不解决，有的下院议员热心解决公民的申诉，有的并不热心。凡此种种，没有一套明确的法律规定下院议员必须解决公民的申诉。相比之下，议会监察专员收到下院议员转交的申诉后，倘若驳回必须说明缘由。因此，议会监察专员制度作为一种申诉途径是下院议员申诉途径的必要补充，倘若允许议会监察专员直接受理公民的申诉，他将发挥更大的作用。与其说是议会监察专员篡夺了下院议员的作用，还不如说他为过去不存在的申诉调查开辟了一项全新的通道。④

英国议会监察专员制度的建立为公民申诉提供了有效的途径，尤其是为那些司法机关无能为力、其他申诉渠道不通畅的不良行政的申诉提供了必要的渠道。与议会监察专员制度作为一种申诉制度相比，法院作为司法申诉渠道的历史更为悠久，知名度更高。实际上，当人们谈到申

---

① ［英］彼得·莱兰、戈登·安东尼：《英国行政法教科书》，杨伟东译，北京大学出版社2007年版，第169—170页。
② ［英］彼得·莱兰、戈登·安东尼：《英国行政法教科书》，杨伟东译，北京大学出版社2007年版，第126页。
③ 施雪华：《当代各国政治体制——英国》，兰州大学出版社1998年版，第325页。
④ ［英］彼得·莱兰、戈登·安东尼：《英国行政法教科书》，杨伟东译，北京大学出版社2007年版，第184页。

诉制度时，首先进入脑海的是法院，但法院对于行政行为的管辖建立在合法性原则基础上。它的前提是政府部门要依法行政，它的行为要有议会的支持。法院作为公民最为重要的司法申诉渠道之一，受理公民的行政申诉，必须要依法进行，没有法律依据将不予受理。"政府行使权力的所有行为，即所有影响他人的法律的权利、义务或自由的行为，都必须被证明具有严格的法律依据。受影响的人可能总是诉诸法律，如果没有找到合法依据，法院将使该行为无效，他可以完全无视它。"[1]

法院严格的规定固然为其公正、客观的判决提供了重要保障，但也将申诉局限在有法可依的范围内。然而，英国是法制国家，社会是法制社会。法制要求授予政府无限的自由裁量权，政府部门的官员在自由裁量权的前提下经常出现滥用职权的现象，而自由裁量权是处于合法性的模糊地带。它可以导致政府的工作人员出现失误或过失，但法院对于处理这样的申诉无能为力，因为自由裁量权的授予使得政府的工作人员处在法律管辖不到的地带。"事实上，法院被认为远不适合或远没有能力担当理想的监督者和监管者角色，一般而言法官没有公共行政方面的培训或知识，但他们仍经常被要求作出可能对公共领域产生深远影响的决定。"[2] 正是如此，随着社会的发展，政府部门权力的不断膨胀，英国法院弊端日益显现。

为了专门处理来自政府部门的申诉，英国突破普通法院管辖一切的藩篱，裁判所作为法院重要补充开始出现，并逐渐增多。裁判所是英国除法院外另一种重要的司法申诉机构。"裁判所制度早已成为政府机器的重要组成部分。这种补充性的司法机构网络已经在传统的法院之外广泛地发展起来。"[3] 裁判所比起法院在处理行政申诉上更加专业、简便，它能够提供一种较为迅速、经济、更为便捷的公正裁判，而法院的法律程序繁琐、缓慢、费用高昂。[4] "各地的法院都在纠正政府滥用职权方面扮演着重要的角色，但诉讼费用昂贵，制造紧张，拖延和行动缓慢。在很多情况下，公民或因负担不起，或因不希望诉讼而遭受到了不公正的

---

[1] H. W. R. Wade, *Administrative Law*, p. 22.
[2] Leyland Peter & Gordon Anthony, *Textbook England Administrative Law*, p. 8.
[3] H. W. R. Wade, *Administrative Law*, p. 780.
[4] H. W. R. Wade, *Administrative Law*, p. 779.

待遇。"①

然而，裁判所与法院一样强调法律的重要性，"每一个裁判所的设立都是源自一些专门的制定法"②。因此，裁判所处理的申诉必须是行政违法案件，而裁判所处理案件也必须根据法律裁决，并受法院监督。因此，司法申诉制度有其局限性，从而为其他申诉制度的发展创造了条件。

以法院和裁判所为代表的司法申诉制度，法学上通常称为"对抗机制（审判型）"。这种机制强调判决必须执行，具有强制性。除司法制度之外的申诉机制，法学上称为"非对抗机制（纠问制）"。它强调灵活性和协调性。英国议会监察专员制度是除下院议员申诉机制之外重要的非对抗的申诉机制。这种非对抗性申诉机制有着自身的优越性。"虽然大多数国家的监察专员的决定没有约束力，但他们有相当大的权威。有人认为这是一种优势，他们避免了法庭的对抗性办法，并允许在补救和行政程序的改变方面有更大的灵活性，这是富有建设性的建议。"③

许多疑难申诉诸如萨克森豪森俘虏案、考特·莱恩航空公司案、巴洛·克洛斯案、（1996年）海底隧道铁路连接案等，对抗机性的申诉机构法院、裁判所对此难以发挥作用，然而议会监察专员却最终解决了这些疑难申诉。"到1980年为止，已经调查的4000多起申诉——有很多是通过其他途径都没有解决的。"④ 有人将议会监察专员的设立看作"宪法上的创新"⑤，另一些人将其视为"联合王国不成文宪法结构的组成部分"⑥。由此看来，议会监察专员制度作为一种有效的申诉制度是有自身优越性的。

"怀亚特认为，传统管理存在漏洞，司法审查限制太多，只有在例外情况下才能给予不良行政（如粗暴或迟延）以救济，而且成本过高。同

---

① Bernard Frank, "The Ombudsman and Human Rights", p. 479.
② H. W. R. Wade, *Administrative Law*, p. 780.
③ David Beetham, *Parliament and Democracy in Twenty—First Century: A Guide to Good Practice*, p. 75.
④ ［英］约翰·格林伍德、戴维·威尔逊：《英国行政管理》，汪淑钧译，商务印书馆1991年版，第280页。
⑤ Philip Giddings, "Whither the Ombudsman?", p. 1.
⑥ ［英］卡罗尔·哈洛、理查德·罗林斯：《法律与行政》（下），杨伟东等译，商务印书馆2004年版，第744页。

样,议会程序效果不佳,休会辩论和议会质询不是公平的竞争,因为只有行政机关才能掌握全部信息。而特别调查是属于劳斯莱斯式的豪华机制,并不适合于日常事务。监察专员(制度)正好可以弥补这一漏洞。"[1] "在评估议会监察专员整体有效性时,首先要指出的是,在过去30年中,他们取得了成功,他为成百上千可能没有机会以其他方式获得赔偿的人获得了赔偿。这些被调查的问题都得到了彻底和公正的处理。从来没有人认为,议会监察专员没有找到问题的根源和真相。"[2] "那些最初主张将监察专员引入英国的人的希望也许并没有完全实现,但议会监察专员已经成为纠正公民个人不满机制的一个重要组成部分。过去30年里即使司法审查在增长,在英国和许多其他国家一样,也没有消除对这种捍卫公民形式的需要。"[3]

二 有效的行政救济制度

英国的救济制度(redress)如同申诉制度一样种类繁多,方式多种多样、性质各不相同,大致可以分为以下几种:官方救济,民间救济;普通救济,特殊救济;物质救济,精神救济;法律救济,非法律救济;公法救济和私法救济;广义救济;狭义定义。议会监察专员处理的申诉所涉及的主要是指狭义的非法律的行政救济。它包括物质救济也包括精神救济。议会监察专员制度所涉及的救济主要指赔偿。这是因为政府部门工作人员因失误或过失给申诉人造成损失,而申诉人则要求得到赔偿。中国学者将议会监察专员制度视为一种救济制度,根据《现代汉语词典》定义,救济是指"用金钱或物资帮助灾区或生活困难的人"[4];赔偿是指"因自己的行为使他人或集体受到损失而给予赔偿"[5]。从汉语定义来看,英国议会监察专员处理的申诉产生的救济更偏向于赔偿。然而在英语中救济的含义更为宽泛,他们将救济分为法律救济和非法律救济。

---

[1] Carol Harlow & Richard Rawlings, *Law and Administration*, p. 537.
[2] Richard Clements & Jane Kay, *Constitutional and Administrative Law*, p. 145.
[3] Richard Clements & Jane Kay, *Constitutional and Administrative Law*, p. 145.
[4] 中国社会科学院语言研究所编辑室编:《现代汉语词典》,商务印书馆2012年版,第696页。
[5] 中国社会科学院语言研究所编辑室编:《现代汉语词典》,商务印书馆2012年版,第978页。

法律救济是指向裁判所提出上诉和通过司法审查程序向法院申请救济。非法律救济是指公民向下院议员寻求救济，向监察专员提出申请以及诉诸服务至上机制。①

谈到英国救济制度人们可能首先想到的是政府的济贫法。的确，英国早在都铎王朝时期就开始颁布济贫法，最为典型的是1601年伊丽莎白女王颁布的济贫法。这个济贫法顾名思义主要目的在于赈济贫困。随后英国的济贫法发生损益，直到19世纪30年代，英国工业革命基本完成时期，英国经济进入自由放任时代，政府于1834年颁布了《新济贫法》。这时的济贫法与1601年的济贫法相比发生了明显的变化。虽然它也有赈济贫困的目的，然而更主要的目的是惩罚贫困者。进入20世纪，随着垄断资本主义的发展，政府更多开始干预社会生活的方方面面，从社会保险法、养老金法直到第二次世界大战后的福利国家。这种救济更主要强调政府对于人民的责任。然而国家提供的救济并不是本书所指的救济。

英国司法救济指裁判所、法院等机构所作出的救济。英国法律救济中除向裁判所上诉外，司法审查是最为重要的一种。司法审查通过两种方式进行：一是由王座法庭使用调查令、执行令或禁止令特权救济（现在分别为撤销令、强制令和禁令）；二是由大法官使用禁止令或宣告令横平救济方式。②英国法律救济制度与法律申诉制度一样要依法进行，程序复杂，费用高昂，手续繁多，而且只对涉及法律范围的案件有效。对于像克利切尔高地这样的不良行政，法律救济是无能为力的，这就需要另一种救济，非法律救济。

非法律救济主要指下院议员、监察专员和服务至上机制。在三种非法律救济中下院议员救济是最常使用的，但它的效果如同申诉一样没有法律保障。"很难评估下院议员在获得赔偿方面的有效性，但似乎他们在处理相对较小的和不具争议的问题上是最有效的。这些问题可以通过信件处理。大多数政府部门和其他公共机构都会觉得可以在信件的相对隐私中做出让步或承认错误。但一旦问题公开化，他们采纳了根深蒂固

---

① Leyland Peter & Gordon Anthony, *Textbook England Administrative Law*, p. 16.
② Leyland Peter & Gordon Anthony, *Textbook England Administrative Law*, pp. 191-192.

第四章 英国议会监察专员制度的优点和缺点及其作用

的立场，下院议员就很难迫使不情愿的政府改变主意。只有进行大规模的媒体宣传活动或议会监察专员发起调查时，才能迫使当局承认错误。"① 服务至上机制是 20 世纪末发展起来的，通过部门制定宪章，政府将公民视为顾客，如果政府部门工作人员违背宪章，公民可以提出救济的一种方式。

议会监察专员制度是非法律救济中重要一种，它的建立基于现有救济措施的不足。② 与法律救济制度相比，议会监察专员制度的救济方式更为灵活、程序更为简便、成本更为低廉。与非法律救济制度中的下院议员和服务至上机制相比，议会监察专员制度的救济更为专业，更有法律保障。"虽然议会监察专员制度来自斯堪的纳维亚国家和新西兰的监察专员制度，但英国的模式是为了适应现有的机构，而不会削弱现有的救济措施。"③ 英国议会监察专员在处理公民申诉的过程中，如果被投诉的部门确实存在过失或失误且给申诉人造成经济损失或精神损失，申诉人要求经济赔偿时，议会监察专员将建议涉事部门给予经济补偿。因此，议会监察专员制度也是一种行政救济制度。

当公民遭受不良行政受到侵害时，他们通过下院议员将申诉转交给议会监察专员，往往希望得到经济上的赔偿、精神上的道歉或恢复名誉。根据申诉性质不同，申诉人要求的不同，救济的方式也不相同。第六任议会监察专员威廉·里德曾指出："道歉、承认错误和提供经济补偿无疑是重要的，但还有更多的补救措施。"④ 英国议会监察专员在处理申诉中，如果申诉存在不良行政，议会监察专员将联系投诉部门，希望考虑申诉人的诉求，如果涉事部门同意申诉人的要求，申诉将会终止。这类申诉称为不完全调查案件，而这类调查往往伴随着赔偿或救济而告终。议会监察专员处理案件有相当一部分申诉属于此类，这也是为什么英国议会监察专员调查案件少的一个原因。

对于部分性质复杂，案情重大的疑难申诉，议会监察专员一旦决定调查则往往非常彻底，而这类案件如果经过彻底调查确实存在不良

---

① Richard Clements & Jane Kay, *Constitutional and Administrative Law*, p. 141.
② Richard Clements & Jane Kay, *Constitutional and Administrative Law*, p. 141.
③ A. W. Bradley & K. D. Ewing, *Constitutional and Administrative Law*, 2007, p. 716.
④ Carol Harlow & Richard Rawlings, *Law and Administration*, p. 568.

行政，议会监察专员则会给予部分支持或全部支持。伴随着支持申诉，议会监察专员会建议给予赔偿，而这种赔偿有时非常大。在萨克森豪森俘虏案中，12名受害人获得了25000英镑的赔偿，并且给他们恢复名誉。在巴洛·克洛斯案中，政府给予了1.5亿英镑的道义赔偿。在海底隧道铁路连接案中，英国政府给予了三位受害人每人10000英镑的赔偿。

当然，并非所有赔偿数额都很大，有的赔偿数额就比较小。"到1980年为止，已经调查的4000多起申诉……得到支持的1154起申诉几乎都得到了适当的赔偿。虽然不少裁决和补偿（道歉或者小额赔偿）都比较平常，但这样的结果对于申诉人来说还是有意义的。"① "即使是没有给予申诉人明显的救济，议会行政监察专员进行调查至少可以给申诉人以象征性的安慰。可以认为，单是议会行政监察专员制度的存在，就有助于推动所有政府行政程序向更高的能力和更公正的标准迈进。"②

"也许议会监察专员最大的优势在于他们能够为争议双方提供一种解决争议的渠道，而无需诉诸昂贵的法律救济途径。"③ 韦德和福赛斯（Wade and Forsyth）承认，议会监察专员制度具有某种积极的作用，它在救济链条中增添了另一种易于获得、非正式、中立的救济方式，在没有救济途径的情况下，可以进行某种调查，解决争端。"议会行政监察专员的报告表明，他有能力为很多不公正案件提供救济，而几乎可以肯定的是，如果没有议会行政监察专员，申诉人不可能获得救济。"④ 因此，议会监察专员制度是一种有效的行政救济制度。

三 有效的议会监察制度

监察制度在不同时代不同国家具有不同的机构。在资本主义国家最为典型的监察制度是议会监督和议员监督，在各个部门内部还有各自的

---

① [英]约翰·格林伍德、戴维·威尔逊：《英国行政管理》，汪淑钧译，商务印书馆1991年版，第280页。
② [英]彼得·莱兰、戈登·安东尼：《英国行政法教科书》，杨伟东译，北京大学出版社2007年版，第187页。
③ Leyland Peter & Gordon Anthony, *Textbook England Administrative Law*, p.153.
④ [英]彼得·莱兰、戈登·安东尼：《英国行政法教科书》，杨伟东译，北京大学出版社2007年版，第187页。

监督制度。除此之外，还有人民监督、媒体监督。纵然有着种类繁多的监督方式，政府在行政过程中仍然出现侵害公民利益的情况，而且还很普遍。为了监督各个机构依法履行职责，瑞典在资本主义国家中最早设立了旨在监督各个机关的机构——监察专员公署。英国是近代以来最为强大的国家，也是议会制度最为完善的国家，同样也是法制国家的典范。然而，就是法制的国家仍然发生了诸如克利切尔高地事件这样的不良行政问题。可见英国的监督制度仍然不够完善。

克利切尔高地事件中事主为了争取自己的权益，先后通过给下院议员和农业大臣写信等方式都没有争回自己的权利。由于事件的影响逐渐扩大，农业大臣为了证实本部官员没有舞弊行为，任命克拉克展开调查。克拉克发表报告指责农业部官员的行为存在失误和错误，但农业大臣在下院辩论中仍在包庇本部官员。当农业大臣难以为他们推脱责任后，以自己的辞职草草了事。为了解决诸如克利切尔高地事件这类不良行政问题，政府又任命以弗兰克斯为首的委员会调查裁判所和调查程序问题。

然而，弗兰克斯委员会并不能解决不良行政问题。之后经过争论，英国政府决定引入源于瑞典的监察专员制度，建立议会监察专员制度。英国议会监察专员制度实际上不同于中国古代的监察制度，但瑞典议会监察专员制度与中国古代的监察制度比较类似。英国议会监察专员制度与瑞典议会监察专员制度类似。所以中国学者也将英国议会监察专员制度称为监察专员制度。瑞典议会监察专员是可以视察政府和司法机构的。"监察专员和他的助手每年都要访问法院、检察官、警察当局和行政机构。通过与官员交谈和审查文件，他们检查这些案件是否经过了适当的审判和决定，并迅速采取行动。在检查行政机构时，监察专员和他的助手首先调查各个领域的案件，并对行政程序的基本原则进行审查。监察专员还亲自检查监狱、精神病院、酗酒者机构以及问题儿童之家。通过每次访问官员和囚犯的谈话，他可以确定囚犯是否得到了适当的治疗。"[1]

相比之下，英国议会监察专员并不能视察行政机构和司法机构，就

---

[1] Alfred Bexelius, "The Swedish Ombudsman", pp. 172–173.

是调查案件也需下院议员转交申诉。但英国议会监察专员具备监察专员共同的特点,那就是调查案件。英国议会监察专员通过调查案件,审查被投诉部门是否存在不良行政。他的管辖领域在中央政府部门的不良行政方面。瑞典议会监察专员不仅管辖中央部门还管辖地方政府;不仅管辖行政领域还管辖司法领域;不仅接受公民投诉而且可以主动调查。"正如人们所预料的那样,在监察专员的权力和程序方面,北欧国家之间存在着一些重大的差别。瑞典和芬兰监察专员的管辖范围比丹麦和挪威的监察专员更广泛。在瑞典和芬兰,监察专员不仅监督行政部门,也监督法院,并有权在法庭上起诉官员违法行为。"①

然而,英国议会监察专员仅能通过对有限领域的不良行政进行调查,然后提出批评和建议。对于不接受建议的部门,议会监察专员向特别委员会或议会提出报告从而对部门形成监督。英国议会监察专员是议会的官员,他代表议会对中央政府部门和公共机构进行调查、批评和建议。议会是英国最高权力机关、立法机关和监察机关,议会监察专员制度的建立为议会监察增添了新的力量。"监察专员的工作重点是确保公共行政在行使其权力之前遵循良好的程序。"②

在英国议会监察专员制度建立之前,中央政府部门和公共机构的不良行政没有固定的监督渠道。"实践证明,议会不设强大的办事机构,其宪法赋予它的职权很难行使,特别是在监督方面,议会缺乏必要的工作性机构,议会监督权将被架空。"③议会监察专员制度的建立使得议会对于政府部门和公共机构有了新的监督机构。

调查在英国是很普遍的,调查之后往往发表调查报告,但调查报告提出的建议政府是否会采纳是没有保证的。英国议会监察专员制度将调查作为监督政府部门和公共机构的主要手段,通过调查提出批评和建议,促使相关部门改正不良行政行为。如果涉事部门拒绝批评和建议,议会监察专员将通过公共行政特别委员会向议会提交特别报告或在年度报告

---

① Donald C. Rowat, "The Parliamentary Ombudsman: Should the Scandinavian Scheme be Transplanted?", p. 400.

② Juli Ponce, "Good Administration and Administrative Procedures", *Indiana Journal of Global Legal Studies*, Vol. 12, No. 2, 2005, p. 555.

③ 郑允海等编:《当代资本主义国家的议会制度》,福建人民出版社1993年版,第93页。

中载入此案，迫使涉事部门接受批评和建议。

议会监察专员制度的建立既没有与大臣负责制和下院议员的权力形成严重冲突，又为议会增添了新的监督力量。因此，有人将议会监察专员制度称为宪法上的创新。① 英国议会监督政府有其不足。"与美国相比，英国议会对政府的监督作用要小得多。"艾弗尔·詹宁斯说："英国政府如果不是世界上唯一最强有力的政府，也是最强有力的政府之一。"② 在克利切尔高地事件中，农业大臣包庇本部官员的过错和失误，最终在议会辩论中辞穷理屈，被迫辞职草草了事。在萨克森豪森俘房事件中，外交大臣乔治·布朗认为本部官员并不存在过错。当时的首相威尔逊在给后来向议会监察专员转交申诉的下院议员艾雷·尼夫回信说："我完全同意外交大臣回应你的观点。"③ 可见政府偏向于维护部门的观点。

在萨克森豪森俘房案中司法程序无法解决问题，纵使有三百五十多位下院议员支持艾雷·尼夫，但外交大臣的观点仍是本部官员没有过错，而首相的回答则是"我完全同意外交大臣回应你的观点"。看来司法和下院议员监督都不能解决不良行政问题。当尼夫将申诉交给议会监察专员康普顿时，他调查了此案，指出外交部存在不良行政，但外交部拒绝承认过错。康普顿经特别委员会同意，将这件案件载入年度报告提交议会。最终外交部虽然没有接受批评，但给予申诉人以经济赔偿。这个案件产生了重要影响。它不仅使全国公民对于议会监察专员刮目相看，也使政府部门震惊。议会监察专员公署作为议会新的监察机构初步显示了它的威力。

在克利切尔高地事件中，农业大臣被迫辞职，如果按照大臣负责制，在萨克森豪森俘房案中外交大臣也应辞职。《观察家报》就指出："如果布朗（外交大臣）确实负有全部责任，他为什么不辞职？"④ 如果议会监察专员每调查一起案件都使一名大臣辞职，那么议会监察专员制度将对英国政治产生极大的影响。但在萨克森豪森俘房案中外交大臣没有辞职，

---

① Philip Giddings, "Whither the Ombudsman?", p. 1.
② ［英］艾弗尔·詹宁斯：《英国议会》，蓬勃译，商务印书馆1959年版，第7页。
③ Frank Stacey, *The British Ombudsman*, p. 251.
④ Glen O'Hara, "The Parliamentary Commissioner for Administration, the Foreign Office, and the Sachsenhausen Case, 1964–1968", p. 778.

而是选择接受建议,给予申诉人赔偿。因为英国大臣负责制从没有认真执行过,议会监察专员制度的建立使得既能解决公民申诉的问题,又避免了大臣辞职的尴尬事件,从而巧妙地化解了宪法性重大问题。因为议会监察专员调查和批评所起到的监督作用,所以当他调查并支持案件时绝大多数部门都会接受他的建议,纵使不情愿也是如此。议会监察专员制度的存在使得政府部门和公共机构加强自律,避免被议会监察专员调查。议会监察专员的调查对这些部门的工作人员产生了震慑作用,使他们时时感到头顶上方犹如悬挂达摩克利斯之剑,从而奉公守法,廉洁自律,提高工作效率和质量。英国议会监察专员制度作为一项议会监察制度并非完美无缺,它也有各种各样的缺点,但议会监察专员公署作为议会监督机构,使得英国议会监察制度更加完善。

结　　语

英国议会监察专员制度已有50年的历史。这种制度起源于瑞典，发展于丹麦，从英国走向世界。英国议会监察专员制度是以丹麦议会监察专员制度为蓝本而设立的，然而它既不同于瑞典议会监察专员制度，也不完全同于丹麦议会监察专员制度，而是有着自己独有的特征。英国议会监察专员制度作为一种申诉、救济和监察制度，它的设立有着重要意义。英国议会监察专员制度以中央政府部门不良行政为调查对象，通过下院议员将申诉转交给议会监察专员。议会监察专员主要工作是处理申诉。他在查阅资料方面拥有很大的权力，并独立调查案件。因此，议会监察专员全面调查的案件非常彻底，提出的建议部门采纳的比例很高。

议会监察专员制度作为一种申诉、救济和监察制度用来指代瑞典议会监察专员制度是最为确切的。瑞典议会监察专员制度是目前最为成功、最为典型的监察专员制度。瑞典议会监察专员直接受理公民的申诉，他们可以主动调查案件，受理案件也并不局限于不良行政的范围，而且还可以主动视察行政部门和司法部门。

英国议会监察专员虽然不如瑞典议会监察专员那样拥有广泛的权力，但他的调查、批评和建议仍令中央政府部门十分忌惮。英国议会监察专员制度与瑞典议会监察专员制度一样在申诉、救济和监察等方面起着重要作用。首先，英国议会监察专员制度是一种申诉制度，它是为了解决不良行政问题而设立的。议会监察专员制度为公民在司法申诉制度之外提供了一种非对抗性的申诉机制，弥补了原有申诉制度的不足。议会监察专员制度作为一种申诉制度费用低廉、操作灵活，是维护公民合法权益、获得救济的有效途径。其次，议会监察专员制度也是一种救济制度。议会监察专员通过调查案件提出批评和建议。英国议会监察专员完全调查案件往往非常彻底，一旦支持调查的案件，在公共行政特别委员会的支持下，涉案部门几乎都会采纳他的建议并给予妥善解决。最后，议会监察专员制度也是一种监察制度。英国议会监察专员通过调查、批评和建议使得中央政府部门改正过错和失误。正因为有了英国议会监察专员的调查，中央政府部门的工作人员在行使权力过程中形成了无形的压力，促使他们加强自我约束，减少过错和失误，避免议会监察专员的调查。"新公署的模式是斯堪的纳维亚监察专员（公署），但与瑞典、丹麦、挪威和芬兰这个头衔的官员不同，英国议会监察专员将被运用于立法机构，并起到延伸议会监督和控制的作用。"① 因此，英国议会监察专员制度是一项监察制度。"议会监察专员制度起源于北欧的瑞典，是一种监察制度，而非诉讼制度。"②

英国议会监察专员制度虽然有许多优点，但也存在诸多缺陷。英国议会监察专员制度最大的缺陷之一在于将管辖范围局限于中央政府部门的不良行政上，这使他能够调查的范围大大缩小，也是他受理申诉、处理案件数量少的重要原因之一。在英国建立议会监察专员制度之前，瑞典、芬兰、丹麦、挪威等国的议会监察专员制度已将管辖范围扩展到地方政府。但英国政府却以本国人口众多，实行直接申诉将使议会监察专员不堪重负为由，对议会监察专员管辖范围进行种种限制，结果造成议会监察专员调查范围狭小。然而，实践证明英国政府的担忧是多余的，但英国政府并没有从根本上扩大议会监察专员的管辖范围，而是设立了地方监察专员和卫生监察专员为代表的多种监察专员制度。虽然看起来英国监察专员体系不断完善，但实际上却给公民申诉带来各种困难，反而不利于公民申诉。

英国议会监察专员制度另一重大缺陷是采取下院议员过滤机制。公民的申诉要通过下院议员才能转交给议会监察专员。这种制度设计使得英国议会监察专员不能直接接触公民，造成申诉程序复杂、公民认知和关注度不高。世界上绝大多数国家的监察专员都是直接受理公民的申诉，就连英国地方监察专员和卫生监察专员也都实现了直接受理申诉，但英

---

① Colin Turpin & Adam Tomkins, *British Government and the Constitution*, Cambridge University Press, 2007, p. 623.

② 龚祥瑞：《西方国家司法制度》，北京大学出版社1993年版，第256页。

国议会监察专员仍然保留了下院议员过滤机制。"英国议会监察专员是世界范围内 100 多名国家监察专员中唯一依赖下院议员过滤机制没有任何主动权的监察专员。"①

下院议员过滤机制产生最为严重的后果是议会监察专员受理申诉数量少。以同等人口相比,英国议会监察专员是收到申诉最少的监察专员。这是因为"许多申诉人不希望把他们的案件交给一个党派政客(下院议员),而他将是他们和政府之间一个额外的筛选"②。此外,英国议会监察专员不能主动发起调查,提出的建议也不具有强制执行力,他无权改变或撤销行政部门的决定。这些局限共同影响了英国议会监察专员制度充分发挥作用。

关于英国议会监察专员制度的优点和缺点不同学者有着不同的评价,多数学者的争论不在于这种制度是否有必要建立,而在于它的优点和缺点的评价上。卡罗尔·哈洛等人认为,从良好申诉制度所具有的标准——有效性、公民认知和引人注目度、可接近性和管辖权的确定性、独立性、公正——来衡量英国议会监察专员制度,它并非是良好的申诉制度。③ 如果要将议会监察专员公署建成控制机关(红灯理论),强调它控制政府活动的必要性,视其为"消防员",则议会监察专员制度将会令人失望,但如果将议会监察专员制度视为宪法框架下最为合适的"防火员"(绿灯理论),强调它维持和提升行政行为的总体水准,那么议会监察专员制度总体上令人满意。④ 从积极意义上说,英国议会监察专员制度为公民提供了一项新的申诉、救济和监察制度,它的建立对于立法、行政、司法等方面有着一定影响。英国议会监察专员制度在大型案件调查、查阅档案、提出批评和建议、申诉成本等方面与司法程序相比有着明显的

---

① Hilaire Barnett, *Constitutional & Administrative Law*, pp. 932 - 933.

② Donald C. Rowat, "Recent Developments in Ombudsmanship: A Review Article", *Canadian Public Administration*, Vol. 10, No. 1, 1967, p. 41.

③ [英] 卡罗尔·哈洛、理查德·罗林斯:《法律与行政》(下),杨伟东等译,商务印书馆 2004 年版,第 815 页。

④ Leyland Peter & Gordon Anthony, *Textbook England Administrative Law*, p. 153. 所谓红灯绿灯理论是法学上用语,由卡罗尔·哈洛等人提出。"红灯理论以控制为导向,更为保守;绿灯理论以自由或社会为导向,本质更注重效率。"Leyland Peter & Gordon Anthony, *Textbook England Administrative Law*, p. 5. 也可参见 Carol Harlow & Richard Rawlings, *Law and Administration*, pp. 1 - 48.

自身优越性。但英国议会监察专员制度本身也有着严重的缺点。诚然，英国议会监察专员制度本身的缺点并非英国独有，如没有执行权。因为世界上绝大多数国家的监察专员都没有执行权。这是非法律申诉、救济、监察制度共有的特点。司法申诉、救济、监察制度最为明显的特征之一是具有强制执行权。然而，英国议会监察专员制度所实行的下院议员过滤机制、局限管辖范围等措施则是英国独有的，从而造成了它调查申诉数量少、申诉程序复杂、知名度低等弊端。

英国议会监察专员制度的各种特征是英国政治务实性与保守性相互妥协的产物。务实性体现在当出现问题时，它能对传统进行变通。这表现在当出现克利切尔高地事件后英国能够引入起源于瑞典的监察专员制度，但却对这个制度进行修改以适应英国国情。当修改监察专员制度时，英国更主要考虑的是本国历史传统。这时英国政治保守性则起着重要作用，它表现在对议会监察专员制度进行种种限制。经过修订的议会监察专员制度在解决不良行政问题上起到了推动作用，但又为了保持下院议员传统权力而设置种种限制。英国最早倡导建立监察专员制度的 F. H. 劳森教授就曾说过，我的建议仿效了瑞典监察专员的运行机制，但我介绍的改进机构适合我们的情况。① 法国历史学家阿历克西·德·托克维尔就曾指出："英国人的哲学是既大胆而又怯懦的，是既豁达而又狭隘的。直到今天，这种哲学仍在控制着英国，使人们的思想受到限制和停滞不前。"② 这种务实与矛盾的哲学传统在议会监察专员制度上得到了很好的体现。

英国议会监察专员制度种种局限是由多重原因所致，其中下院议员过滤机制是最为根本的原因。虽然限制管辖范围也是英国议会监察专员制度最为重要的局限之一，但议会监察专员的管辖范围在不断扩大，唯有下院议员过滤机制自建立至今雷打不动。关于实行下院议员过滤机制的缘由前面虽然略微提到，但具体概括有如下几点。

1. 下院议员反对议会监察专员直接受理公民的申诉。这是英国议会监察专员制度实行下院议员过滤机制的根本原因，也是英国政治保守性

---

① Frank Stacey, *The British Ombudsman*, p. 7.
② [法] 阿历克西·德·托克维尔：《论美国的民主》（下），董果良译，商务印书馆1995年版，第21页。

的具体体现。阿克顿勋爵曾经说过："只要条件允许，每个人都喜欢得到更多的权力，并且没有任何人愿意投票赞成通过一项旨在要求自我克制的条例。"① 这对下院议员来说完全适用，因为下院议员本身就起到了申诉、救济和监察作用。如果议会监察专员直接受理公民申诉，那么下院议员所起的申诉、救济和监察作用将大大受损。这是下院议员不能同意的。下院议员作为传统民意代表不想将选民的申诉转交其他机构解决。因为这样他们有可能失去选民的支持，而危及下一次选举中当选的可能。"公民直接递交申诉将会潜在地篡夺或者至少会损害下院议员作为申诉调查者的核心作用。"② 而下院议员过滤机制对于议会监察专员制度成败起着至关重要的作用。"从一开始就很明显，议会监察专员计划成功与否将完全取决于下院议员选择利用（议会监察专员）公署的方式。"③ "监察专员计划（也是最具吸引力）的特征之一是它规定了公民与其保护者之间直接和不受阻碍的关系。"④ 这也是为什么英国政府《白皮书》在解释设立议会监察专员制度的目的时说："这个制度不是为了和下院议员竞争，而是作为下院议员的补充。"⑤ 但下院议员却将议会监察专员视为其"权力地盘的干涉者"⑥。特别委员会曾在 1993—1994 年度做过一个关于下院议员对于过滤机制看法的调查。在收回的 333 份回复中，38.4% 的下院议员赞成议会监察专员直接受理公民申诉，而 58.0% 的下院议员则反对。⑦ 因此，下院议员的反对是议会监察专员制度实行下院议员过滤机制的根本原因，也是废除它的主要阻力。

2. 议会监察专员制度与大臣负责制原则冲突。《怀亚特报告》建议麦克米伦政府设立议会监察专员制度，但遭到拒绝，其拒绝理由就是议会监察专员制度与大臣负责制冲突。议会监察专员制度"与大臣负责制

---

① ［英］阿克顿：《自由与权力》，侯建、范亚峰译，商务印书馆 2001 年版，第 343 页。
② Leyland Peter & Gordon Anthony, *Textbook England Administrative Law*, p. 128.
③ Roy Gregory & Alan Alexander, "'Our Parliamentary Ombudsman' Part II: Development and the Problem of Identity", p. 44.
④ Roy Gregory & Alan Alexander, "'Our Parliamentary Ombudsman' Part I: Development and the Problem of Identity", p. 330.
⑤ Frank Stacey, *The British Ombudsman*, p. 59, p. 92.
⑥ ［英］奈杰尔·福尔曼、道格拉斯·鲍德温：《英国政治通论》，苏淑民译，中国社会科学出版社 2015 年版，第 397 页。
⑦ Hilaire Barnett, *Constitutional & Administrative Law*, p. 939.

存在潜在冲突"①。虽然后来证实议会监察专员制度与大臣负责制原则并不冲突，但每当议会监察专员指责和批评部门存在不良行政问题时，大臣都会反对，最后往往被迫接受他的建议。所以各部大臣或多或少忌惮议会监察专员的调查。如果议会监察专员直接受理公民的申诉，那么大臣与议会监察专员之间的矛盾和冲突将会更加频繁。另外，议会监察专员的调查可能威胁到大臣的地位。如果按大臣负责制原则，当议会监察专员批评部门存在不良行政问题时，大臣是要负责的，甚至可能辞职。克利切尔高地事件中，农业大臣就引咎辞职。在萨克森豪森俘房案中，《观察家报》就指出："如果布朗（外交大臣）确实负有全部责任，他为什么不辞职？"② 所以当议会监察专员指责部门存在不良行政时，大臣都会拒绝承认，但却会接受他的赔偿建议。为了避免不必要的麻烦，大臣当然不希望废除下院议员过滤机制，否则执政党凭借议会多数完全能够废除下院议员过滤机制。

　　3. 议会监察专员反对废除下院议员过滤机制。早期议会监察专员基本上都反对废除下院议员过滤机制。但第八任议会监察专员安·亚伯拉罕则主张废除下院议员过滤机制，并为此努力奔走。她在2006—2007年度议会监察专员报告中指出，曾几何时有人认为，废除下院议员过滤机制会威胁到下院议员的地位，今天看来这样的论点几乎不可信。③ 虽然议会监察专员开始主张废除下院议员过滤机制预示着议会监察专员制度将会发生改变，但这种改变至今没有发生。

　　4. 议会监察专员特别委员会反对废除下院议员过滤机制。议会监察专员特别委员会负责监督议会监察专员公署，他们与议会监察专员一样反对废除下院议员过滤机制。他们认为，下院议员过滤机制有着特殊的意义。一位前任议会监察专员就曾表示，下院议员过滤机制可能剥夺公民因遭受不良行政而获得的补偿，但在当时的特别委员会看来，下院议员过滤机制是一种非常有效的过滤机制，是英国制度最大的优势之一。④

---

　　① ［英］彼得·莱兰、戈登·安东尼：《英国行政法教科书》，杨伟东译，北京大学出版社2007年版，第152页。
　　② Glen O'Hara, "The Parliamentary Commissioner for Administration, the Foreign Office, and the Sachsenhausen Case, 1964–1968", p. 778.
　　③ Parliamentary and Health Service Ombudsman, *Withstanding the Test of Time*, 2007, p. 12.
　　④ Colin Turpin & Adam Tomkins, *British Government and the Constitution*, p. 624.

特别委员会曾经总结过六项反对下院议员过滤机制的理由,然而他们认为,"下院议员在处理公民对行政人员的申诉方面具有不可替代的作用……议会监察专员按照下院议员的要求工作,向他们报告调查细节,为他们在完成议会任务角色上发挥了至关重要的作用"[1]。不过 2000 年以后,公共行政特别委员会开始支持废除下院议员过滤机制。[2]

5. 申诉数量与财政负担也是政府不愿废除下院议员过滤机制的原因。英国政府在设立议会监察专员职位时考虑到英国人口有 5300 万,当时最早设立监察专员、人口最多的瑞典有 800 万人口,前者是后者的近 7 倍。如果英国采取直接受理公民的申诉,则议会监察专员会因申诉数量巨大而不堪重负。扩大议会监察专员公署工作人员规模的办法可能解决这类问题,但经费将大大增加,这是每届政府都不愿看到的。"因为人口众多(与瑞典、丹麦和新西兰相比)而转交申诉可能会使议会监察专员不堪重负。相应的,这种负担需要大量的工作人员,又给纳税人增加额外的费用。"[3]"如果申诉数量大幅度增加,那么议会监察专员公署的工作人员将不得不扩大,公共开支也将增加,而这往往不受政府的欢迎。当地方行政委员会(地方监察专员)引入直接申诉时,每年的申诉数量从 3000 件增加到 12000 件,同样的情况也会发生在议会监察专员(公署)身上。"[4] 英国议会监察专员制度"实施下院议员过滤机制的部分原因是担心议会监察专员会因申诉数量而不堪重负,部分原因是为了通过议会维护传统的补救方法。但作为一种救济措施,它严重限制了议会监察专员制度的可用性"[5]。

通过以上分析不难看出英国议会监察专员制度实行下院议员过滤机制的原因很多,但根本原因在于政治保守性。下院议员和大臣都不同意废除下院议员过滤机制,至于其他原因则是次要的。正是英国政治强调历史传统才导致议会监察专员制度存在诸多局限。有的学者提出质疑,英国的"议会监察专员制度"是监察专员制度吗。或许用形似形容它更

---

[1] Carroll Alex, *Constitutional & Administrative Law*, p. 595; Hilaire Barnett, *Constitutional & Administrative Law*, p. 939.
[2] 公共行政特别委员会的前身是议会监察专员特别委员会。
[3] Leyland Peter & Gordon Anthony, *Textbook England Administrative Law*, p. 128.
[4] Richard Clements & Jane Kay, *Constitutional and Administrative Law*, p. 143.
[5] Richard Clements & Jane Kay, *Constitutional and Administrative Law*, p. 143.

为合适。当然，从国外引入一种制度对其进行适当改进使之适应本国国情这本来无可厚非。其他国家在引入瑞典议会监察专员制度时都或多或少进行了改进，但像英国这样对其进行大修大改在世界上恐怕是绝无仅有的。这给我们以反面教训，在改革的过程中我们应当尊重历史传统，充分考虑本国国情，但切记历史传统是为了更好地服务现实。如果将历史传统当成宗教膜拜，那么它就成了进步的桎梏，只能起到负面作用。英国议会监察专员制度就是典型的例子。英国"在政治发展中，改革的进程缓慢而困难，无不反映出其根深蒂固的保守主义……用他们自己的话来说，改革的步伐只能以英尺计，决不能以英里计"①。托克维尔在谈到英国的保守性时说："不要期待他们会以革新者的面貌出现，他们宁愿被人指为荒谬绝伦，也不愿承担冒犯老祖宗遗训的大罪。"②

英国议会监察专员制度有着诸多局限，对此应该如何解决这些问题？除了深化改革恐怕别无他法。针对下院过滤机制的弊端，早在《怀亚特报告》提出时就有人反对。他们主张实行直接受理机制，但直到今天这个机制仍然未能废除。原来反对废除下院议员过滤机制的议会监察专员和公共行政特别委员会都改变了态度，不过废除此机制恐怕道路还很漫长。正如理查德·克莱门茨等人指出："尽管管辖权和下院议员过滤的限制一直是持续和有力的批评主题，但改革似乎不太可能。"③ 对于议会监察专员制度管辖范围狭窄问题，英国可以将所有公立监察专员优化升级，统一申诉渠道，简化申诉程序。针对知名度不高问题，英国议会监察专员应扩大宣传力度，关键应当赋予议会监察专员诉诸媒体的权力。因为瑞典、丹麦等国议会监察专员能够充分利用媒体力量，而目前英国尚不能对媒体公开发表报告，尤其是公开涉案官员姓名。针对议会监察专员的自由裁量权问题，他调查案件的报告或拒绝调查的理由都未能送达申诉人之手，这种情况应当改变。针对议会监察专员没有主动调查权和强制执行权，应当赋予他这两项权力。

当然，这些建议都是主张议会监察专员制度改革人士反复提出的。

---

① 胡康大：《英国的政治制度》，社会科学文献出版社1993年版，前言。
② ［法］阿历克西·德·托克维尔：《论美国的民主》（上），董果良译，商务印书馆1995年版，第347页。
③ Richard Clements & Jane Kay, *Constitutional and Administrative Law*, p.145.

虽然这些建议很早就提出了，但它们的遭遇几乎都与废除下院议员过滤机制一样异常艰难。然而也并非没有变化。比如合并监察专员制度。英国已将议会监察专员与卫生监察专员合并，不过卫生申诉不需下院议员过滤机制，而公共部门的申诉仍需下院议员过滤机制。再如关于申诉途径。虽然地方监察专员和卫生监察专员没有实行下院议员过滤机制，但在早期如果公民申诉都需先向相关当局提出，如未解决才能向地方监察专员或卫生监察专员提出申诉。不过从20世纪90年代开始，地方监察专员和卫生监察专员都已实现直接申诉。英国监察专员制度的失败教训和瑞典、丹麦等国的成功经验将为英国议会监察专员制度进一步发展提供有益的借鉴。

虽然至今英国议会监察专员制度已经迎来了它的50岁生日，但它仍基本上保留了刚刚设立时的原貌。当然，它在一些方面也进行了改革，然而下院议员过滤机制已经伴随了它50年。这是英国议会监察专员制度最令人诟病的地方之一，也是它不能充分发挥作用的主要原因之一。随着英国议会监察专员制度的进一步发展，在互联网等高科技的影响下废除这种阻碍英国议会监察专员制度充分发挥作用的机制并非不可能，这是英国人民所期盼的，也是民主和进步的内在要求。

参考文献

外文文献

原始资料

HansardNational Health Service (Scotland) Act 1972: Chapter 58.

Parliamentary and Health Service Ombudsman, *Annual Report 2007 - 2008*, 2008.

Parliamentary and Health Service Ombudsman, *Annual Report 2008 - 2009*, 2009.

Parliamentary and Health Service Ombudsman, *Annual Report 2009 - 2010*, 2010.

Parliamentary and Health Service Ombudsman, *Annual Report 2013 - 2014*, 2014.

Parliamentary and Health Service Ombudsman, *Annual Report and Accounts 2012 - 2013*, 2013.

Parliamentaryand Health Service Ombudsman, *Annual Report and Accounts 2016 - 2017*, 2017.

Parliamentary and Health Service Ombudsman, *Resource Accounts 2010 - 2011*, 2011.

Parliamentary and Health Service Ombudsman, *Withstanding the Test of Time*, 2007.

Parliamentary Commissioner Act 1967: Chapter 13.

Parliamentary Ombudsman, *Annual Report 2001 - 2002*, 2002.

外文专著

Barnett, Hilaire, *Constitutional & Administrative Law*, Cavendish Publishing Limited, 2002.

Beetham, David, *Parliament and Democracy in Twenty—First Century: A Guide to Good Practice*, Inter-Parliamentary Union, 2006.

Bradley, A. W. & Ewing, K. D., *Constitutional and Administrative Law*, Pearson Education Limited, 2007.

Buck, Trevor (ed.), *The Ombudsman Enterprise and Administrative Justice*, Ashgate, 2011.

Caiden, Gerald E., *International Handbook of the Ombudsman*, Greenwood Press, 1983.

Carroll, Alex, *Constitutional and Administrative Law*, Pearson Education Limited, 2007.

Chester, D. N. & Bowring, Nona, *Questions in Parliament*, Oxford University Press, 1962.

Clements, Richard & Kay, Jane, *Constitutional and Administrative Law*, Oxford University Press Inc. 2004.

Dicey, Albert Venn, *Introduction to the Study of the Law of the Constitution*, Macmillan, 1961.

Endicott, Timothy, *Administrative Law*, Oxford University Press, 2011.

Fry, G. K., *The Administrative "Revolution" in Whitehall: A Study of the Politics of Administrative Change in British Central Government Since the 1950s*, Croom Helm, 1981.

Garner, John Francis, *Garner's Administrative Law*, Butterworths, 1989.

Gay, Oonagh, *The Ombudsman-the Developing role in the UK*, Commons Briefing papers, 20 November 2012.

Gellhorn, Walter, *When Americans Complain: Governmental Grievance Procedures*, Harvard University Press, 1967.

Greenwood, John (ed.), *New Public Administration in Britain*, Routledge, 2002.

Gregory, Roy & Giddings, Philip, *Righting Rrongs*: *the Ombudsman in Six Continents*, IOS Press, 2000.

Gregory, Roy (ed.), *Practice and Prospects of the Ombudsman in the United Kingdom*, E. Mellen Press, 1995.

Gregory, Roy, The Ombudsman, *The Citizen and Parliament*: *A History of the Office of the Parliamentary Commissioner for Administration and Health Service Commissioners*, Politico's Pub., 2002.

Harlow, Carol & Rawlings, Richard, *Law and Administration*, Cambridge University Press, 2009.

Heede, Katja, *European Ombudsman*: *Redress and Control at Union Level*, Kluwer Law International, 2000.

Hill, L. B., *The Model Ombudsman*: *Institutionalizing New Zealand's Democratic Experiment*, Princeton University Press, 1976.

Justice, *Our Fettered Ombudsman*, London: Justice, 1977.

Justice, *The Citizen and the Adminstration*: *The Redress of Grievances*, Stevens, 1961.

Kuan, H. C., *The Parliamentary Commissioner For Administration in Britain*, The Chinese University of Hong Kong, 1980.

Leung, Man-Kit (梁文杰), *The Office of the Ombudsman of Hong Kong*: *An Evaluation from the Perspectives of Street-Level Bureaucrats, the Public and Members of the Legislative Council*, University of Hong Kong, 1998.

Peter, Leyland & Anthony, Gordon, *Textbook England Administrative Law*, Oxford University Press, 2013.

Robb, Barbara, *Sans Everything*: *A Case to Answer*, Nelson, 1967.

Rowat, D. C., *The Ombudsman Plan*: *Essays on the Worldwide Spread of an Idea*, McClelland & Stewart, 1973.

Rowat, Donald, *The Ombudsman, Citizen's Defender*, Allen & Unwin, 1968.

Seneniratne, Mary, *Ombudsmen*: *Public Services and Administrative Justice*, Butterworths, 2002.

Stacey, Frank, *Ombudsman Compared*, Clarendon Press, 1978.

Stacey, Frank, *The British Ombudsman*, Clarendon Press, 1971.

Turpin, Colin & Tomkins, Adam, *British Government and the Constitution*, Cambridge University Press, 2007.

Wade, H. W. R., *Administrative law*, English Language Book Society, 1982.

外文论文

Abraham, Henry J., "The Danish Ombudsman", *The Annals of the American Academy of Political and Social Science*, Vol. 377, No. 1, 1968.

Bexelius, Alfred, "The Origin, Nature, and Functions of the Civil and Military Ombudsmen in Sweden", *The Annals of the American Academy of Political and Social Science*, Vol. 377, No. 5, 1968.

Bexelius, Alfred, "The Swedish Ombudsman", *The University of Toronto Law Journal*, Vol. 17, No. 1, 1967.

Chapman, Brian, "The Ombudsman", *Public Administration*, Vol. 38, No. 4, 1960.

Chinkin, C. M. & Bailey, R. J., "The Local Ombudsman", *Public Administration*, Vol. 54, No. 3, 1976.

Clark, David, "The Ombudsman in Britain and France: A Comparative Evaluation", *West European Politics*, Vol. 7, No. 3, 1984.

Davis, Kenneth Culp, "Ombudsman in America: Officers to Criticize Administrative Action", *University of Pennsylvania Law Review*, Vol. 109, No. 8, 1961.

Frank, Bernard, "The Ombudsman and Human Rights", *Administrative Law Review*, Vol. 22, No. 3, 1970.

Garner, J. F., "The British Ombudsman", *The University of Toronto Law Journal*, Vol. 18, No. 2, 1968.

Gibbard, R., "Whose land was it anyway? The Crichel Down Rules and the sale of public land", *University of Reading*, 2002.

Giddings, Philip, "Regulators and Ombudsman: Access and Visiblity", *Journal of Financial Regulation and Compliance*, Vol. 2, No. 1, 1993.

Giddings, Philip, "Whither the Ombudsman?", *Public Policy and Administration*, Vol. 16, No. 2, 2001.

Gregory, Roy & Alan Alexander, "Our Parliamentary Ombudsman Part I: Integration and Metamorphosis", *Public Administration*, Vol. 50, No. 3, 1972.

Gregory, Roy & Alexander Alan, " 'Our Parliamentary Ombudsman' Part II: Development and the Problem of Identity", *Public Administration*, Vol. 51, No. 1, 1973.

Gregory, Roy & Pearson, Jane, "The Parliamentary Ombudsman after Twenty-Five Years", *Public Administration*, Vol. 70, No. 4, 1992.

Griffith, J. A. G., "The Crichel Down Affair", *Modern Law Review*, Vol. 18, No. 6, 1955.

Gwyn, William B., "The British PCA: 'Ombudsman or Ombudsmouse?' ", *The Journal of Politics*, Vol. 35, No. 1, 1973.

Gwyn, William B., "The ombudsman in Britain: A Qualified Success in Government Reform", *Public Administration*, Vol. 60, No. 2, 1982.

Hill, Larry B., "Institutionalization, the Ombudsman, and Bureaucracy", *The American Political Science Review*, Vol. 68, No. 3, 1974.

Kirkham, Richard, "A Review of the Public Sector Ombudsmen, 2005 – 2006", *The Journal of Social Welfare & Family Law*, Vol. 28, No. 3 – 4, 2006.

Mollah, Md. Awal Hossain & Uddin, Md. Nizam, "Ombudsman for Bangladesh: Theory and Reality", *International Journal of Public Administration*, Vol. 27, No. 11 – 12, 2004.

O'Hara, Glen, "Parties, People, and Parliament: Britain's 'Ombudsman' and the Politics of the 1960s", *Journal of British Studies*, Vol. 50, No. 3, 2011.

O'Hara, Glen, "The Parliamentary Commissioner for Administration, the Foreign Office, and the Sachsenhausen Case, 1964 – 1968", *The Historical Journal*, Vol. 53, No. 3, 2010.

Ponce, Juli, "Good Administration and Administrative Procedures", *Indiana Journal of Global Legal Studies*, Vol. 12, No. 2, 2005.

Rowat, Donald C., "Recent Developments in Ombudsmanship: A Review Article", *Canadian Public Administration*, Vol. 10, No. 1, 1967.

Rowat, Donald C., "The New Ombudsman Plans in Western Europe", *International Review of Administrative Sciences*, Vol. 46. No. 2, 1980.

Rowat, Donald C., "The Parliamentary Ombudsman: Should the Scandinavian Scheme be Transplanted?", *International Review of Administrative Sciences*, Vol. 28. No. 4, 1962.

Sawer, Geoffrey, "The Ombudsman and Related Institutions in Australia and New Zealand", *Annals of the American Academy of Political & Social Science*, Vol. 377, No. 1, 1968.

Smith, S. A. de, "Anglo-Saxon Ombudsman?", *Political Quarterly*, Vol. 33, No. 1, 1962.

Wade, H. W. R. & Schultz, Franklin M., "The British Ombudsman: A Lawyer's View", *Administrative Law Review*, Vol. 24, No. 2, 1972.

Wade, H. W. R., "The British Ombudsman", *Administrative Law Review*, Vol. 20, No. 3, 1968.

Wheare, K. C., "The Redress of Grievances", *Public Administration*, Vol. 40, No. 2, 1962.

报纸

South China Morning Post.

The Daily Star.

The Guardian.

The Observer.

The Spectator.

网络

《英国公民申诉制度考察报告》，http://www.gjxfj.gov.cn/2014-11/06/c_133771036.htm. 访问时间：2018 年 3 月 31 日。

Chancellor of Justice, *https://en.wikipedia.org/wiki/Chancellor_of_Justice.* 2017 年 7 月 18 日。

Ombuds Office, http://ombud.mit.edu/. 2017 年 8 月 10 日星期四。

Ombudsman, http：//www. etymonline. com/index. php? allowed _ in _ frame = 0&search = ombudsman. 访问时间：2017 年 8 月 9 日星期三。

Ombudsman, https：//en. wikipedia. org/wiki/Ombudsman # Iceland. 访问时间：2017 年 8 月 8 日星期二。

Ombudsmanship, *http：//fanyi. youdao. com/*. 2018 年 4 月 5 日。

Ombudswoman System, https：//www. austrian. com/info/legalregulations/ombuds. aspx? sc_ lang = zh&cc = cn. 2017 年 8 月 10 日星期四。

The post of Parliamentary Ombudsman began his work 95 years ago, http：//www. oikeusasiamies. fi/Resource. phx/eoa/english/ombudsman/history. htx. 2017 年 8 月 24 日。

UK Election Statistics：1918 – 2012, http：//researchbriefings. parliament. uk/ResearchBriefing/Summary/RP12 – 43. 访问时间：2018 年 2 月 9 日。

中文文献

中文译著

［法］阿历克西·德·托克维尔：《论美国的民主》（上），董果良译，商务印书馆 1995 年版。

［法］阿历克西·德·托克维尔：《论美国的民主》（下），董果良译，商务印书馆 1995 年版。

［瑞典］安德生：《瑞典史》，苏公隽译，商务印书馆 1972 年版。

［瑞典］本特·维斯兰德尔：《瑞典的议会监察专员》，程洁译，清华大学出版社 2001 年版。

［新西兰］杰瑞米·波普：《制约腐败——建立国家廉政体系》，清华大学公共管理学院廉政办公室译，中国方正出版社 2002 年版。

［英］S. 李德·布德勒：《英国宪政史谭》，陈世第译，中国政法大学出版社 2003 年版。

［英］艾弗尔·詹宁斯：《法与宪法》，蓬勃译，商务印书馆 1959 年版。

［英］彼得·莱兰、戈登·安东尼：《英国行政法教科书》，杨伟东译，北京大学出版社 2007 年版。

［英］卡罗尔·哈洛、理查德·罗林斯：《法律与行政》（下），杨伟东等译，商务印书馆 2004 年版。

[英]奈杰尔·福尔曼、道格拉斯·鲍德温:《英国政治通论》,苏淑民译,中国社会科学出版社 2015 年版。

[英]约翰·格林伍德、戴维·威尔逊:《英国行政管理》,汪淑钧译,商务印书馆 1991 年版。

[英]阿克顿:《自由与权力》,侯建、范亚峰译,商务印书馆 2001 年版。

中文书籍

《信访条例》,2005 年。

《中华民国临时约法》,商务印书馆 1916 年版。

陈宏彩:《行政监察专员制度比较研究》,学林出版社 2009 年版。

陈茂同:《历代职官沿革史》,华东师范大学出版 1988 年版。

陈志勇:《香港申诉专员制度研究——以历史制度主义为视角》,新华出版社 2014 年版。

龚祥瑞:《比较宪法与行政法》,法律出版社 1985 年版。

龚祥瑞:《比较宪法与行政法》,法律出版社 2012 年版。

龚祥瑞:《西方国家司法制度》,北京大学出版社 1993 年版。

何虎生等主编:《中华人民共和国职官志》,中国社会科学院出版社 1993 年版。

何勤华主编:《英国法律发达史》,法律出版社 1999 年版。

侯志山、侯志光:《行政监督与制约研究》,北京大学出版社 2013 年版。

侯志山编:《外国行政监督制度与著名反腐机构》,北京大学出版社 2004 年版。

胡康大:《英国的政治制度》,社会科学文献出版社 1993 年版。

孔祥仁:《国际反腐随笔》,中国方正出版社 2003 年版。

林荣耀:《护民官及其他》,朝阳大学法律评论社 1968 年版。

刘洪潮:《外国廉政之道与腐败之风》,新华出版社 1989 年版。

刘建飞等:《英国议会》,华夏出版社 2002 年版。

刘明波:《国外行政监察理论与实践》,山东人民出版社 1990 年版。

刘寿林等编:《民国职官表》,中华书局 1995 年版。

彭献成:《英国政体与官制史》,湖南师范大学出版社 1999 年版。

沈汉、刘新成:《英国议会》,南京大学出版社 1991 年版。

沈跃东:《宪法上的监察专员研究》,法律出版社 2014 年版。

施雪华：《当代各国政治体制——英国》，兰州大学出版社 1998 年版。

陶百川、陈少廷：《中外监察制度之比较》，"中央文物供应社" 1982 年版。

陶百川：《监察制度新发展》，三民书局 1969 年版。

王名扬：《王名扬全集：英国行政法、比较行政法》，北京大学出版社 2016 年版。

王名扬：《英国行政法》，北京大学出版社 2007 年版。

王名扬：《英国行政法》，中国政法大学出版社 1987 年版。

袁钢：《欧盟监察专员制度研究》，中国政法大学出版社 2013 年版。

张越：《英国行政法》，中国政法大学出版社 2004 年版。

郑观应：《盛世危言》，辽宁人民出版社 1994 年版。

郑允海等编：《当代资本主义国家的议会制度》，福建人民出版社 1993 年版。

钟群：《比较宪政史研究》，贵州人民出版社 2003 年版。

中文论文

［英］E.C.S. 韦德、G. 哥弗雷·菲力普斯，《行政法的演变发展及其特征（上）》，刘卫东译，《政法学刊》1989 年第 4 期。

［英］弗兰克·斯特西：《瑞典监察员制度——同英国议会专员的比较研究》，潘汉典摘译，《环球法律评论》1984 年第 2 期。

陈志勇：《问责视角下的申诉专员》，《云南行政学院学报》2012 年第 4 期。

范愉：《申诉机制的救济功能与信访制度改革》，《中国法学》2014 年第 4 期。

扶松茂：《从瑞典、英国议会行政监察看中国的行政监察专员制度的创制》，《云南行政学院学报》2002 年第 6 期。

龚祥瑞：《西方国家的议会监察员的作用》，《法学杂志》1986 年第 10 期。

龚祥瑞：《议会司法专员制度——瑞典"翁巴其曼"（Ombudsman）制度的发展概况》，《法学研究》1981 年第 3 期。

顾肖荣：《资本主义监督制和社会主义监督制》，《社会科学》1983 年第 5 期。

胡康大：《英国的查弊制度》，《西欧研究》1991 年第 2 期。

参考文献

李昌道：《香港法制见闻（三）（四）》，《政治与法律》1989 年第 6 期。

李方陆：《瑞典国会司法专员》，《南昌大学学报》（人文社会科学版）1981 年 3 期。

李红勃：《人权、善政、民主：欧洲法律与社会发展中的议会监察专员》，《比较法研究》2014 年第 1 期。

梁子驯：《香港的行政申诉制度》，《比较法研究》1991 年第 3 期。

林莉红：《现代申诉专员制度与失当行政行为救济》，《行政法论丛》2002 年第 1 期。

林莉红：《香港的行政救济制度》，《中外法学》1997 年第 5 期。

林莉红：《香港申诉专员制度介评》，《比较法研究》1998 年第 2 期。

刘欣琦：《加拿大申诉专员制度及其启示》，《理论月刊》2016 年第 3 期。

罗豪才：《瑞典的督察专员制度》，《国外法学》1981 年第 2 期。

罗智敏：《对监察专员（Ombudsman）制度的思考》，《行政法学研究》2009 年第 4 期。

倪宇洁：《国外议会监察专员制度与行政监察》，《中国行政管理》2006 年第 7 期。

孙乃翊：《国会监察使制度之介绍（上）——兼谈我国监察权之相关问题》，《律师通讯》1993 年第 160 期。

唐崇慈：《教育法令——教员积资法令》，《清华大学学报》（自然科学版）1915 年第 1 期。

王名扬：《比较行政法的几个问题》，《法学评论》1985 年第 6 期。

翁琰：《论英国行政监察专员制度及其对我国的启示》，《重庆科技学院学报》（社会科学版）2011 年第 15 期。

肖进中：《价值、运行与启示——域外监察专员制度与中国》，《河北法学》2017 年第 1 期。

徐坚：《文官制度：人员任命、地位及监督方式》，《现代外国哲学社会科学文摘》1982 年第 2 期。

杨曙光：《监察专员——人民的"钦差大臣"》，《中国改革》2007 年第 11 期。

殷国英：《世界各国议会的"议会督察专员"及其他监督机关》，《国外法学》1981 年第 2 期。

张倩:《英国监察专员的类型、功能及启示》,《政法论丛》2017 年第 4 期。

庄汉、黄昊元:《议会行政监察专员制度:英国的经验与启示》,《江汉大学学报》(社会科学版) 2017 年第 6 期。

学位论文

陈芳:《国外公民申诉制度对改革和完善我国信访制度的启示和借鉴》,中共湖北省委党校硕士学位论文,2012 年。

李维丝:《行政监察专员制度比较研究——基于对英国行政监察专员制度的研究》,中央民族大学硕士学位论文,2011 年。

林睿志:《我国与英国监察制度之比较研究》,中华大学硕士学位论文,2010 年。

武琳:《英国行政监察专员制度研究》,西南政法大学硕士学位论文,2011 年。

工具书

[英] A. S. 霍恩比:《牛津高阶英汉双解词典》,李北达译,商务印书馆 1997 年版。

[英] 朱迪·皮尔素:《新牛津英语词典》,上海外语教育出版社 2001 年版。

Garner, Bryan A. , *Black's Law Dictionary*, St. Paul, Thomson, 2004.

Oran, Daniel, *Oran's Dictionary of the Law*, Albany, West Legal Studies, 2000.

Safire, William, *Safire's New Political Dictionary: the Definitive Guide to the New Language of Politics*, Random House, 1993.

Stewart, W. J. , *Collins dictionary Law*, Harper Collins, 2001.

饶鑫贤等主编:《北京大学法学百科全书》,北京大学出版社 2000 年版。

薛波主编:《元照英美词典》,法律出版社 2003 年版。

中国社会科学院语言研究所编辑室编:《现代汉语词典》,商务印书馆 2012 年版。

后　　记

　　博士期间是人生中最为难忘的一段时光，虽然室外鸟语花香、皓月当头，我却少有闲暇为之驻足，人生经历了博士阶段的历练将会更加成熟，恰值论文草创之时，感谢各位老师和同学。首先感谢前所长张顺洪教授。我的导师吴必康教授退休之后，张所长不辞辛劳安排我的开题和论文修改事宜，才有今天论文的完成。现今张所长虽已退休，还继续承担我的论文修改和答辩工作，他的这种精神非常可贵，更使我终身难忘。张老师品德高尚，学富五车，为人谦卑，对人和蔼可亲，工作一丝不苟，严以律己，宽以待人，使我受益终身。在论文开题其间中国人民大学李世安教授、中国社会科学院法学研究所李洪雷教授、中国社会科学院世界历史研究所毕健康老师和姜南老师都曾给予宝贵的意见。在论文修改其间，汪朝光所长在百忙之中，也为论文修改提出了宝贵意见。论文答辩其间中国人民大学孟广林教授、首都师范大学夏继果教授、世界历史研究所的徐再荣教授、姜南教授、高国荣教授都曾提出宝贵的意见。秘书刘巍老师在开题导师邀请等方面给予了大力支持。我的同学谷亚平女士在论文发表、赵丁同学在摘要修改、张杰女士在住宿等方面都给予大力帮助，在此一并致谢。

王江波
中国社会科学院研究生院尚行楼4125室
2018年5月22日